U0562496

2020年2月，洛杉矶，湖人球迷在纪念科比的幕布上留言。

（供图：Joel Gardner）

1995—96赛季下梅里昂高中王牌队的三名成员,从左到右分别是奥拉尔·威廉姆斯、杰梅因·格里芬和科比。
(供图:Mike Egan　Connie Egan)

从左至右分别为:格雷格·道纳、科比、杰梅因·格里芬、迈克·伊根。
(供图:Mike Egan　Connie Egan)

童年在意大利生活期间,科比爱上了足球。
(供图:Al Tielemans)

照片中坐在科比和杰梅因·格里芬中间的是迈克·伊根,他在 1994 年加入格雷格·道纳的团队,成为助理教练。
(供图:Mike Egan　Connie Egan)

1995—96赛季的下梅里昂高中王牌队。
(供图：Jeremy Treatman)

科比高中的最后一年,下梅里昂高中在赛季初期成绩不理想,前八场比赛,他们输掉了三场。
(供图：Jeremy Treatman)

1995年12月前往默特尔海滩前,科比的一些队友从未坐过飞机。
(供图:Mike Egan Connie Egan)

在海滩篮球经典赛的扣篮大赛中,科比完成了一次左手扣篮。
(供图:Jeremy Treatman)

科比罕见的板凳时间。
（供图：Al Tielemans）

高四时，科比已经成为下梅里昂最有知名度、人气最高的人。
（供图：Al Tielemans）

科比特别喜欢珍妮·马斯特里亚诺的英语及公共演讲课。
（供图：Al Tielemans）

格雷格·道纳和助教迈克·伊根一起指导学生，杰雷米·特里特曼（最右侧）在一旁观看。科比和队友穿的热身服上印着"53"，代表下梅里昂高中上一次赢得州冠军还是53年前的1943年。
（供图：Mike Egan Connie Egan）

在1996年第一赛区决赛对阵切斯特高中的比赛开始阶段,面对对手的全场紧逼,格雷格·道纳让科比持球推进。但由于球队半场落后,道纳改变了这个策略。
(供图:Al Tielemans)

在 1996 年的第一赛区决赛里,科比带领球队在下半场完成大逆转,报了一年前输给切斯特高中的一箭之仇。

(供图:Al Tielemans)

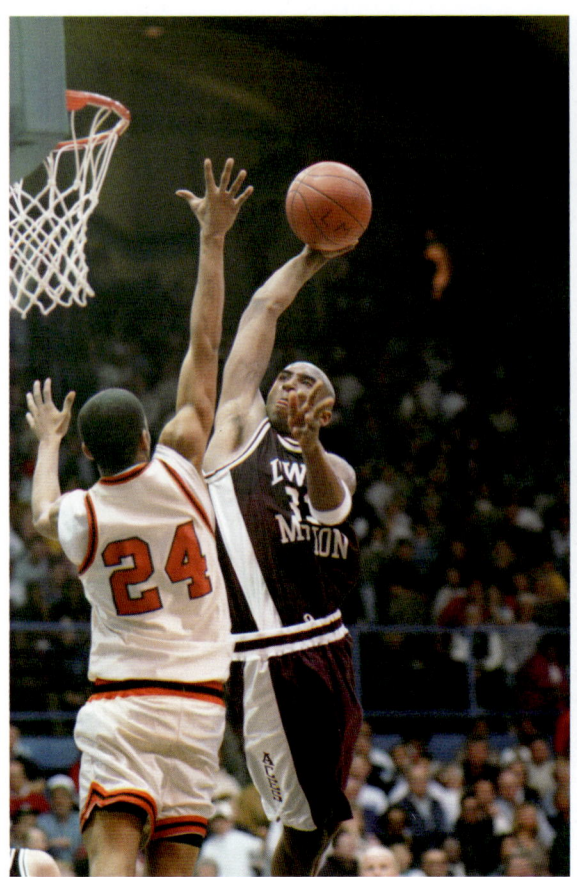

科比迎着一个切斯特高中球员准备扣篮。
（供图：Al Tielemans）

科比在 1996 年的第一赛区决赛对阵切斯特高中的比赛里拿到 34 分和 11 个篮板。
（供图：Jeremy Treatman）

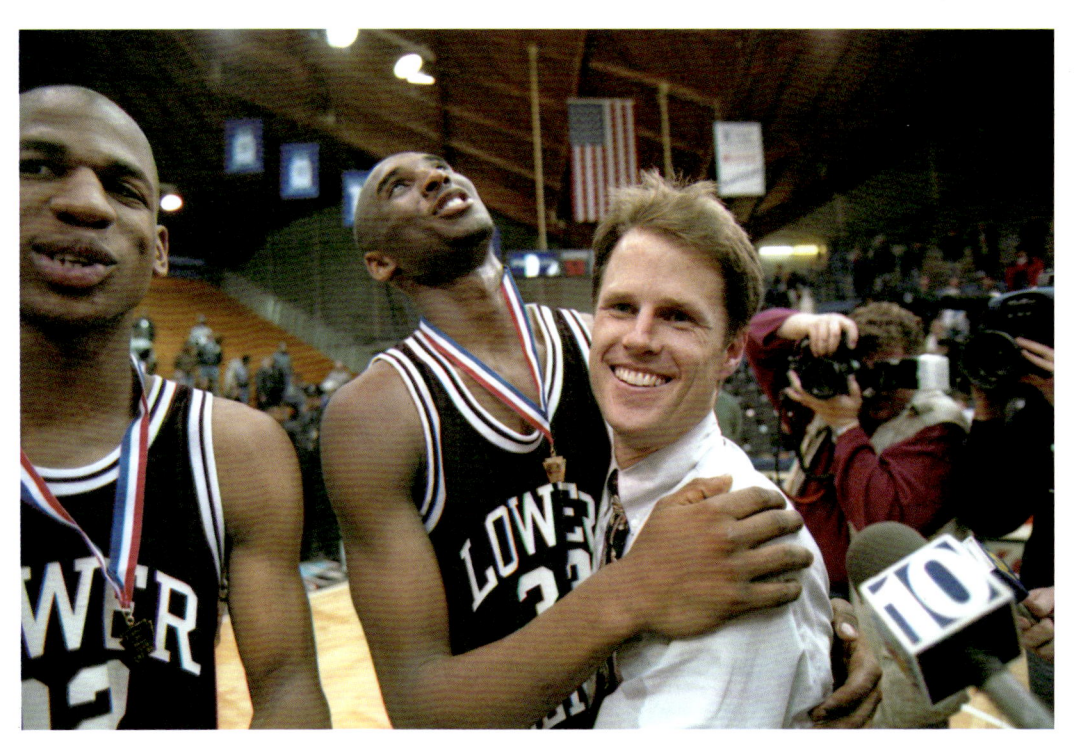

科比和格雷格·道纳、杰梅因·格里芬（左）一起庆祝 1996 年的赛区冠军。
（供图：Al Tielemans）

科比和埃默里·达布尼（左）及杰梅因·格里芬（中）在一起。
（供图：Al Tielemans）

学校里的科比,身边是他的"缪斯"——篮球。
(供图:Al Tielemans)

在1996年的宾夕法尼亚州决赛中,科比突破两名伊利大主教预备校球员的防守。他在这场比赛里只得到17分,这是他整个高四赛季第二低的单场得分。
(供图:Mike Egan Connie Egan)

在州决赛里,科比投进两个关键罚球,追平比分。
(供图:Mike Egan Connie Egan)

科比、格雷格·道纳、迈克·伊根和杰梅因·格里芬庆祝球队夺得的州冠军。
(供图:Mike Egan Connie Egan)

科比在1996年麦当劳全美明星赛晚宴上的合影。
（供图：Mike Egan Connie Egan）

1996年NBA选秀大会上刚刚在第13顺位被夏洛特黄蜂选中的科比。
（供图：Jeremy Treatman）

科比每年一般会重返下梅里昂高中一次,和他的老教练叙旧。
(供图:Gregg Downer)

当格雷格·道纳得知自己即将拥有女儿时,他第一个告诉的就是科比。
(供图:Gregg Downer)

下梅里昂高中退役他的球衣时,科比回到母校。
(供图:Mike Egan Connie Egan)

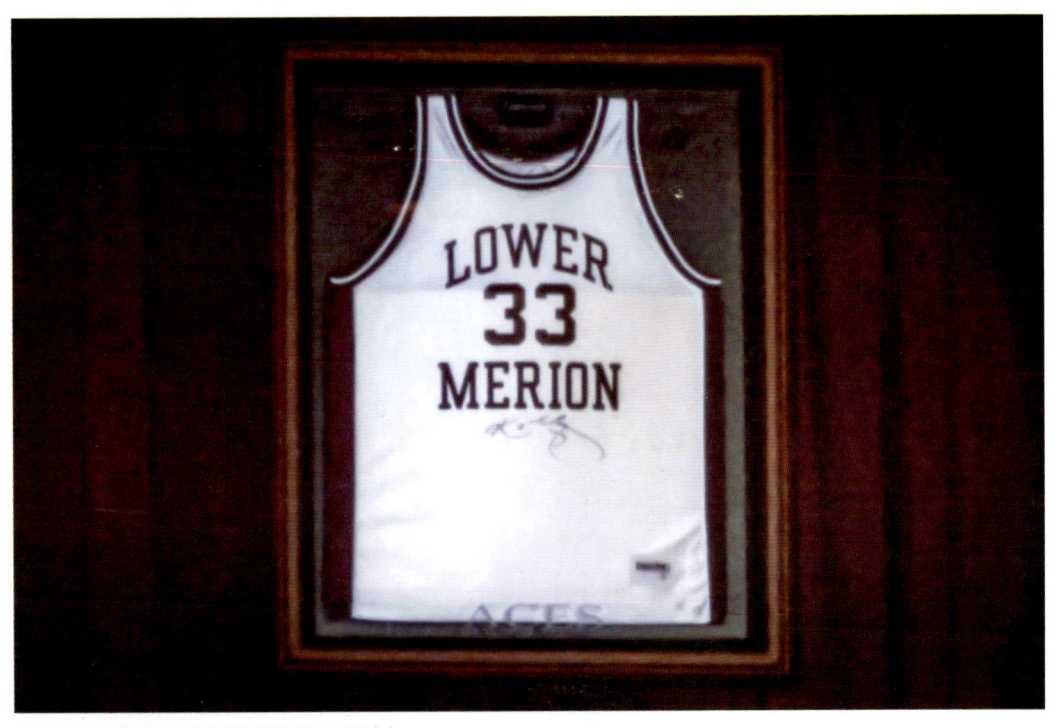

2002年,下梅里昂高中退役了科比的33号球衣。
(供图:Mike Egan Connie Egan)

THE RISE
Kobe Bryant and the Pursuit of Immortality

科比·布莱恩特
不朽之路的起源

[美] 迈克·西尔斯基（Mike Sielski） 著

傅婧瑛 译

2020年1月，科比·布莱恩特的离世震惊了世界，这一突发事件充分展现了他对世界文化影响的广度和深度。通过追溯和讲述他早期生活中经常被遗忘和不太为人所知的故事，书中对科比的深刻洞察，是其他作品无法比拟的。

我们将跟随作者迈克·西尔斯基从科比成长的费城西南部的街道，到科比的父亲乔·布莱恩特成为当地篮球明星的地方，再到科比的传奇诞生地、绿树成荫的下梅里昂郊区，追溯他的少年往事，在下梅里昂高中的非凡职业生涯，以及在1996年被洛杉矶湖人队选中前的职业篮球梦想之路。

在研究和撰写本书的过程中，迈克·西尔斯基比其他试图记录科比生平的作者拥有一个巨大的优势：他获得了一系列从未公开的科比高中毕业季和进入NBA初期的采访资料。四分之一个世纪以来，这些磁带和文字记录并保存了科比少年时期的思想、梦想和目标，它们包含了对他的洞见，讲述了大量关于他的从未被披露的故事。

每个"超级英雄"都需要一个起源故事。"科比学家们"将如痴如醉地读着这本书，陶醉于书中关于科比的一切。

The Rise: Kobe Bryant and the Pursuit of Immortality
ISBN: 9781250275721

Copyright © 2022 by Mike Sielski. All rights reserved.

Published by arrangement with WLA Books, through The Grayhawk Agency Ltd.
Simplified Chinese edition copyright © 2025 China Machine Press Co., Ltd.

本书中文简体字版由 St. Martin's Press 授权机械工业出版社在中国大陆地区（不包括香港、澳门特别行政区及台湾地区）独家出版发行。未经出版者书面许可，不得以任何方式抄袭、复制或节录本书中的任何部分。

北京市版权局著作权合同登记　图字：01-2023-4422 号。

图书在版编目（CIP）数据

科比·布莱恩特：不朽之路的起源 /（美）迈克·西尔斯基（Mike Sielski）著；傅婧瑛译 . -- 北京：机械工业出版社，2024.12. -- ISBN 978-7-111-77550-8

Ⅰ. K837.125.47

中国国家版本馆 CIP 数据核字第 20250SV311 号

机械工业出版社（北京市百万庄大街22号　邮政编码100037）
策划编辑：王　炎　　　　　责任编辑：王　炎
责任校对：蔡健伟　李　杉　　责任印制：常天培
北京联兴盛业印刷股份有限公司印刷
2025年8月第1版第1次印刷
169mm×239mm・19.75印张・10插页・295千字
标准书号：ISBN 978-7-111-77550-8
定价：69.80元

电话服务　　　　　　　　　网络服务
客服电话：010-88361066　　机　工　官　网：www.cmpbook.com
　　　　　010-88379833　　机　工　官　博：weibo.com/cmp1952
　　　　　010-68326294　　金　书　网：www.golden-book.com
封底无防伪标均为盗版　　　机工教育服务网：www.cmpedu.com

推荐序
莫忘来时路

这本书得以在中国出版，首先要感谢德克（是的，就是那位达拉斯独行侠的传奇人物——德克·诺维茨基）。2022年9月，合作过的编辑王炎找我推荐一位资深独行侠球迷来翻译德克的传记。就在那时，一个念头突然闪过，我脱口而出："对了，科比那本传记 The Rise，有中文版了吗？"王炎动作很快，查询后立刻回复版权可引进，并随即发来了原版文件。

虽早闻此书大名，却一直未能静心阅读。书中翔实地记录了科比踏入NBA聚光灯前那些尘封已久、近乎被遗忘的大量故事。我立刻郑重推荐了我的朋友、资深湖人拥趸，同时也是文字功底深厚的优秀译者——傅老师。她的网名是Kobepau，相信所有深爱科比和湖人的老球迷都耳熟能详。

说来惭愧，作为一名2000年就开始看NBA的资深球迷，我对科比高中乃至他更早期的"前史"竟也所知寥寥。也许因为他的职业生涯登场太过光芒夺目：甫一入联盟便入选全明星、跻身最佳阵容、在联盟的第四个年头便将奥布莱恩杯高高举起……这些过于辉煌的开篇，反而像灼目的镁光灯，炫晕了人们探究他"来时路"的目光。他是如何意气风发地宣布以高中生身份直接进入NBA？又是如何在一个个清晨坚持在体育馆地板上做枯燥的训练，用青涩的梦想叩响NBA的大门？过往散落在旧剪报或访谈中的只言片语，如同深埋于摩天巨塔之下的基岩。我们常仰望塔尖的巍峨，却对那些看不见的、支撑起一切的坚实构架，知之甚少。

这份对"来时路"的感触，在我曾经的篮球记者生涯里，竟也能找到清晰的回响。除了报道NBA，我也曾长期涉足国内的高中和大学篮球联赛。我自己最初举着录音笔记录篮球的起点，也恰是在高中母校简陋的球场边，采访那些和我穿着同样校服的追风少年。许多年过去，当年赛场上的汗水浇灌出了丰硕的果实：曾有校友加入职业队，最终成为国家队队长；也见过昔日校园球场上的初露锋芒者，如今在 CBA 赛场上驰骋拼杀，甚至身披国家队战袍征战。我亲眼目睹过他们在"打出名堂"之前的那些日与夜：惨败后被教练罚到天色昏沉的身影；赛后自发留下一次次撞击篮筐的投篮弧线；队友间因一个失误脸红争执，又最终在汗水和笑声中重归于好……这些琐碎而真实的瞬间，构筑了通向未来的第一层台阶。每每回望，总让我感慨：我们追寻的彼岸星辰有多么耀眼，此岸出发时的每一块垫脚石往往就有多么厚重而沉默。

正因如此，如今为这本书作序，又翻出三年前与傅老师那份聊天记录时，那些文字背后的重量仿佛更加清晰。她略带感慨地说："以后怕是没什么人认认真真去写这样的科比传记了，出版社那边，只能拜托你多费心了。"我立刻回道："嘻，这有什么，能为他做点事，我很愿意。"

是啊，无论是作为一名多年的科比老球迷，还是以那段曾在篮球报道前线奔波过的日子赋予我的篮球媒体人身份，回溯过往，我能真正为科比做的，为这些不该湮没的故事做的，真的也只剩下这微不足道，却带着拳拳之心的一点事了。这或许就是一个记录者能为传奇保留的，"来时路"上的一道微光。

前湖人队跟队记者
孙一萌

译者序

2016 年 4 月，科比拿到 60 分的退役战，我在现场。在这场庆贺科比湖人生涯的紫金盛宴里，满场都是各种各样湖人配色的 8 号与 24 号球衣，巧合的是，坐在我前面的是一个身穿红色 33 号下梅里昂高中球衣的中年男性。我不知道他是否来自费城，不知道他是否亲历过科比的高中时代，还是说他只是一个喜欢收集稀有球衣的人，但在那个时刻，科比的两段人生就这样交汇在了一起。

距离科比离世已经过去了四年多，与科比有关的消息越来越少。在如今这个一切都可以被简单化和符号化的时代，科比当然也不例外。如今的他，更多地变成了一个符号，一个篮球圈里标志性的符号。虽说怎么解读一个"作品"是观众的权利，可世界终究是立体的，一个人的形象也不该是扁平的。

从这个角度出发，大众对科比的关注也不该只局限于他的 20 年 NBA 生涯上。正如西尔斯基在书中所写，"任何一个英雄都有一个起源故事"，科比与他的父母和姐姐、与意大利、与费城的故事，都是他日后成就"黑曼巴"传奇的重要根基。

本书的作者西尔斯基长年在《费城问询报》担任专栏作家，在费城体育界人脉颇深。为了这本书，他找到了科比的初中和高中同学，深度采访了众多当年亲历了科比高中时代的人，才完成了这本重现科比人生前 17 年的记录。喜欢科比的人会发现，科比在 NBA 时代的一切特质，已经在书中描述的那个孩子身上慢慢显现出来。

写到这里，我想起 2015 年 12 月科比人生最后一次在家乡费城面对 76 人时，在记者发布会上，科比的高中队友、当时就在费城电视台工作的埃文·蒙斯基在众多记者面前开玩笑地问他："你和很多优秀的控卫合作过，比如德里克·费舍尔、布莱恩·肖，还有我。你觉得谁是你合作过的最好的控卫？"科比笑着听他问完这个问题，他没有任何犹豫，笑着回答："毫无疑问，我合作过的最好的传球手是埃文·蒙斯基，纳什紧随其后，排在第二。可蒙斯基，你知道啊，他当年可是打着石膏在打比赛，但还是能做出那些疯狂的不看人传球。"

　　你看，科比其实一直记得。

傅婧瑛
2024 年 7 月

前 言
预示未来的点滴

科比·布莱恩特去世后的第二天，我的一个高中同学和朋友发来一封邮件，给我带来了超出预想的冲击力。"我想你会觉得这东西很有意思。"本·莱尔斯（Ben Relles）写道。

邮件里有一条链接，点开后是一段 36 秒的视频。视频分屏的右侧画面里是科比，他穿着一件炭灰色的圆领毛衣，坐在一张宽大的樱桃木桌前，专注地看着笔记本电脑闪烁的屏幕。这一切都发生在 YouTube 的办公室里，本在那里工作，负责为频道寻找新内容。科比在 2018 年 1 月去了 YouTube 位于美国南加州的总部，提出了一个关于《巫兹纳德》（Wizenard）的节目方案（《巫兹纳德》是科比打造的结合了体育、奇幻、魔法等元素的系列儿童读物）。结果，YouTube 当时不准备为儿童节目提供资金，所以他们没有买下科比的节目。"但那真的是我听过的最让人印象深刻的提案之一。"本后来表示，"他对自己的创意充满激情，而且很明显，他亲自参与了其中的每一个流程。"

吸引了科比的，是视频左侧的画面：那是费城郊区两所高中——他的母校下梅里昂高中（Lower Merion）①和我的母校上都柏林高中（Upper Dublin）的篮球比赛录像。本和我当时都读高四，他是校队的替补前锋，我是校报的编

---

① 译者注：Lower Merion 过去大多被直接音译为"劳尔梅里昂"，但美国人有用 up/upper 指代地理位置偏北（地图中的上方）、用 down/lower 指代位置偏南（地图中的下方）的习惯。18 世纪初威尔士殖民者进入这片地区后，用北威尔士的梅里昂尼斯（Merioneth）为这里命名。这个地区后来逐渐分化为位于北部的 Upper Merion 和位于南部的 Lower Merion 两个行政区。本书将采用"下梅里昂"这种译法。

辑，我的技术和运动能力只能应付校内比赛。科比·布莱恩特当时读高一，那是他高中生涯的第二场比赛。

1992年12月7日，作为高中男子篮球赛事预测报道的一部分，《费城问询报》（The Philadelphia Inquirer）为这两所学校各发表了一篇简短的文章。两支球队都很青涩，赛季预期都很艰难，可按照报道过下梅里昂王牌队的记者杰雷米·特里特曼（Jeremy Treatman）的说法，有一名球员能为他们带来一线希望："记住这个名字：科比·布莱恩特。"

接下来的一周，两支球队在下梅里昂高中举办的由四支球队参加的安慰赛中交手。在出自那场比赛的36秒视频里，最靠近摄像机的上都柏林队的一名名叫鲍比·迈克尔瓦恩（Bobby McIlvaine）的高四后卫（视频里的24号，这也是科比的号码，号码印在他红色队服的背面）传了一个横贯全场的传球，给队友阿里·格雷斯（Ari Greis）。在右翼接到球后，格雷斯左手运球突破科比，在罚球线上命中了打板抛投。本的一个朋友拍摄了那场比赛的录像，本这些年来一直保存着录像带，他知道自己和科比会有坐下来交流的机会，所以他把录像转成数码格式的文件。在科比和YouTube的会谈结束后，本在笔记本上播放了这段视频，他的一个同事负责拍下科比的反应。就这样，时空交错。你能看到39岁的科比看着14岁的自己。

"太好笑了。"科比说，"防得漂亮啊科比……那防守真烂……这段你可以回放一整天……我的天啊……不要！笑死了……那年我们只赢了四场比赛。"

所以，2020年1月，当那架直升机撞上卡拉巴萨斯的山坡时，你在哪里？在厨房找零食吃？在躺椅上休息？还是在清理车库？至于我，我在车里，我的两个儿子坐在后排，我们正在回家的路上，好让我8岁的儿子能换好衣服，赶上下午3点45分的篮球赛。当我们到达比赛场地时——我没有注意到，但我的儿子注意到了，他在比赛后才告诉我——对手中有一名球员，他的胳膊像小树枝一样，从一件白色T恤和绿色背心下露出，袖子上用黑色记号笔写着"KOBE"这几个字母。你不会忘记像那样的一天。你不会忘记这一让全球都在颤抖的噩耗。

那就是科比·布莱恩特的影响力，就是他的力量。我们对运动员赋予了太多期望。我们见证了他们的成就，了解他们的极限。那是他们的魅力，是他们对我们的吸引力。他们让我们拥有了一个追求的标准，一个我们可以衡量自己的标杆。对科比来说，他的吸引力之所以更强，是因为他没有把自己局限于篮球。他是动画短片《亲爱的篮球》(Dear Basketball)的执行制片人，这部赢得奥斯卡奖的短片，是以他退役时写的一首诗为基础创作而来的。在离开湖人后的生活中，他显然是妻子瓦妮莎的贴心丈夫，是宠爱四个女儿但又要求严格的父亲。随着时间的推移，以及媒体和愿意并渴望宽恕他的球迷群体的帮助，科比在为瓦妮莎买了一个巨大的钻戒后，成功地让一个曾经污染他声誉的丑闻（2003年在科罗拉多州被指控强奸并被逮捕）被大多数人遗忘，尽管并不是所有人都忘记了这件事。他放下了与菲尔·杰克逊（Phil Jackson）及沙奎尔·奥尼尔（Shaquille O'Neal）的嫌隙。对他来说，未来似乎还有更伟大、更重要的事情要做。这些事情超越了5次总冠军、15场全明星赛、33643分、2008年NBA最有价值球员奖，也超越了他的自我肯定：毕竟他对自己的信念是如此绝对，以至于给人一种他身上散发着光的感觉——当全场所有人都知道他要投最后一球时，他必须投出最后一球。而现在，所有的卓越、救赎与希望都烟消云散，而这一切根本没有道理可言。想理解这一切也没有什么意义。你只能坐在那里，接受现实，你只能目瞪口呆，摇着脑袋。

　　那些伟大的源头，就在费城。也许人们已经没有这种感觉了，因为这些年来，科比已经成为洛杉矶的一部分。他在那里从少年成长为男人，永远站在耀眼的聚光灯下。他就像从好莱坞的某座山上走出来的成熟的17岁少年，自带优美的投篮姿势。不，不是这样的。他的伟大，开始于费城西部边界的高档社区，开始于主线地区的下梅里昂。他的伟大，开始于社区里的球场、运动场和公园，开始于当地高中闷热的体育馆，开始于全美的AAU锦标赛。当然，很多费城本地人仍然会说，严格来说科比并不出生于这座城市，他不是他们的一员，可扪心自问：还有哪个运动员，能比科比更能展现费城篮球运动员的本质，更能代表费城篮球运动员吗？还有谁，比他更有那种棱角、那种"或杀或死"的好胜心？"它教会我如何成为一个强硬的人，如何拥有厚脸皮。"2015年末，科比在最后一次在费城面对76人的比赛前这样说，"这里没有一块球场上的人是只打篮球不说垃圾话的。"

那些伟大，开始于他的高中教练格雷格·道纳（Gregg Downer），他塑造了科比，科比也塑造了他。他和科比一起赢得了一个冠军，他永远爱着、永远忠诚于科比。听到科比的死讯后，道纳跌坐在厨房地板上，先是不敢相信，但很快陷入绝望。那些伟大，开始于特里特曼，他从报道科比的记者变成科比的朋友，从自由撰稿的体育记者，变为科比最信任的密友，再变为费城篮球界举足轻重的人物。1992年，他在《费城问询报》上发表的那篇文章，成为主流媒体上第一篇提及科比的报道。"记得这个名字吗？"特里特曼竭尽全力，让人们不会忘记这个名字。应道纳之邀，特里特曼成为下梅里昂高中男子篮球队的助理教练，负责应对络绎不绝的采访申请，他和媒体保持着紧密关系，但又不会过于紧密，在追踪科比这颗彗星的轨迹时，他不会让媒体的关注成为球队的负担，让球队分心。对于每一个在不经意间随口问到乔·布莱恩特（Joe Bryant）儿子的人，他都会告诉他们，科比是下一个大人物，未来我们都会说，我们认识他，而事实也确实如他所说。两人的关系非常亲密，他们甚至为合作一本书而做了一系列访谈，只是特里特曼始终没有机会写下那本书，不过他还是保留了其中几次访谈的磁带和文字记录（那些都是还不到20岁的科比的新鲜想法和记忆）写作这本书时，他为我提供了这些资料。2020年1月26日那天，正在费城东瀑布区的杰弗逊大学负责一个女子篮球锦标赛的特里特曼接到了电话，他什么话也说不出来。"我不敢相信。"他说。

那些伟大，开始于一支篮球队，一支多年前已经衰落，可因为科比又成为众人关注的焦点，并且最终成为宾夕法尼亚州冠军的高中男子篮球队。那些伟大，开始于一个宣扬种族和经济多样性与和谐的社区，可实际上，社区成员渴望拥有一个能将他们团结在一起的共同的骄傲。那些伟大开始于夏季联赛和野球比赛，那些比赛成为神话和传说的素材，而且在之后的几十年中始终如此。这些故事无须修饰，因为现实已经足够令人震惊：一个刚刚17岁的孩子，水平已经与那些球场上最强的球员不相上下，甚至更强，而这意味着，他的水平已经和一些优秀的NBA球员不相上下，甚至更强。那些伟大，开始于20世纪90年代中期76人队在圣约瑟夫大学进行的训练和试训，当少年科比走进球馆抢走很多 NBA 老将的风头时，主教练约翰·卢卡斯（John Lucas）只能希望球队做出在选秀中选下这个孩子的正确决断。当时，作为拉萨尔大学的在校生，同时作为校报编辑和体育专栏作家的我读过、也听过和那些与试训有关的传言。和学校里的其他人一样，我也希望拉萨尔大学男子篮球队重回巅峰——一个赛季能拿到 21 胜，拿到赛区冠军，打进 NCAA 全美锦标赛。就在几年前，我们都理所当然地认为球队应该取得这样的成绩，我希望科比选择进入这所大学，效力于和他父亲有着密切关系的球队。乔·布莱恩特是拉萨尔校友，还是拉萨尔的教练！他和科比的关系那么亲密！这像是命中注定，对不对？可当科比发现自己面对职业球员也不落下风，即便对手耍小伎俩肘击时，他不仅能承受，还能还以颜色，当科比意识到这一切时，他加入拉萨尔大学的可能性究竟还有多少？那些伟大，正是开始于这样的顿悟。那些伟大，一定起源于此。

那些伟大开始时，正值我们文化历史上的一个时刻，传统的体育明星之路被视为唯一恰当的体育明星之路，而科比却成功地遵循同时又规避了这一假设。作为科比那些伟大起点的那个青春时期，既是典型的青春期，又是其他年轻人无从体验的青春年华，而那个时光，现在似乎太过遥远。这一切开始于 1992 年 12 月，开始于科比 14 岁那年。后续的发展，只能让人感慨。

本·莱尔斯保存了近 30 年的那一小段视频，没有讲述那场比赛的全貌。下梅里昂以 74 比 57 战胜了上都柏林，科比被摄像机记录下的那个就像被封存在琥珀里的尴尬瞬间，完全不能说明他在那一场比赛里的表现。他得到 19 分，在本后来找到的 5 分钟比赛录像里，科比是场上最吸引眼球的球员。他突破到罚球线得分。他干拔得到两分。在一次边线球战术里，他摆脱防守，在左侧底线投进一个跳投。有那么一段时间，那个时间更长的视频就像是科比一个人的集锦，看到他的表现，你会觉得，只要有他，球队怎么可能输球？可他们确实在输球。科比说的没错：在他高一那年，球队只多赢了三场比赛，以 4 胜 20 负结束了那个赛季。

不过，比起他对那个赛季的精准记忆，更有意义的是他观看视频时的表情：他露出微笑，在窃笑，骂自己的懒惰防守，嚼着口香糖，他的眼睛看着电脑屏幕，大脑却在记忆里搜索，寻找那个瞬间，寻找还被称作"天才"的那个人生阶段。那段视频显然让他感到意外，让他深陷于自己的过去，如果回忆得足够久远，他甚至可以在年幼的自己身上找到如今的一些影子。模板已经成型。太多塑造了他、成为他个人标志的特质，在他人生的那个阶段已经显现了出来：他的傲气，他的好胜，他因环境和个人欲望、目标而表现出的热情与冷漠，他对追求卓越表现出的超乎年龄的专注，以及对实现这一目标所需的付出有着超乎常人的理解。这些特质，有些他保留了下来，有些被他放弃。记忆就像礼物，经常藏在被锁着的盒子里，而那场比赛录像就像一把转动的钥匙，让科比重新感知到图像、声音、地点和人物。他看到了全新的自己。而这本书接下来的内容，就是再次尝试从那个角度去看见他。

目 录

推荐序　莫忘来时路
译者序
前　言　预示未来的点滴

第一部分

第一章　　大火之后 / 002
第二章　　避风港 / 016
第三章　　他们中的上帝与魔鬼 / 023
第四章　　世界之子 / 037

第二部分

第五章　　日出时分的天使 / 054
第六章　　蝙蝠，老鼠，以及一生难忘的旅行 / 064
第七章　　失　败 / 080
第八章　　傲　慢 / 099
第九章　　天　意 / 110
第十章　　好了，打球吧 / 121
第十一章　竞技场 / 142
第十二章　传说与现实 / 153

第三部分

第十三章　秘密与鲨鱼 / 180
第十四章　一种名叫"我"的癌症 / 199
第十五章　放松，有我呢 / 216
第十六章　隧　道 / 227
第十七章　最后一战 / 242
第十八章　事情的变化速度 / 257
第十九章　现在，我是湖人了 / 273
第二十章　开放体育馆 / 287

编后记　他的故事，他的声音 / 294
致　谢 / 298

第一部分

> 我相信,在你看来,我现在的生活是完美的。
> ——科比·布莱恩特

第一章
大火之后

科比·布莱恩特体育馆入口外面的灰色水泥路面上，一个临时搭建的纪念花园里摆满了各种颜色的纪念品：里面有蜡烛、花环、球鞋和球衣，红白是下梅里昂高中王牌队球衣的颜色，紫金是洛杉矶湖人队球衣的颜色，而橙色的和棕色的是篮球，黄色的和红色的是玫瑰。一架机身为白色、刷有宝蓝和浅蓝条纹的西科斯基 S-76B 直升机从南加州奥兰治县的约翰·韦恩机场起飞，在高尔夫球场上空盘旋后，试图穿过像纱布一样的浓雾，最后坠毁在一个山谷。这场事故已经过去了 48 小时。事故导致机上九人遇难：科比、他 13 岁的女儿吉安娜、飞行员、六名与科比 AAU 球队有关的人员（其中包括吉安娜的两名队友）。他们是在前往洛杉矶西北 45 英里处的曼巴体育学院参加比赛的路上。事故发生于 2020 年 1 月 26 日，那天是周日。而现在是周二，是费城西郊一个天气晴朗的下午，正值上学日，微风习习，有些寒冷。去教室上课的学生在花园前停下来，看着那些纪念品，小声交谈。中年男人和女人把车停在几个街区外的地方，再步行来到这里，他们安静地走着，仿佛进入教堂一样。住在新泽西州中部的 64 岁的马克·科尔（Mark Kerr）是湖人球迷，他和妻子、侄子开车 90 分钟，就是为了看看这个纪念花园，就是为了让自己与科比更近一些。三名 2006 届校队成员在那里摆上了一张照片，在照片里，科比和他们一起坐在板凳上——2006 年，下梅里昂高中再次赢得宾夕法尼亚州冠军，此时距离科比带队夺冠已经过去整整十年。一名 WNBA 球员在一张印着横线的纸上用薰衣草色的墨水和帕尔默花体给他写了一封信："我觉得自己很自私，因为我错过了你和我们在一起的时光……"

第一章　大火之后

在那两天里，格雷格·道纳没看过电视，他尽量避免听到任何音频报道，他一次也没去过纪念花园。他不知道，自己有多少次选择低头走过花园，径直走进了体育馆？又有多少次陷入沉思，想到自己、甚至这个世界在圣莫尼卡山上究竟失去了什么？他不知道答案，但他知道自己还不能进入那个花园，他承受不了。那个地方也承载着他的太多记忆。他57岁了，他的脸上已经有了皱纹，比当初和科比在一起时沧桑了很多，当年的他才30岁出头，因为娃娃脸，两人甚至被误认为大学室友。两人的关系如此紧密，两人对彼此如此了解又如此尊重，他们就像知己一样。

那个周日的早上和下午，道纳在厨房里照看他7岁的女儿布莱恩和她的一个小伙伴玩耍。每次看到一头金发、梳着马尾辫的布莱恩，科比都会抱起她，捏捏她的小脸蛋，像抱自己的孩子一样紧紧拥抱她，好像她是自己的第五个女儿一样。道纳直到50岁那年才成为父亲，那时科比和瓦妮莎已经有了两个女儿——娜塔莉娅和吉安娜。道纳注意到，只要看到科比，布莱恩的眼睛里就会闪出光芒，科比看到她时也会如此。布莱恩和她的小伙伴从道纳和妻子科琳身边走过，道纳的手机响了。是一个记者打来的。道纳能猜到自己为什么会接到这样的电话：前一天晚上，在费城进行的湖人与76人的比赛里，勒布朗·詹姆斯（LeBron James）超越科比，让他的NBA总得分来到历史排行榜第三。体育记者肯定因为这件事想采访道纳。他就是这么对科琳说的，他甚至没有接这个电话。可接下来的90秒，他的手机就没停过，不停地响着、震动着，好像被鬼附身了一样。最后，他上网看到了八卦网站TMZ在推特上的一个帖子，也就是与科比死亡有关的第一篇报道，道纳祈祷了五分钟，希望这个八卦网站搞错了，希望只是某个网络喷子开了个残忍的玩笑。很快，女儿布莱恩和小伙伴的聚会结束了，道纳一家在厨房里哭成一片。

他走上楼，又走下楼，走出门外，走在15年前他和科琳搬来的这一片郊区，经过枯黄的草地和因为冬天而关闭的游泳池，走过朋友家，路过多年来知道科比的高中教练住在这个社区的人家。不管在精神上还是情感上，他都陷入了不知所措的停滞。这事真的发生了吗？还有谁在直升机上？谁已经知道这个消息了？他应该跟别人说吗？曾在下梅里昂高中做过科比教练的那些人；那些在科比青少年时代是他的密友，在他成为明星、洛杉矶成为他的家后不再经常和他联系的人，那些"曾经是科比的队友和朋友"的人；还有在下梅里昂高中教了 30 年英语的珍妮·马斯特里亚诺（Jeanne Mastriano），她虽然和篮球队没有关系，但却一直是科比的导师，是她的劝导和鼓励，将科比心中渴求知识的火苗转变为熊熊燃烧的大火。谁会把消息告诉他们呢？他的眼里不时流出泪水。在家里的桌子上，他的手机上不断出现电话和短信，这些电话和短信，一条一条地织成了一张恐惧和悲痛的网络。他走回家，不知道应该先和谁联系，甚至不知道该不该拿起手机。

梅勒特家的四个孩子都不到 11 岁，他们很无聊，有大量的精力等待消耗，冬天的周日下午在家也无事可做。于是，菲尔·梅勒特（Phil Mellet）和艾莉森·梅勒特（Allison Mellet）决定利用一下自己的身份和居住区域的优势。这对夫妇是下梅里昂高中的校友，两人都是 1998 届学生，他们从高四那年开始约会，之后便一直生活在一起。因为艾莉森在学校教西班牙语，还是全球语言部门的主管，所以周末时她也能进入学校。他们一家快速收拾好东西，开车走一小段路，就到了布莱恩特体育馆——艾莉森在体育馆里的跑步机上训练，菲尔一会儿投篮，一会儿和孩子们一起玩美式足球。菲尔把手机靠在体育馆角落的墙上，旁边放着孩子们脱下的外套和长袖 T 恤，塞满了燕麦棒和苹果酱面包的袋子被堆在附近。

科比在 2010 年给学区捐赠了 41.1 万美元，这座体育馆因此以他的名字命名。这座体育馆比菲尔在 1995—96 赛季和科比做队友时的用过的旧馆大得多，当时高四的科比是超新星，而如今身为企业律师、多年没有联系过科比的菲尔，当年只是个瘦巴巴的二年级后卫，只要能坐在板凳席就让他很开心了。在新体育馆的设计中，看台靠在墙边，这让场地显得更大。孩子的声音在体育馆里回荡着，仿佛他们在谷底一样。学校里只有一个清洁工。不过，菲尔还是注意到自己的手机因为收到短信而发出亮光，同时还发出嗡嗡声。那些都是老朋友发来的坏消息。

读那些短信时，他的心里充斥着一种奇怪的空虚感。尽管他和科比的关系没有一直维系下去——即便是老朋友，即便有一个共同的州冠军做连接，可这些年来究竟还有几个人一直和科比保持着联系？但菲尔一直觉得自己很幸运，因为他和科比做过队友，因为他在一定程度上了解科比。在工作中遇到其他人时，不管是投资人、股东还是其他律师，他总会在交流时想办法提到自己和科比的关系。这是一个神奇的活跃气氛的话题，比聊孩子、高尔夫或其他老套的话题有用得多。"你和科比在一个队？快跟我讲讲！"他们会很开心，对菲尔来说，重新讲述、重新回味那些故事，就像一个微小的电火花一样，也能带给他一种快感。现在，那根线被切断了。他人生的一部分，一个重要的部分，就这样离开了。

过了没 20 分钟，清洁工走进来，告诉他、艾莉森和孩子们，他们需要离开了。这座体育馆要闭馆了。

距离下梅里昂高中 1.5 英里远的地方，艾米·巴克曼（Amy Buckman）正在宾夕法尼亚州纳伯斯的顶峰超市的冷冻食品区，仔细研究着玻璃橱柜里的商品，手里的蔬菜包装袋发出响声，她正在给自己的丈夫特里购买杂货。巴克曼是下梅里昂高中 1982 届的学生，2018 年 3 月被下梅里昂学区聘为发言人前，她在"6 频道行动新闻"也就是 ABC 电视台（美国广播公司）的费城分台做了 25 年的制片人和现场记者。在家看电视的特里给她发了短信。他们已经结婚 32 年了，他知道她需要知道什么消息。

"他们在报道，说科比的直升机坠毁了。"

在巴克曼匆忙前往柜台结账的过程中，特里不断告知她最新消息、确认的新闻报道和细节。她开车回家，放下杂货，给学区总监罗伯特·科普兰（Robert Copeland）、高中校长肖恩·休斯（Sean Hughs）以及学区场馆总监吉姆·里尔（Jim Lill）发了短信。"我要去办公室，我们也会成为新闻。"她打了电话给道纳，又打给道纳的助理教练、曾经做过科比队友的道格·杨（Doug Young），以及前任学区发言人。从道纳在电话里阴郁、断断续续的低语中，她能感觉到他还没有做好公开表态的准备。他给了巴克曼一句由六个单词组成的声明，而巴克曼把这句话加入到了自己在办公桌上写成的由 189 个单词组成的声明中。写出这样的声明不仅是她的工作。与道纳、杨或其他仍和科比具有某种联系的人不同，她拥有足够的距离感，可以从中立的角度去做这件事。她从没见过科比。在电视台工作的那些年里，她报道过 O·J·辛普森（O.J.Simpson）的审判，采访过奥普拉·温弗瑞（Oprah Winfrey），做过早间脱口秀节目的制片人，和非常多的费城新闻人物做过交流。"新闻人物"，这是业界使用的术语。而科比，早已成为当地名人界北极星般的存在，是新闻人物里的新闻人物。可他们两人从未有过交集。对巴克曼来说，在这个时刻，她和科比的校友关系不会成为她的阻碍，反而是她的优势。这个时候，必须有一个足够清醒的人，能够代表整个社区发言。必须有一个人，能在科比去世的那天，成为科比母校的代言人。

已经有人开始设置临时祭坛，就像神圣的蔓藤一样，从学校体育馆入口前的人行道一直延伸到学校大门。记者和摄制组也在那里徘徊，采访那些来到现场的人，等待了解他们是否会被允许进入学校，他们还在为当晚的新闻节目拍摄镜头——拍摄学校里的奖杯和收藏品，体育馆墙上科比的名字等这些显眼的记号。下午4点30分，巴克曼在门外宣读了声明。

下梅里昂学区悲痛地得知我们最杰出的校友科比·布莱恩特突然离世的消息。布莱恩特先生与下梅里昂高中有着深厚的关联，加入NBA前，他在这里的篮球经历，在全世界范围内提升了学校和我们学区的知名度……

格雷格·道纳在1992年到1996年间担任布莱恩特先生的教练。布莱恩特先生带领球队赢得了1996年的州冠军。道纳表示，这个消息让他极度震惊，而且伤心欲绝，他表示："王牌国度的心跳不再跳动。"下梅里昂学区全体教职工向布莱恩特一家表达最深切的慰问。

巴克曼告诉媒体，他们可以进入体育馆拍摄。他们可以拍下想拍的镜头，但只能在这个时候拍摄。到周一时，不会再有人允许他们重新进入体育馆。周一是上学日。记者们鱼贯而入拍摄外景，他们把镜头对准了闪光的硬木地板和挂在体育馆里的冠军旗帜，对准了体育馆外墙上色彩斑斓的科比马赛克拼图，也对准了玻璃奖杯柜，里面放着科比的五双球鞋和四张他与1996年州冠军奖杯、与夺冠那晚他在宾夕法尼亚州赫尔希市举在头顶的金色篮球的合影。

记者们离开了。哀悼者不断出现。信件、鲜花和篮球铺满路面，一直铺到入口处，堵住了大门，东西多到了可能违反消防规定的程度——官方最后收集了超过 400 个篮球，其中很多捐给了当地的儿童俱乐部，剩余的装在箱子和黑色垃圾袋里保存在仓库，以便未来在学校展览。巴克曼、休斯和里尔用绳子在附近的草坪上划出一块区域，他们捡起地上的纸片、百合花和玫瑰花，小心翼翼的样子好像在搬运刚刚做好的玻璃器一样，他们把这些东西放在门边，放在靠近干枯的灌木丛和铺有护根物质和泥土的地面上。他们一直忙到周一凌晨，才搬走所有物品，清理出了一条进出学校的通道，而艾米·巴克曼仍然穿着她去顶峰超市时的棕色灯芯绒长筒袜和黑色长羽绒服。

几乎在和老朋友科比的直升机升空的同一时间，道格·杨坐进一个经济舱座位，准备开启从阿拉巴马到北卡罗来纳的短途旅行。作为沟通策划师，他因为毕业生碗（Senior Bowl）这个比赛在莫比尔市过了一周。毕业生碗既是 NFL 高管和教练考察大学球员的机会，也是杨的几个客户拓展人脉的机会：训练师、新手教练和四分卫训练师，他们都希望建立自己的品牌和业务。杨身高 6 英尺 4 英寸（1.93 米），体型偏瘦，他外表时尚、举止得体，这些表象之下，藏着他对高中母校的忠诚与热爱。除了道纳，没人比他更了解下梅里昂高中的历史，特别是男子校队的历史。在维系科比与学校的关系上，也没有人比他付出得更多。比如 2018 年球队前往洛杉矶拜访科比时，杨负责安排行程和住宿，他在科比的办公室里为球队安排了一次和科比的 90 分钟圆桌交流，而且确保每名球员都拿到了一本科比签名的《曼巴精神》（*The Mamba Mentality*）。每当道纳想激励球员时，杨都会不辞辛苦地找到科比，让他抽时间和球队通话或者鼓励球员。他的高三、高四学年与科比的高一、高二学年重合。他亲眼见证了科比人生的黎明时期。

在 1 小时 45 分钟的飞行途中，杨的手机和电脑一直处于关闭状态。可飞机落地后，他看到周围的一些旅客在哭，一个一个，一排一排，所有人都在看手机，所有人都僵住了，震惊和悲伤像多米诺骨牌一样在机舱里传播。他打开自己的手机，然后呆住了。

在他浑浑噩噩地走向航站楼，准备乘飞机回费城时，他并没有注意到自己所在地的巧合：他在夏洛特道格拉斯国际机场。夏洛特，那是黄蜂队的主场。黄蜂，正是选中了科比的球队。

坠机后的两天里，道纳只回复了周日接到的几个电话。他还没有从周日下午就陷入的那种茫然的状态中恢复，休斯告诉他，不要急着去学校。"留在家里，需要多长时间都可以。"道纳和科比的表弟约翰·考克斯（John Cox）发过短信，但他还没听到科比的父母乔（Joe Bryant）和帕姆（Pamela Cox Bryant）的消息。没人听到过他们的消息，他们没有做过任何公开表态。道纳希望自己能尽快重新和他们联系，可在那时，他有更重要的事情要做。休斯和学校的运动主管杰森·斯特罗普（Jason Stroup）准备集合道纳的球员，在球队的例行训练前与他们进行交流。此外，下梅里昂高中在周二晚上还有一场比赛要打。道纳不想把安抚球队的任务交给休斯和斯特罗普，他不想让别人去讲述科比以及科比希望他们现在做什么。他开车去学校参加了会议。

他向球员们谈及科比的遭遇，希望能够得到青少年的理解。"各位，我知道大家的情绪很复杂。"道纳对他们说，"我们需要把10种或者15种情绪减少到三四种。在现在的情况下，当我试图思考科比希望发生什么时，我觉得他会希望尽快回去打球。周二我们还有一场重要比赛。我们应该想去打球，我们应该想穿上球鞋，我们应该希望去拼命比赛，我们也会去拼命比赛。让我们尊重我们还拥有健康的现实。让我们尊重我们还有能力继续做这件事、能继续打球的现实，让我们在打球时享受巨大的快乐吧。"

自从巴克曼发布声明后，道纳还没有公开发言过，可现在，他不得不表态。学区办公室收到了大量采访道纳的申请。作为回应，巴克曼在行政楼为道纳和杨安排了一场新闻发布会。这是教科书般的现代公关策略，考虑到科比的名气，做出这个选择也可以理解。巴克曼会安排一个公平、公开的机会，让当地电视台、报纸和网站，以及一两家花费几个小时来到费城郊区的全美媒体——《纽约时报》（The New York Times）和《华盛顿邮报》（The Washington Post），与科比的教练面对面交流。之后，学区在很长一段时间里不再允许记者向道纳或任何一个下梅里昂高中的球员询问与科比有关的问题——巴克曼将 30 多个记者召集在一起，强调了这个要求。巴克曼说："道纳还要执教一支球队，他需要时间去哀悼。每个人都需要。所以，各位记者，现在就是你们的机会。抓住这个机会。"

20 余名媒体人员一个接一个地走进会议室，找到各自位置，等待道纳的出现。会议室里有一张巨大的马蹄铁形状的桌子，周围是厚实的木椅，三脚架排成一排，封闭了马蹄铁形状桌子的开放端。桌脚的上方挂着一条褐红色的横幅。画架上摆着一张海报大小的科比照片，照片选自他高中时期的一场比赛。他穿着白色球衣，右手抓着篮球，他张着嘴，眼睛向上看着篮网，正准备反身上篮把球放进篮筐——这张照片完美展现了他在篮球场上的运动能力与优雅身姿。

在杨的身后，道纳从横幅后面的一扇门步入会议室，他稀疏、麦色的短发完美契合他的职业形象。几分钟前，他在体育馆旁边仓库的柜子里翻出了一个宝贵的东西：科比高三和高四赛季穿过的白色热身服，袖子上缝着 33 号。自从科比最后一次穿过后，这件衣服已经在那个柜子里保存了 24 年。24，这是科比在下梅里昂高中穿过的号码，也是在他湖人穿过的第二个号码。这是个奇怪的巧合吗？还是很应景的巧合？也许两者皆有。准备和媒体见面时，道纳穿上了这件白色热身服，就像穿上了一件保护服。他觉得自己必须穿上这件衣服，好像穿上后就会有更安全、更强大的感觉。

"在这样的时刻，他给了我力量。"那天下午的晚些时候，他这样说道，"昨天，我还不知道自己能不能撑过来，我不知道能不能控制住情绪。而我……找到了做这些事的力量。这个力量来自他。穿上这样一件外套的意义太重大了。如果他穿过的这件热身服上有他和我的一些细小的联系……"

他坐在桌子的中心位置；杨坐在左边的椅子上，朝道纳的方向弯着腰。"谢谢你们的耐心。"道纳对媒体表示，"过去这几天，我睡不好，吃不下饭，哭了很多次。"看起来也很明显，他的脸是肿的，眼圈发红。在他右边的墙角，站着一些和学校男子篮球队有关的人，有校队前成员、教练、校友，还有道纳的朋友。其中就有杰雷米·特里特曼，他双手抱在胸前，头低垂在肩膀之下，僵硬得就像被钩子挂在脖子上一样。

聚集了这么多的人，自然说明了科比的影响力，但同样也证明了道纳的影响力。科比高一那年，是道纳担任校队教练的第三年。道纳第一次看科比打球，还是科比八年级时，道纳当时开玩笑地说："好了，我肯定要在这里干四年了。"四年变成了三十年。在这段时间里，下梅里昂高中赢下了15个联赛冠军。球队在1996年和科比一起赢得了州冠军，又在之后两次赢得这一荣誉。道纳再也没有经历过像科比高四赛季那样的一年，当年有那么多的人索取签名照和球票，观众数量那么多，有那么高的媒体关注度，球赛现场的氛围变得就像摇滚演唱会一样火爆。可他相信，没有那一年，接下来的那些成功就不可能发生。"如果没有遇到他，我们球队的发展道路会很不一样。"他坐在那里说，"他教会我们如何去赢。他教会我们如何去努力。他教会我们如何不去走捷径。标准变得非常高……如果我们不那么幸运，没有遇到这个了不起的球员、这个了不起的人，我不觉得我们会有这样的动力。"

他在寻找合适的词汇，可当有人问他"你们和科比的家人交流过吗"这个问题时，他发现自己越来越难找到合适的回答。这个问题让他沉默了。科比的父母乔·布莱恩特和帕姆·布莱恩特其实也已经是道纳的家庭成员。实际上，科比高中时期，乔还是道纳校队的二队教练。但科比与他父母的关系在他的湖人生涯时期出现破裂，既因为他决定在非常年轻时和瓦妮莎结婚（当时他21岁，瓦妮莎18岁），也因为帕姆在处理、出售他个人的一些物品和收藏品问题上和他产生了矛盾。"你还没准备好结婚……""不，我准备好了……""我要卖掉你的一些东西……""不，你不能卖"。他们有过争吵，有过冷战，他们的关系有过暂时的和解，也再次破裂。也许，有那么一线希望，他们的关系能重新恢复如初。毕竟，所有矛盾的源头，都是物件——高中球衣、湖人球衣和戒指，只是物件，可物件现在还有什么意义吗？道纳知道，那些伤口很深，非常深，这肯定是乔和帕姆至今没有就儿子的死亡公开发表声明的原因。道纳从没见过瓦妮莎，但他一直保持着和科比的关系。在这之前的18个月里，他见过科比三次，他的球队去过洛杉矶，他们还在费城的一个图书签名会上见过面。科比在2019年3月为小学生出版过一系列图书，他在送书——不是在签名时出售，而是免费赠送。那是道纳最后一次和科比面对面交流。他不记得自己最后一次和乔与帕姆面对面是什么时候,甚至不记得自己什么时候和他们交流过。现在,面对这个问题,面对那么多摄像机……

"我和帕姆以及乔有着非常好的关系……我从乔那里学到了怎么做教练,我对他有着最高的评价……如果他们在,我迫切希望支持瓦妮莎和她的三个女儿。我非常想在她们身边,无论多小的忙我都愿意帮。我绝对……呃……我想和乔、帕姆联系。"

他哭了。他不再说话。

我们失去了一个伟大的人。我爱科比,我也爱乔和帕姆。"

他伸手去拿面前摆在桌上的一瓶淡绿色的佳得乐,在嘴边停了几秒。他用右手擦了下眼睛,又用左手擦了下眼睛。房间里没有人发出声音。

一个月后,2020年2月25日周二的早上8点,在洛杉矶市中心的斯台普斯中心为科比和吉安娜·布莱恩特举办的纪念仪式结束后的第二天,道纳登上一架横跨美国的飞机,准备飞回费城,去执教当晚7点半的一场分区季后赛。他已经错过了球队之前四次的训练,也没有看过任何对手宾利奇高中的录像。他的助理教练一直和他联系,他毫不怀疑,自己的球员会为比赛做好准备。可说实话,他的心思在别处,还停留在几天前。

道纳、特里特曼和杨按照他们在科比去世不久后制订的计划行事。不管湖人决定何时为科比举办纪念仪式,他们三人都会前往西海岸参加。获得纪念仪式的门票是件很麻烦的事,因为门票数量太少,而且按照瓦妮莎的意愿,仪式更多的是与NBA和洛杉矶有关的内容。不过湖人的商务运营高级副总裁蒂姆·哈里斯(Tim Harris)想到了他们。实际上,哈里斯不仅想到了他们;他还额外多拿了几张票,让珍妮·马斯特里亚诺和道纳的弟弟布拉德也参加了纪念仪式。

仪式当天早上,这些人早早离开酒店,布拉德带他们驱车前往斯台普斯中心。道纳对洛杉矶通勤高峰期的堵车情况做出了正确预判:几条街被封闭了,剩余街道出现了交通堵塞。球馆外,自科比去世后,他的巨幅画像出现在不同的砖石建筑墙壁上,色彩斑斓,俯瞰着路上的行人,大多数画像上的科比穿科比都有可能出现在他的脑海里。几周前的一个早上，道纳也不知道是什么原因，他突然趴在学校的地板上，胸口与地砖平行，做了 24 个俯卧撑。

他开始写下自己的心思，记录大脑里随机出现的想法和一些格言："科比需要我坚强，我的球员和学生也需要。我需要继续用积极乐观的方式影响球员和学生，就像过去 30 年一样。科比需要我挺起胸膛，需要我更有决心。"他想到了布莱恩，想到了科比坠机几天后、因为其在晚间脱口秀的一个片段而在社交媒体上爆火的一个标签：科比自称"女儿奴（girl dad）"。对道纳来说，这是一个能让他感同身受的流行语。也许，这就是他需要的与科比的纽带。布莱恩总是去看爸爸的比赛。她会带上自己的战术板，参加所有录像课，聆听所有赛前的鼓励。赢下比赛后，她会在更衣室里向爸爸头顶浇水。她和爸爸一起游泳，和爸爸一起在壁炉边睡觉，和爸爸一起踢足球、打棒球。不久前，她还在一个 10 英尺高（3.05 米）的篮筐前投中了人生中的第一个球。

他还在继续写。

"她想成为什么样的人都可以，而我最希望的，是能在她成长过程中指导她度过喜怒哀乐。科比对他女儿们的爱，他作为父亲留下的遗产，让我变得更加强大。我们因为抚养女儿而拥有的纽带，是我们的关系中最重要的馈赠。最激励我的，就是这个。作为自己的动力，为了内心的平静，我会聚焦三个词：勇气，坚韧和爱。"

他相信，每一个教练每时每刻都需要一份比赛计划。自 1 月 26 日以来，距离他第一次见到科比近 30 年后，他第一次相信自己拥有了这样的计划。飞机穿梭于云层之间，带领道纳回家，回到那段旅程开始的地方。

我知道，在我之前走上球场的人，还有那些仍在打球的人，是他们成就了如今的 NBA。看过我父亲打球，知道他经历过的一切的我，怎么会不理解这一点呢？

——科比·布莱恩特

第二章
避风港

关于科比 1978 年 8 月 23 日出生于兰克瑙医院的情况，不管是私下还是公开的细节，都充斥着矛盾和错误。也许费城从未真正接纳过他，很多费城体育迷在科比人生的大部分时间里始终对他保持着一种厌恶和排斥的态度——"他不是我们的一员"。他们总能开心地指出一个事实，以证明自身态度的正当性：事实上，科比确实不是土生土长的费城人。1953 年之前，在长达 93 年的时间里，兰克瑙一直位于费城的边界线内，但却在那一年被划入蒙哥马利县下辖的 93 英亩的下梅里昂镇里。所以，严格来说，科比确实不是费城人。但和偶尔搞错他出生地相比，最早提及他来到这个世界的报纸犯下的错误显然更严重。科比出生后第二天，作为严肃媒体的《费城问询报》和作为八卦媒体的《费城每日新闻》（The Philadelphia Daily News）犯下了同样的错误：他们把他的名字都写成了"Cobie"。

不管具体原因是什么，出现这样的错误倒不难理解。这是一个不同寻常的名字，有着不同寻常的起源。1978 年的 8 月即将过完，76 人队很快就要开启训练营，乔·布莱恩特即将开启自己在 76 人的第四个赛季。这几年来，他越来越喜欢一家餐馆：宾夕法尼亚州普鲁士国王镇上的神户日本牛排店。这家餐馆位于一家希尔顿酒店里，离当地人流量最大的普鲁士国王商场只有一步之遥，20 世纪 70 年代初开业后，不同于人们熟知的古板的美式牛排店，餐馆老板克里斯特·迪米特里（Christ Dhimitri）把这里打造成了一个更具异域风情的地方。这家餐馆的主营菜品是铁板烧，卖的都是煎炸烤制类的食物，菜单上并没有寿司或刺身，而且讽刺的是，菜单上也没有神户牛肉。日本当时暴发了

第二章 避风港

口蹄疫，所以没有美国人能合法地进口到这种汁多味美的牛肉。

乔效力 76 人的那些年里，球队每年 9 月开始训练营，最初在乌尔希努斯学院举办，后来换到在富兰克林 & 马歇尔学院举办，从费城或韦恩伍德开车向西去这两个地方都需要很长时间。韦恩伍德就是神户日本牛排店的所在地，如果有人特别想吃，就可以在去训练营的路上在这里歇个脚。因为开车往返训练，这家餐馆慢慢变成 76 人球员的聚会地，迪米特里还和一些球员成为朋友，其中包括"J 博士"朱利叶斯·欧文（Julius Owen）和莫里斯·奇克斯（Maurice Cheeks）。布莱恩特一家也经常去那里吃饭。

"在那个年代，日本食物真的非常特别。"迪米特里后来表示，"那就是他们来吃饭的原因。所有的食物都是新鲜的。很有意思。"

在 1998 年接受《体育画报》（Sports Illustrated）采访时谈及自己和帕姆给科比起这个名字的原因时，乔承认："我不知道该不该说出来（原因），因为他们会主张署名权。"不过，乔完全不需要担心。迪米特里根本没想过找布莱恩特一家收版权费。有机会讲出这个故事，能让自己的神户牛肉和科比联系在一起，就已经让他很满意了，即便有人可能会觉得，究竟什么样的人能对一家餐馆喜欢到给自己的儿子起一个餐馆的名字。

乔·布莱恩特童年大部分时间所居住的费城西部的威洛斯大道 5800 号街区，如今已经变成了一条长 530 英尺（161.54 米）的锯齿状人行道，水泥缝隙里长满了星形的杂草，路边有七栋破败的排屋，临时钉上的胶合板门与生锈的纱门随风而动，发出嘎吱声，路边的汽车停放得密密麻麻，好像拼图一样。走出其中一栋排屋，在拐角处转弯，跨过考布斯·克里克路后向北走，就能看到一片绿洲：拥有嫩绿色草地的公园，还有一个全尺寸篮球场，乔小时候就在那里打过球，场地上的篮网已经换成了全新的白色尼龙网线。可这个街区本身已经失去了往日的进取精神，没有了那种对更纯粹的自由的追求，这些正是吸引老乔·布莱恩特、也就是科比祖父离开乔治亚州的杜利县来到这里的原因，他也是"黑人大移民"运动中从南方迁移到费城的几十万人之一。这些人主要居住在费城的北部、南部和西部地区，他们抓住了 20 世纪前 20 年这座城市的工业化机遇，让周边地区多了新的种族，有时也与原本居住在这里的其他种族混居——比如西边的俄罗斯裔犹太人和南边的意大利人，他们住在铁制品工厂、地毯作坊和服装店之间的排屋，住在便利店楼上的公寓里，住在有轨电车经过的用棕色砖块建造的无窗仓库里。有一段时间，在梅森—迪克森线（Mason-Dixon Line）以北的城市里，费城是黑人房主最多的城市，拥有房子的都是建筑工人、钢铁工人和卡车司机，辛苦的工作让他们拥有了产权证，可以在凉爽的夜晚满足地坐在自家房子的门廊下，看着自己的孩子在月光下的城市小路上玩耍，他们知道自己已经离开地狱，他们已经为自己创造了美好而扎实的生活。他们并不富有，他们也不必富有，因为他们挣到的钱都是自己的，而这才是无价的。老乔·布莱恩特 25 岁时，已经成了丈夫，也成了父亲。他身高超过 6 英尺（1.83 米），身材魁梧，嗓音低沉，是个存在感很强的人。他也走上了同样的旅程，买了两套房子，第一套房子位于费城西部的 42 街与雷迪街交界处，第二套房子在第一套房子南部三英里外的 58 街和威洛斯街交界处。他找到了一份工作，在一家制服租赁公司做了 16 年的负责人。他建立了一个家庭——妻子、两个儿子和一个女儿，大儿子以他的名字命名。

想象这样一个场景，一个非常奇怪的场景：一个 16 岁的孩子，身高 6 英尺 9 英寸（2.06 米），门牙上的一道缝让他笑起来时显得更开心，他非常瘦，总是在跑，一直在跑。乔·布莱恩特就是这样，只要和父亲产生矛盾，只要老乔明确地告诉他，违反了布莱恩特家的家规就不要找借口时，他就会跑走。其中一条家规是：不能让日落时的太阳光照进家里。这就意味着，乔绝对不能回家太晚，否则，父亲对他的惩罚将会非常严厉。

老乔是个天生的管教者，那个年代的父亲大多如此。可只要乔不在家，他确实有理由担心。20 世纪 60 年代的费城可谓街头帮派的天堂，帮派的数量在那十年里不断增长，到了 1969 年，按照费城犯罪问题委员的估算，75 个帮派的 3000 名成员在那一年犯下了 45 起谋杀案和 267 起伤害案。作为一个 10 岁刚出头的孩子，乔在学校操场上、在费尔蒙特公园的公共游泳池附近，都打过架。有一次，他和几个朋友与一个名叫"39 街 & 波普拉"的帮派爆发冲突，这个帮派的名字源于其成员出身的街角，他们就像守卫城堡一样守卫那个地方。乔是他那个小团队中年龄最小的孩子，冲突爆发后，乔觉得自己的左臀上有一种被针刺中的感觉。他低头一看，看到血从大腿流下，在脚边聚集成一小滩。他被刀划中了，伤口留下的伤疤过了好多年仍能看见。

篮球是他的避风港。很久以前，这项运动就吸引了他。九年级时，他的身高已经达到6英尺6英寸（1.98米），作为巴特拉姆高中的篮球明星和田径运动员，不管在城市里的什么地方，他随时都可以打球。58街和威洛斯街交界的一根电线杆上装上了一个篮板和篮筐。他也可以去考布斯·克里克公园打球。全家周日去新伯利恒浸会教堂参加完礼拜后，乔可以去祖母家转角处隔壁的球场打球。在巴特拉姆高中，乔在主教练杰克·法雷尔（Jack Farrell）手下打球，他是个留着山羊络腮胡、脸上总是露出笑容的人，可他对自己的队员很严厉。乔可以参加费城的夏季联赛，还可以去郊区打球。乔最初加入的是下梅里昂镇里的纳伯斯联赛，后来进入费城最有名的夏季联赛——桑尼·希尔联赛。这里是所有球员和新人们梦寐以求的归宿，因为在这里他们可以得到来自费城和全美高中教练、大学招募人员的关注。也是在这里，被视为费城公立学校联盟最佳球员的乔·布莱恩特，和被视为费城天主教学校联盟最佳球员、圣约瑟夫预备校的高四控卫莫·霍华德（Mo Howard）成了好朋友。

不管比赛在什么地方进行，乔都会跑去参加。他也会飞奔6英里的城市街道，跑去霍华德位于费城北部的家里，在街头生活和篮球这些问题上寻求霍华德的支持，去冒只有他这种级别的年轻运动员敢冒的险。帮派文化中有一个规则：如果你是优秀的运动员，那么你更有可能得到优待。桑尼·希尔（Sonny Hill）曾经是工会组织者，他就像嘉年华揽客员那样充满感染力，拥有强大的推销技巧，他利用自己的谈判能力，促成帮派之间停战，为在他的联赛中打球的孩子们争取权利，让那些孩子的父母放心。消息在社区里传开：如果你像乔一样参加了桑尼·希尔联赛，如果你像乔一样在高中篮球队里表现出色，人们会认识到你正在努力实现一定的目标，而且认可你有能力实现更大、更好、更多的目标。人们仰慕你。人们会避免让你卷入暴力事件。对乔·布莱恩特来说，这是一个宝贵教训，而且当他自己成为父亲、有了儿子后，他才能真正理解：通过篮球，他可以让自己拥有他人无法撼动的地位，他可以撑过那些让人不愉快、不舒服的城市生活，使之成为自己的优势。了解对手的出身，知道他们会怎么评判你，知道他们会使用什么战术从心理和身体上压制你。你不必非要生活在城市里才能学习这些东西，可你确实需要在城市里打球才能学到这些。

作为篮球手和运动员，速度并非乔唯一的优势。教练提出什么要求他都能做到，球队需要什么他都能做。他的模板是"黑珍珠"厄尔·门罗（Earl Monroe），门罗同样出身巴特拉姆高中，他效力过巴尔的摩子弹队和纽约尼克斯队，后来入选名人堂。尽管乔比6英尺3英寸（1.91米）的门罗高了6英寸（15.24厘米），但他一直在努力模仿"黑珍珠"的球风和技术特点。随着他干瘦的身体逐渐练出肌肉，他保留了一直拥有的卓越的手眼协调能力，他能胯下运球，能把球绕过背后，能转身突破冲向篮筐，好像自己的身高没那么高，好像自己是个后卫一样。

有时，他确实是后卫。乔拥有他这个身高的孩子所没有的，或者即使有也不被允许使用的天赋。如果一个教练碰巧拥有一个身高6英尺9英寸（2.06米）或者更高的球员，他会一直让那个球员留在禁区，做球队攻防的核心："孩子，靠近篮筐！""上篮，或者勾手！""保护篮下！"可乔……完全不是这样。高四那年，乔拿到了27.4分、17个篮板、6次助攻和6个盖帽的场均数据。在面对公立学校联盟的伯克队时，乔得到了57分。在自己在巴特拉姆的最后一个主场比赛里，面对公立学校联盟的奥沃布鲁克队时，乔得到了40分和21个篮板。在巴特拉姆田径队里，乔用4分45秒就能跑完1英里，用2分1秒可以跑完880米，跳远距离为19英尺（5.79米），三级跳远的距离是39英尺9英寸（12.12米）。乔的运动天赋太好了，而且他又能那么出色地展现出这种天赋——他的动作极其流畅，没有一丁点粗糙的感觉，他总是以自己的节奏打球，给人一种动感舞被放慢成为芭蕾舞的感觉。其他球员因此给他起了一个源自格伦·米勒（Glenn Miller）老歌的外号——"要做果冻，因为果酱不会晃！"乔的球风非常流畅，充满动感。乔不再只是乔了。乔也是"糖豆"，多完美。"我一天要吃4磅重的糖豆。"他在高中时这样说过。即便他说得夸张了，那也是正当的夸张，因为这再次确认了人们已经知道的一个事实：即便是个孩子，乔也太孩子气了。

　　杰克·法雷尔对一个记者说，乔是"全城最好的球员"，是这座为篮球而疯狂的城市里最顶尖的球员，乔并没有因为谦逊或礼让而不让自己的亲朋好友知道，因为内心深处，他也是这么想的——他觉得自己就是最强的。巴特拉姆赢球后，他会给所有人打电话，善意地吹嘘，提醒他们谁才是这座城市真正的王子。可当巴特拉姆输球时呢？怎么说呢……不知道怎么回事，巴特拉姆输球后，乔从来都不在家。每一次都这么巧。

我很幸运，能在一个充满爱和滋养的家庭里长大……有些人没有像我一样的家庭。

——科比·布莱恩特

第三章
他们中的上帝与魔鬼

教堂，是考克斯一家生活的中心。根据费城大主教区的记录，始建于1893年、有着古堡灰色砖墙的洛约拉圣依纳爵教堂，是"费城最古老的黑人教堂"。这座教堂最早的信徒之一是约翰·A·考克斯（John A. Cox），也就是科比的曾外祖父。他住在离教堂半英里远的地方，是哥伦布骑士团成员，管理圣依纳爵教堂慈善商店的时间超过40年。

科比父母的原生家庭都为他注入了篮球血液，外祖父小约翰·考克斯在其中起到了主要作用——他是名优秀的球员，16岁那年创下了当地男孩俱乐部联盟的单赛季得分纪录。随后，因为成年后的生活，他放弃了篮球。他在1953年2月加入美国陆军，又在自己20岁、米尔德雷德·威廉姆斯（Mildred Williams）17岁时结婚。两人育有两个孩子，帕姆和约翰三世。小约翰加入了费城消防部门，而费城消防部门从1949年才开始取消种族隔离。他以消防中尉的职衔退休，这个职位反映了他努力工作的程度，反映了他工作成绩的优异，也说明了他需要怎样的坚韧才能获得这么高的职位。他的个性强硬又严格，还有一股锐气，一股必须的锐气。

因为小时候是个圆墩墩的小胖子，家人开始用"胖子"查比（Chubby）称呼约翰三世，他继承了父亲的坚韧和对篮球的爱。至于帕姆，她的身上混合了小约翰的强硬和米尔德雷德的可爱，她也打过篮球，科比曾说："我听说她的跳投很犀利。"但有比体育更让她感兴趣的事情。在奥沃布鲁克高中，她是被选中加入约翰·瓦纳梅克青少年委员会的两个女生之一，负责在费城中心著名的百货大楼组织青少年活动。根据新闻报道，瓦纳梅克员工委员根据"学业、性格、举止和身体特点"选中了帕姆。帕姆身高 5 英尺 10 英寸（1.78米），她的颧骨很高，有着一头惊人的黑发。随着年龄越来越大，越来越成熟，她长得越来越像歌手黛安娜·罗斯（Diana Ross）。被选入委员会的好处之一，就是有机会在百货大楼举办的几次时装秀上担任模特。

事后再看，她和乔·布莱恩特产生交集只是时间问题。她的祖父母和他住在一条街上。有一天，乔和朋友们一起坐在排屋的楼梯上，帕姆从他们面前走过。那些人开始小声说话，开始吹口哨。"快看帕姆！她可真漂亮！"坐在台阶上的人里，只有乔说："总有一天，我要娶她。"

人们不会想到，一个校园里没有供男子篮球队使用的体育馆的大学，能拥有全美最优秀的大学篮球队。拉萨尔大学是一所走读大学，是大多数出身费城蓝领天主教家庭的孩子能读得起的学校，学生可以乘坐巴士、私家车、火车或者有轨电车上学，他们也会通过这些交通方式前去观看学校的主场比赛。但走路不是一个可选项，因为拉萨尔大学探索者队的主场比赛不是在佩尔斯特拉体育馆举行，就是在费城市政中心举行，这两个地方都在费城西部，即便是从学校开车过去都要 15 分钟。

费城拥有大量篮球人才，使得拉萨尔和其他四所 NCAA 一级联盟大学（维拉诺瓦、天普、圣约瑟夫和宾夕法尼亚大学）组成的"五巨头"，总是可以从人才池补充球队实力。拉萨尔在 1952 年赢下了全美邀请赛冠军，又在 1954 年赢得 NCAA 锦标赛冠军，球队当时拥有全美最强的球星汤姆·格拉（Tom Gola），身高 6 英尺 6 英寸（1.98 米）的他司职后卫和前锋，是奥尔尼地区土生土长的本地英雄。20 世纪 60 年代中期的一场丑闻导致拉萨尔被禁赛两年——球队教练贿赂某些球员，又取消了其他一些球员的奖学金。其后学校聘请格拉担任主教练，试图让学校重新获得尊重，重回巅峰。格拉执教的第一个赛季，在 1968—69 赛季，拉萨尔探索者队尽管被禁止参加季后赛，但仍在常规赛里取得了 23 胜 1 负，排名全美第二，仅次于有约翰·伍登（John Wooden）做教练和明星球员卢·阿尔辛多（后来改名为卡里姆·阿卜杜勒－贾巴尔）的 UCLA 棕熊队。半个多世纪后，那支拉萨尔探索者仍被认为是"五巨头"历史上最优秀的球队。

1968—69赛季的余晖继续闪耀，三年后，费城最优秀的篮球运动员开始考虑自己的大学选择。在1972年春季的大部分时间里，乔·布莱恩特都在参加各种全明星比赛，向更多的一级联盟大学的教练展示自己。尤其是在当选匹兹堡的"时髦丹"圆球经典赛MVP后，他吸引了更多人的关注。这场比赛集合了宾夕法尼亚最优秀的球员和来自全美的其他高中明星球员，而比赛的组织者是来自费城西部的一名商人和赛事筹办人桑尼·瓦卡罗（Sonny Vaccaro）。

将目标学校缩小到拉萨尔、天普、俄勒冈和辛辛那提后，乔和他的父母却因为繁复的招募流程而越来越困惑。他们接收了太多信息，又不确定该相信谁。为了简化，为了保持一定的舒适感，乔把留在父母身边确定为最优先考虑的因素之一。"我可能会想家。"他曾经说，"我只需要放40美分进收款箱就能回家，或者走下山去祖母家。"此外，拉萨尔大学还为他提供了其他学校无法提供的优势：格拉执教两年后下课，他的继任者保罗·威斯特海德（Paul Westhead）是一位崇尚自由发挥、以进攻为主导的教练，这种风格很适合乔的技术。劝说乔时，威斯特海德的话很直白，没有花言巧语："留在老家，在你的亲朋好友面前打球。你在巴特拉姆那么成功，你可以在拉萨尔继续那样的成功。那是一种自然延续。"乔认同这样的说法。

"这事发生在全国性招募出现前。"威斯特海德表示，"本地球员想留在本地。乔·布莱恩特那个年代的球员说'我要去亚利桑那'或者'我要去伯克利，那是不可能的。"

威斯特海德对费城本地学校招募球员情况的分析，大体是正确的，但现实也不乏其例。威尔特·张伯伦（Wilt Chamberlain）在奥沃布鲁克高中的统治力实在太强，他的场均得分高达37分，创下了这座城市的得分纪录，在全美范围内，他可以去任何想去的学校。1995年，张伯伦选择了堪萨斯大学。1977年，西费城高中的吉恩·班克斯（Gene Banks）选择了杜克大学。拉希德·华莱士（Rasheed Wallace）1993年从西蒙·格拉兹高中毕业后，选择前往教堂山，成为北卡罗来纳大学主教练迪恩·史密斯（Dean Smith）的弟子。与威斯特海德的断言相反，并不是所有人都想留在本地。每隔一段时间，就会有来自费城或周边郊区的优秀球员认定"五巨头"学校不适合自己，他们渴望去别的地方追求别的目标，并且付诸实践。

因为学业成绩不合格，乔在大一那年不能上场比赛，所以他坐在板凳席，看完了1972—73赛季的所有比赛。但延迟出场只会让人们愈发期待他的首秀。第一次代表拉萨尔大学出场，乔的父母来到现场观赛，他打出了符合预期的表现：19分、15个篮板、1个盖帽，在这场扣分大胜里海大学的比赛里，他还送出了3次背后传球助攻。但比赛场上的表现，却不是乔在那天晚上最高光的时刻。

拉萨尔和里海的比赛，是当晚在佩尔斯特拉体育馆进行的两连赛的第一场比赛，第二场比赛的对阵双方分别是维拉诺瓦大学和里奇蒙德大学。维拉诺瓦野猫队以71比58战胜对手，他们队中有四名大一球员，其中之一就是控卫"查比"约翰·考克斯。在匹兹堡的克拉里昂州立大学读本科的帕姆回到家乡，和老约翰及米尔德雷德一起来到现场观看哥哥的比赛。在坐满人的佩尔斯特拉体育馆里，乔看到了帕姆的父母，帕姆也看到了乔的父母。乔绕过场地，去和考克斯夫妇打招呼。而帕姆已经走在去和布莱恩特夫妇打招呼的路上了。

"那有点儿猪小姐和科密特青蛙的感觉。"乔说，"'嘿，你怎么样？'那样的感觉。那天晚上是我们第一次约会。"

第二年夏天前，两人结婚了，那时两人都还没到可以喝酒的年龄，两人也都进入了大三。帕姆转学到维拉诺瓦大学，这样她和乔就不会被300英里的宾夕法尼亚州土地隔开，她可以去拉萨尔大学陪伴乔，为他指出一条通向职业篮球的路。

对于乔和那些熟悉他的人来说，他有了很大的转变。花花公子？派对爱好者？其他人可能这样评价过他。乔很有魅力。乔在高中时期有一个女朋友琳达·萨尔特（Linda Salter），可他就是忍不住露出自己的本性。假如你是个年轻男性，即便你只是第一次见他，第一次和他握过手，他也会让你觉得你俩做了很久的朋友。假如你是年轻女性，即便他只是在几秒前才注意到你、对你微笑，他也会让你觉得你是世界中心。有一个记者对乔做出了最好的总结：他能给每个人留出两分钟，却不能给任何人留出两小时。

但帕姆却是个例外。帕姆拓宽了他的视野，让他知道自己的人生可以是什么样，应该是什么样。"到死我都会说：帕姆对乔真的很好。"莫·霍华德表示，"我们都希望拥有和自己长大时的家庭一样好，或者更好的家庭。帕姆把乔摆在了一个能让他更多一些专注、更能负起一些责任的位置上。他是一个自由的灵魂。因为他和帕姆的关系，加上帕姆的教养，这些都让他日后成为父亲后，变成了一个更可靠的人。他终于稳定下来了。"

首秀对阵里海大学的惊艳表现，很快就成为乔在拉萨尔大学的日常。他已经拥有一切可以定义他大学篮球生涯的特点：花哨的数据，出众的表现力，以及惊人的全面能力。作为二年级生，他拿到了 18.7 分和 10.8 个篮板的场均数据，拉萨尔大学在那个赛季取得 18 胜 10 负，赢得中大西洋赛区东区冠军，还打进了赛区决赛。第二年秋天，尽管乔还可以在大学再打两年，但大量想要成为乔的经纪人的来信开始涌入威斯特海德的办公室。为了在大三赛季结束后参加 NBA 选秀，乔需要申请"经济困难状态"——从表面上看，这是大学联赛官方认可球员是因为经济问题才转向职业，但实际上那只是走形式的橡皮图章。

最初，乔并不确定自己想离开大学；和帕姆一起读书期间，他的父亲为他们提供了经济上的帮助。可那年冬天，老乔摔了一跤，摔断了背上的一根骨头，他没法工作。这时候，乔开始考虑自己的未来。"他想维持某种生活方式，现在没那么容易了。"老乔当时说，"他不喜欢依靠任何人。我猜，一切取决于他们开出的报价。"

在乔的问题上，威斯特海德和其他大学教练一样，既对他友好，但又和他存在利益冲突。但这终归是乔自己该做的决定，他也必须为自己、为自己的家人做出最好的选择。而后来去 NBA 做了六年教练、但当时还没进入联盟的威斯特海德在被问到乔是否已经为进入职业联赛做好了准备时，他选择了回避：

"我不了解职业比赛。"但在对比乔和其他大学球员时,他的态度清晰了很多:"这么说吧,如果他再多一年经验,他可以成为全国最好的球员。"

只不过,乔越来越觉得自己不需要再等下去了。他渴望离开,考虑到他的理由,想说服他改变主意很难。他是"五巨头"学校中的得分王,场均得分超过 21 分。他渴望在地球上最强的运动员们面前检验自己,他想知道让自己具有鲜明特色的华丽球风能否在 NBA 生存,这些欲望随着每一场比赛的进行而愈发明显。威斯特海德允许乔继续打出他在巴特拉姆高中时让人惊叹的球风。在这个问题上,教练采取了一种不置可否的态度,既不鼓励也不否定。他把那看作乔的一部分:有时乔会像控卫一样带球到前场,有时他会像得分后卫一样在侧翼 20 英尺(6.1 米)的位置跳投,他会像中锋一样抢篮板,他会胯下运球,会晃人,会做假动作,也会在防守压迫下出手,就是因为他想这么做。比方说,在大二赛季的下半段,他在莱德大学头上拿到了 37 分,那是他在大学比赛里的单场最高分,他 27 投 17 中,放弃了所有花哨的动作,就靠上篮和强力突破统治了比赛。他本该用这样的方式打所有比赛,可那场比赛,他似乎只是心血来潮。赛后他对一名记者说:"明天我该多抢几个篮板。"他总是沉浸在幻想中。威斯特海德对乔的自由放任只在一个时刻有例外,那就是在球队需要得分时,必须打一个固定战术:他会让乔在距离篮筐 6 到 10 英尺(1.83~3.05 米)远的位置背身,让拉萨尔的后卫把球交给他,再让乔投出一个柔和的转身跳投。除此之外,限制乔在进攻上的选择既没有意义,对球队也没有好处。"他不是在用大个子的常规方式去打球。"威斯特海德后来说,"在那个时候,每个人都有自己的位置。每个教练都有一份计划,每个人都会尊重每个人的计划。那是一套规矩,而乔很明显在打破规矩。"

拉萨尔大学在 1975 年取得 21 胜 6 负,打进了东海岸赛区锦标赛冠军赛,在宾夕法尼亚州伊斯顿的科尔比中心对阵拉法耶特大学,这场比赛的胜负事关他们能否进入 NCAA 全国锦标赛。那天晚上,乔也打破了一些规矩。NCAA 在 1967 年宣布球员在比赛里禁止扣篮(这个说法如今来看简直过时到了可笑的地步),表面原因是希望限制大个子球员——尤其是阿尔辛多。但实际上的原因更多与球员的种族有关,与球员的身高无关:NCAA 试图压制占统治地位的黑人球员表达他们的篮球审美观。不管制定这个荒谬的规则究竟出于什么意图，但规则就是规则。如果有球员在比赛中扣篮，裁判会吹罚技术犯规，给对手两次罚球机会和球权。

每个人，包括乔，都知道这条规则。拉萨尔大学以 92 比 85 赢下比赛，乔拿到了 28 分，这场比赛不仅让球队获得了赛区冠军，也帮助他们进入了 NCAA 全国锦标赛。可在比赛还剩 7 秒、拉萨尔领先 8 分时，乔在中场断球，持球推进时，他看了眼拉法耶特的篮筐，他无法抗拒那种冲动。你几乎能看到他的脑子里的想法：我们赢定了。整个赛季我都很听话。我一次都没扣过。我至少要扣一次！

压抑了两个赛季的扣篮欲望爆发了，乔就像一瓶刚刚被摇晃过的汽水一样。他势大力沉地扣了一个球，毫不客气。

科尔比中心沉默了。威斯特海德不敢相信自己的眼睛。乔朝他和拉萨尔板凳席走来，脸上露出微笑。

"教练，"乔说，"我必须要扣。必须要扣。我这一年都在等着做这件事。"

"乔就是那样。"威斯特海德心想。全是本能，没有任何计算。很多年后，看到乔和科比在球场上的鲜明对比，威斯特海德会非常意外。乔的脑子里出现什么闪念，他在比赛里就会做什么。不看人传球？为什么不呢？失去平衡靠在别人身上的抛投？必须的。科比正好相反。科比全都算清楚了。"我要向左运球，然后转身回到右边。"在威斯特海德看来，科比在球场上所做的一切都是精准计划好的。乔全是自由发挥。乔做什么都是一副放任自流的样子。即便对待大学生涯最重要的比赛，也就是 1975 年 NCAA 全国锦标赛中在佩尔斯特拉体育馆对阵锡拉丘兹大学的东区半决赛，乔的态度和在考布斯·克里克公园打野球时没有区别。

他甚至可以把那场比赛也打成和夏季普通的野球赛一样——前 39 分钟里，他拿到 25 分，锡拉丘兹大学对他毫无办法。他当然能这样。那是佩尔斯特拉体育馆。那是他最了解的体育馆，是他个人最高光、最佳比赛的发生地：他在那里遇见帕姆，他在那里打出过那么多高分比赛。这也将是那样的比赛。比赛还剩 60 秒，比分为 70 平，威斯特海德让球队把时间耗到最后 10 秒，然后执行他们最可靠的战术：让乔去低位背身单打。他们按计划把球传给站在篮下 6 英尺（1.83 米）远的乔，乔背对防守人，出手不可能被盖到，他转身，手感柔和地投出了那个后仰跳投……

球砸中篮筐前沿……

球在篮筐上转动……

比赛结束的哨声响起……

球掉出篮筐……

比赛进入加时，加时赛里的乔非常糟糕。加时赛还剩 1 分 42 秒时，他犯满离场。锡拉丘兹大学利用一个反跑上篮得分，取得领先，他们最终以 87 比 83 赢下比赛。拉萨尔大学的赛季结束了。

乔的大学生涯也结束了。他一门一门地退出选修的课程，或者干脆不去上课。他并没有直接退学。不，那样的话，乔就不得不直视其他人的眼睛——他的教授，学校的教务处主任，还有威斯特海德。那样做就相当于公开表明自己的意向和行动，从而不得不去面对他人的质询和直言不讳的否定。如果可能，乔更愿意回避这种尴尬的场景。"我退了一些课。"他说，"每个人都在减少课程，这很正常。"四月初，距离 NBA 选秀还有一个半月时，他提交了经济困难状态申请，联盟批准了他的申请。他准备好了吗？数据说他准备好了：他场均能得到 21.8 分和 11.8 个篮板，投篮命中率达到 51.7%，在全美公认的最佳大学篮球城市里，他是公认的最佳球员。

帕姆仍然心存疑虑。她和乔刚结婚不久，两人都还在上大学的年龄。假如没有球队选他呢？假如选中他的球队又裁掉他了呢？假如他为家乡球队费城 76 人打球呢？做大学篮球明星的妻子已经够难的了。她对城里报纸报道乔的方式颇有微词。"当他表现好时，应该说他大部分时间表现都很好。"她说，"他们几乎不会提到他，最多说'他犯了那个错误'。当他表现得非常好时，人们会说'他应该打得更好'。"显然，成为职业球员后，他会受到更严厉、更尖锐的批评，假如他在 NBA 打不下去怎么办？他都不需要自己犯错。假设他去了一支错误的球队——老将太多，或者球队实力不够，假设他遇到了一个错误的教练，这个人不能最大限度地用好他的能力，不能容忍一个身高 6 英尺

9英寸（2.06米）的球员在场上没有固定位置、也不想有固定位置，还认为乔相比普通NBA球员还是太瘦、在低位会被欺负。假设乔变成了又一个没能达到外界预期的本地英雄，成了没有做好准备的孩子，没有成熟到能在最高水平的篮球联赛中打出高水平，他就变成了跌落凡间的神童。

乔通过早早进入NBA，招来了那些反对者的批评。他不在乎。"我知道自己在哪里。"他说，"我知道自己要去哪里。一切都很好。"进入选秀夜，一切也很顺利。四天前刚刚赢得队史第一个总冠军的金州勇士队在首轮第14顺位选下乔。阻止乔在勇士队开启职业生涯的，只有联盟的一条奇怪规定：球队选下球员后，需要在9月1日前提出一份合同，以保留球员的签约权；否则，这名球员就会成为自由球员。但这条规则只是例行公事，只需要勇士管理层向乔的经纪人里奇·菲利普斯（Richie Phillips）发出一封正式的信件即可。你肯定觉得，这事太简单了。乔和帕姆肯定能开启西海岸之旅。

在76人总经理帕特·威廉姆斯（Pat Williams）看来，NBA在9月1日没发生什么大事。他觉得自己组建的球队很完整，已经为训练营做好了准备，直到在距离合同报价最后期限已经过去几天的那个时候，他接到了乔·布莱恩特的经纪人兼律师的里奇·菲利普斯打来的电话。

"我们没收到勇士的合同。"菲利普斯对威廉姆斯说，"这是不是意味着乔可以和任何球队签约？"

"里奇，我就是这么理解的。"威廉姆斯说。

"好吧。"菲利普斯说，"他们还没给他合同。如果他是自由球员，你有兴趣签下他吗？"

威廉姆斯建议菲利普斯再等一两天，看看会不会有合同。但勇士队始终没有开出合同。勇士队就是忘了发出那封信。因为这个流程上的错误，勇士丢掉了乔的签约权。他可以和任何自己心仪的球队签约，而他想留在费城，威廉姆斯接受了。他和乔签下了一份长期合同。威廉姆斯曾经写过，他开出的是五年、每年14万美元的合同。当时有些媒体报道给出了更高的数额：六年140万美元。报纸一直没有确定合同细节。不管合同金额到底是多少，对乔都是一大笔钱，他给自己买了一辆白色的达特桑 280Z 跑车。"不可思议。"老乔说，"有多少人能看到儿子在同一座城市的初中、高中、大学和 NBA 球队里打球？"

可在一段时间里，理想情况并未出现。成为职业球员后，乔投丢了最初 36 次出手中的 30 次。当他终于在 12 月初战胜堪萨斯城国王队的比赛里首次得分上双后，因为太过追求记者的关注，有些队友甚至开始嘲笑他。"我只是说说而已。"乔说，"我不能像以前那样开玩笑了。"

76 人五年来第一次打进季后赛，但首轮就被布法罗勇敢者队淘汰。乔成为稳定的板凳轮换，场均有 16 分钟上场时间，能拿到七八分。当他全神贯注且手感好时，他一上场就能得分，但相对来说其实这种状态并没有那么稳定。时间来到了四月中旬。他和帕姆在一个月前刚刚成为父母，他们的女儿沙里亚出生了。接下来的夏天，他要安顿进位于韦恩伍德雷明顿路 1224 号的五居室殖民地风格的房子，那是他和帕姆在平安夜花了 82000 美元买下的房子。乔是丈夫，是父亲。乔拥有稳定的生活，他有钱。只要他愿意，作为篮球新星的他，好日子还在后面。老乔曾经说过：乔想要特定的生活方式。现在，他拥有了这样的生活方式。可乔还是很年轻，他只有 21 岁，他改变不了自己的本性。

1976 年 5 月 5 日，星期三，晚上 11 点 37 分，费城警察局 18 分区的两名警察在费尔蒙特公园以西开车巡逻时，注意到一辆白色达特桑 280Z 经过他们的车后停在路口。那辆车的一个尾灯坏了。车里坐着乔和一个 21 岁的女人。那是琳达·萨尔特，是乔的前女友。

两名警察走到达特桑车边，要求乔出示驾照和行驶证。乔走下车，交出行驶证，然后转身回到车上，警察原本以为他要去拿驾照。可他什么也没拿出来。他坐回驾驶座，转动车钥匙。他甚至没有打开车前灯，就驾车飞速离开，一路向南。

其中一名警察约翰·皮尔斯（John Pierce）先用无线电呼叫增援，然后驾驶警车高速跟在乔的车后，另一名警察罗伯特·隆巴迪（Robert Lonbardi）开着一辆没有标记的警车也加入追捕。追车持续了三英里，最终在南法拉格特街900号达到高潮,几乎复刻了史蒂夫·麦奎恩(Steve McQueen)的电影。达特桑撞上一个"停车"标志,接着斜着滑过路面,又撞上了一个"禁止停车"标志,再滑回路的另一边撞上另一个路标,随后撞上停在路边的一辆车的左前角,接着撞上另一辆车的车尾,然后撞上第三辆车的车前盖。最后,达特桑压过马路沿,撞上了一堵墙。

乔跳下车想逃跑,可他只跑出了5英尺(1.52米)。"我抓住了他。"隆巴迪后来在法庭宣誓作证时表示,"他举起拳头,所以我击打了他。我制服他后,给他戴上了手铐。""击打"和"制服"只是更具体、更暴力行为的委婉说法:那天晚上,乔在费城总医院缝了六针。

他告诉警察,自己没有驾照,只有一个过期的学习许可证。搜查达特桑时,警察在前座找到了两个塑料袋,每个塑料袋里都有一小管可卡因。

乔被控持有毒品、鲁莽驾驶和两项拒捕罪名。审判时,里奇·菲利普斯找来了20名品格证人,走进市政厅285号审判庭,为乔作证。帕姆、沙里亚和老乔都出现在乔的身边,家人、团队和社区形成了对乔支持的统一战线,第二天的《费城每日新闻》上刊登的一张由合众社拍下的照片,捕捉了这对夫妇进入法庭时的情景:乔穿着黑色西装,领带系成又长又鼓的三角形,半张着嘴;帕姆在他右边,穿着浅色长裙,前额包着围巾,她的右手指摸着自己的下巴,这个表情暗示着她刚刚听到了让她意外和不安的消息。

证人们的宽大处理请求说服了主审法官J·厄尔·西蒙斯(J.Earl Simmons)。他合法地消除了乔的案底,判定警察发现可卡因的搜查行为不合法,称乔的行为"是对交通违法行为的一个糟糕反应"。他判决乔的其他罪名不成立。

乔回到菲利普斯的办公室,两人同意接受《费城每日新闻》的记者菲尔·杰斯纳(Phil Jasner)的采访。菲利普斯告诉杰斯纳,乔会更努力地打球,会更加专注,他已经知道如何更好地做人做事了。在他的余生里,人们总会提到这件事,他必须学会无视批评,希望这件事能让自己变成一个更好的人。这是典型的公关行为,为公众打造出一个寻求救赎的故事:年轻的运动员做了错事,吸取了惨痛教训后痛改前非,再度取得辉煌。可法庭之外的那些日日夜夜呢？只有乔和帕姆时，空气中只剩他的背叛和鲁莽时呢？

只有和乔与帕姆最亲近的人，才能理解他们的那些关系。帕姆总是把乔和她的家人放在第一位——她保护他们，支持他们，甚至溺爱他们。对她来说，"至死方离"不是一句空话。为什么她选择留下？了解她的人不会问这个问题。她是一个坚强的黑人天主教女性，她认为结了婚的夫妻就该永远在一起。就这么简单。不管怎么样，妻子就该站在丈夫身边，母亲就该站在孩子身边。每段婚姻都会经历困难时光，布莱恩特家的困难时光只是恰好被全世界看到了，日后他们的儿子也是如此。

正如外界所想，科比·布莱恩特很小便沉浸于篮球世界。布莱恩特一家看过太多76人的主场比赛，连光谱球馆都好像是他们家的客厅一样。乔的父母坐在H区，因为布莱恩特一家出现得非常频繁，帕特·威廉姆斯已经习惯了每场比赛都与因为背伤而拄着拐杖的老乔，以及推着科比坐婴儿车的帕姆打招呼。"他是在光谱球馆长大的。"威廉姆斯说。

这个小婴儿每次出现在76人的球馆里时，其实比他爸爸更开心。表面上看，乔还是"美好时光乔"——张扬的丝质衬衫，厚底鞋，头上戴着贝雷帽，脸上总是露出轻松的微笑，而且自从被捕后，他没在场外惹过任何麻烦，完全处理好了个人事务。可他认为自己在队中替补前锋、即球队的第八人或第九人的地位，是对自己的侮辱。乔的事件发生后，76人不相信他能继续提高，相反，球队做了什么？他们花了600万美元，从ABA的纽约篮网队签下了朱利叶斯·欧文，导致乔的出场时间进一步降低。1979年9月的一个晚上，在76人举办训练营的宾夕法尼亚州兰开斯特的一家汽车旅馆酒吧外，乔和两名跟队记者聊天时提到了另一个球员的名字。那名球员是湖人的新秀："魔术师"厄文·约翰逊。40年后，人们依旧能感知到乔话语中的苦涩与怨恨。

乔抱怨自己在NBA的处境，"他带着那种打法进入联盟，他们说那是'魔术'。"乔说，"这些年里我一直这么打，他们却说我打的是'校园篮球'。"

一个月后，在科比出生后的第14个月，76人将乔交易到圣迭戈快船队，换来一个首轮选秀权。他欢迎这样的改变，发誓"这笔交易会让76人很难看。

我的意思是，我能防守，能进攻，攻防兼备的球员不是很多。我有能力、有实力……这就是我对自己的信心。记住：我是走了，但我不会被忘记。"

保留韦恩伍德房子的同时，乔、帕姆和孩子们搬去了南加州，这是他们第一次彻底离开费城。乔不再效力76人后，这么多年来，光谱球馆的H区第一次出现了几个空座位。那些座位，和一个男孩的父亲和哥哥买下的季票位置只相差六个座位。一个名叫格雷格·道纳的孩子的座位的左边相隔六个座位的地方，就是布莱恩特一家的座位。

在意大利成长的那段时间，我通过先学习基本功而学会了如何以正确的方式打篮球。我一直很感激从那边的教练那里得到的教导……

我知道会不一样，知道文化不一样。我实际上还记得我们第一次走进家里，打开电视机时的情形。电视上播的是一个意大利的动画片，我和姐姐们特别开心。我们高兴坏了。"我的天啊，这是动画片。"电视里说的是意大利语，但播放的是和美国一样的动画片。是一模一样的动画片，只不过说的是意大利语。那种感觉很奇怪。我们在疯玩。

——科比·布莱恩特

第四章
世界之子

看看这个孩子，三岁的早熟孩子，站在圣迭戈临时住所的走廊里。看看他用小小的手拿起了他小小的篮球。球在他的手里显得太大了，只用一只手很难抓住。在他成长为传奇篮球运动员的过程中，这似乎会成为他的阻碍。而现实恰好相反。因为，整个青春期，他都无法单手持球。也因为在他成长为全世界最优秀的球员后，他的两个手掌都只有 9 英寸长（22.86 厘米）——按照 NBA 的标准，这个尺寸既不大也不小，这迫使他想扣篮时必须用手腕卡住篮球。正因为这些，他需要非常努力，让自己拥有无懈可击的基本功，消除步法、投篮技术或者任何技术中的一切瑕疵。但那些通常独自一人进行的练习，几年后才会发生。现在，他只是抓着小篮球，他可以在走廊另一端看到一个小蹦床，前面有一个迷你篮筐，他做了一些让他感到快乐而且永远让他快乐的事情。他跑过走廊，跳上小蹦床，蹦床把他弹向空中，而他把球扣进了小篮筐。他妈妈在警告他，"不要扣篮，宝贝，你会把篮筐弄坏的。"他拿起球，又扣了一个篮。那是三岁的科比。

乔·布莱恩特被 76 人交易到快船前，他在费城的队友已经给科比起了几个外号。20 世纪 70 年代末的 76 人队中，有大量球员的儿子日后也成了优秀的篮球运动员。亨利·毕比（Henry Bibby）有迈克·毕比，后者是 1998 年的 NBA 选秀榜眼，拥有 14 年 NBA 职业生涯。迈克·邓利维（Mike Dunleavy）有小迈克·邓利维，后者是 2002 年的 NBA 选秀探花，在 NBA 效力 15 个赛季，他还有个儿子贝克，在维拉诺瓦大学打过球。可乔有科比，而科比是唯一被球员和他们的家人以及他自己的父母称为"天选之人"或者"金童"的孩子。

现在,"金童"将要在金州生活了,但乔开始时痛恨这一点。他希望被交易,可这个想法只持续到他被交易的那一刻。意识到自己的家乡球队确实认为他可有可无、也确实用这种方式对待他后,乔觉得很受伤。他说,76人"狠狠伤了我的心"。交易完成时,距离乔的25岁生日还有两周,那时他正在进入身体状态的巅峰期,快船也能为他提供更多的优势和好处,比如更多的上场时间和全新的开始。

乔在快船的出场机会是在76人的两倍,可结果却没什么区别。他还是不能自由地出手,不能展现自己神奇的运球能力,也不能做自己。而快船队的状况太糟糕了,他甚至连在费城时的那一丁点满足感都享受不到:在费城,至少他能出一份力,帮助球队赢下更多的比赛。加入快船的第一年和第二年,球队的成绩只是略有提高,从35胜47负变为36胜46负。1981年,乔的两个大脚趾都做了手术,假如有人还在怀疑乔对费城的思念之情,那么每年夏天他和家人为了参加贝克联赛而返回韦恩伍德的举动便足以打消任何人的疑虑。此外,每场比赛结束后他都会给父亲打电话,老乔则会把当地报纸上的内容讲给他听,尤其是《费城公报》(*The Bulletin*)和《费城论坛报》(*The Tribune*),他们聊了很多八卦消息。

圣迭戈的优势,或者说唯一优势,就是这座城市的气候以及人都是那么阳光、充满魅力、让人放松。乔和帕姆带着孩子们去迪士尼乐园、海洋公园和圣迭戈动物园,他特别平易近人,就是一个穿着虎鲸印花T恤、戴着米老鼠耳朵的邻家老爹,和他打招呼或握手时,球迷会觉得很放松。沙里亚、沙雅和科比开始上学了。科比喜欢上给自己的老师讲父亲的最新消息,这个小孩子俨然一副体育主播的样子,仿佛在播报晚间11点的体育比赛集锦。"我爸爸的球队昨晚赢了,我爸爸扣篮了。"晚上在电视上看父亲的比赛时,他会像成年运动员一样,把毛巾搭在肩膀上。"妈妈,我在出汗。"

快船的战绩在1981—82赛季一路俯冲,他们只赢了17场比赛,在太平洋赛区排名垫底。赛季结束时，乔反对以吝啬著称的老板唐纳德·斯特林（Donald Sterling）做出的削减成本的决定，他几乎是在挑衅球队去交易他。为了节省开支，斯特林要求快船队的教练和球员坐飞机时乘坐经济舱，而不是头等舱。"年轻一点儿的球员得听话。"乔说，"作为老将，我要维护球员的权利。"考虑到2015年NBA总裁亚当·萧华（Adam Silver）因为斯特林对情妇说了种族歧视的话语而判定他终生禁入NBA，乔的反对其实应当被看作一个早期警告，他是提醒联盟未来30年将会面对一个什么样的人。当快船在1982年6月与休斯敦火箭达成交易时，乔认为他们帮了自己一个忙。

他也在考虑其他事情：他在考虑成为大学教练。夏天时，他不仅在费城的贝克联赛打球，他也在桑尼·希尔联赛的大学分部做教练。他喜欢这段经历，觉得自己能在"五巨头"学校担任助理教练，尤其能胜任招募工作，他可以发挥自己善于社交的性格。"我相信我能说服最好的球员留在家乡。"他说，"我会非常努力，帮助那些球员最大化地兑现他们的潜力。"

看看这个孩子，他四岁了，这个早熟的小孩子穿着一身空手道训练服，站在东南德克萨斯的一个道场里。从年龄可知，他还是这项武术运动的新手，可教练在他身上看到了些什么，决定考验他一下。道场有一个年龄更大、身材更强壮而且更有经验的孩子，这孩子是个褐带，教练让他去和这个更高大的对手交手。孩子的脸上全是泪水。

"他比我厉害多了。"他说。

这句哀怨的话激怒了教练。"你去打他！"

孩子头上戴着防护头盔，手上戴着亮红色的拳套，蹒跚着走入场地。班上其他孩子们围着他和那个更高大的男孩，以便更好地目睹这场打斗。那个孩子落于下风，他很害怕。大孩子打了他一拳，踢了他一脚，然后又打了一拳，可这个孩子不再哭了，他留在场上，被打，然后还手。你看，他漂亮地打中了几下。他输掉了比赛，但他没有退缩，比赛结束后，他得出了一个自我解放的结论。他预想到了最糟糕的结果，可现实中的结果和战斗过程，并没有他想象得那么糟糕。这是一种本能的认知，这样的觉醒彻底塑造了他。那是四岁的科比。

在休斯敦，在又一支没有前途的烂队中，乔为他那不稳定的 NBA 职业生涯提供了一个更清晰的答案：究竟是环境从未对他有利，还是他自己导致了自己的愤懑和怨恨？在堪萨斯城时，他迟到了两分钟，没有赶上球队去投篮训练的大巴。大巴开走后，他没法打车去训练场，因为前一晚打扑克时他输光了所有钱。所以他回到酒店房间，继续睡觉。帕姆跟家人开玩笑时说，球队下次去客场比赛前，她应该给乔的一只袜子里塞上 5 美元。乔似乎从未想过，如果他更勤奋、更有职业精神，也许他就能获得教练和球队的信任，也许他会拥有更好的职业生涯。不管怎么说，那时的他似乎没这样想过。

不论乔在圣迭戈的最后一个赛季有多糟糕，他在休斯敦的那一个赛季只会更糟糕。在主教练德尔·哈里斯（Del Harris）的执教下，火箭队只打出 14 胜 68 负，在全联盟垫底。球队正在重建。他们不再需要乔，不需要他上场比赛。他的合同到期了，不管是火箭还是其他 NBA 球队，没有人想签下他。不过火箭队的经营合伙人查理·托马斯（Charlie Thomas）很喜欢乔，他给乔提供了一份工作，乔接受了这份工作。托马斯在 50 多家汽车经销店拥有股权，其中很多是福特汽车的门店。乔才 28 岁。乔不再是 NBA 球员了。乔结婚了，还有三个孩子要养。所以，乔成了汽车销售员。

忘掉几年前在费尔蒙特公园那个做出无数糟糕决定的夜晚吧。至少，那时的乔还是篮球明星。至少 76 人没有放弃他，给了他第二次机会。现在，他跌入了人生最低谷。没有人还认为他有价值，在比赛场上没有，在更衣室也没有。那些名声和现实混合在一起，他在人们眼中变成了一个大傻瓜，他甩不掉这样的标签。最糟糕的是，他不是能力退化的年迈球员。他还不到 30 岁。"糖豆"还能投篮。"糖豆"还能晃人。可现在，还有谁会给他第二次机会呢？

桑尼·希尔提出了一种可能。"试试欧洲。"桑尼告诉他，"那边的人会欣赏你。"是啊，去国外，有道理。海外职业联赛还有很多钱可以赚，而且布莱恩特和考克斯家族，之前也不是没出现过生活方式出现如此巨大变化的情况。乔的内兄查比·考克斯已经这么做了，他在 1978 年被公牛选中却没能进入球队大名单后，在 CBA（大陆篮球协会）里游荡过一阵后离开，去委内瑞拉加入了加拉加斯的一支球队。在那里，他大放异彩。在那里，他和妻子维多利亚在返回费城前生下了儿子——科比的表弟约翰四世。如果查比可以，那乔也可以。他和帕姆卖掉了在休斯敦的一切。他开着自己的奔驰车去了帕姆的父母家，把车停在车库，就这样，他和帕姆带着孩子离开了，去了大西洋对岸。如果不得不，他们可以接受去陌生的土地做陌生人的命运。

看看这个孩子，这个早熟的孩子九岁了。大巴车穿梭于意大利的城市和乡村，飞驰在高速公路，沿着尘土飞扬的道路行驶时，他在过道上蹦蹦跳跳。这个孩子不再那么小了。他的腿非常长。毫无疑问，等他进入青春期，他的身高一定会超过 6 英尺（1.83 米）。他在大巴车里蹦蹦跳跳，车里坐的是去往客场参加比赛的意大利球员和教练，他一直走到最后一排的两个美国人身边。其中一个是他的父亲，另一个是他父亲的朋友。

这个孩子特别喜欢这样的旅行，他经常陪父亲一起去客场。车程的长短取决于比赛地点，可能是两三个小时，也可能是五六个小时。而路线的不同也会让车里弥漫着各个地区和城镇特有的香味——博洛尼亚街头市场上出售的奶酪香，威尼斯鱼铺里的咸味，还有意大利东南海岸飘散的罗勒香味。球队中，只有他父亲和他父亲的朋友是出生于美国的球员，他们在旅行时总是聊天，聊的通常都是家人，这个孩子也会加入他们的对话。

"有一天，我会告诉你们这些老家伙该怎么打球。"这个孩子告诉他们，"嗯，我会告诉你们该怎么打球。"

"孩子。"球员们大笑着说，"快挪开你们的小瘦屁股！"

有一天，这个孩子的父亲对他的朋友们坦白了一些事。孩子父亲的祖母曾经预言，未来将会出现一个人，这个人将会彻底改变这个家庭的结构和发展方向，这个人将会成就大事，让家庭成员过上全新的生活。

父亲看着他的朋友说："我知道不是我。我已经接近终点了。"两个美国人看着在车里跑来跑去的孩子，然后父亲说："也许是他。"两个人都没笑。

...

对科比·布莱恩特来说，六岁时全家移居意大利，是在他人生定型阶段的一个重大改变。假如乔继续在 NBA 寻找机会，假如有球队为他提供延续 NBA 生涯的机会，那么这个家庭的流动生活就会继续下去。可他们的流动，将会局限在美国境内，尽管在美国境内也能遇到形形色色的人和多元化的生活，但他们绝不会像在意大利那样全身心地沉浸于国外的、异域的文化中，也不会形成在未来很多年里推动整个家庭前进的那种独特机制。与 NBA 球队相比，意大利的篮球俱乐部（包括和乔签约的塞巴斯蒂亚尼·列蒂俱乐部）的赛程要轻松得多。意大利的常规赛只有 30 场比赛，而且球队每周只在周日打一场比赛。列蒂位于罗马东北一小时车程的位置，这座被阿尔卑斯山环绕的山间小镇只有 4 万多人口。俱乐部为布莱恩特一家找到一栋带有木门和花园的小屋，小屋外侧的墙上还钉着一个篮筐。他们给乔配备了一辆全新的宝马，为孩子们的教育做好了必要的安排。孩子们一周上六天学，最初上的是罗马北部的一所美国学校（球队还专门给他们派了司机），后来转入了列蒂的小学。每天的上学时间从早上 8 点半持续到中午 12 点半，沉浸于意大利语环境四个小时后，孩子经常聚在家里练习他们刚刚学会的语言。沙里亚、沙雅和科比学习意大利语的速度比他们的父母更快，科比还有时间每天下午陪伴乔去训练，并且在晚上 10 点整上床睡觉。布莱恩特一家的关系原本就非常亲密，成为生活在欧洲的黑人后，他们一家衍生出了更强大、更紧密的纽带，在一片他们既是别人好奇的对象、又是当地名人的土地上，他们成了一个独立的小团队。在小镇里生活时，陌生人会给他们买咖啡，帮他们在餐馆付账，或者让科比及女孩们尝一口糕点或巧克力。

"在那里，人们平等待人。"科比在高中时这样说过，"他们不会不信任其他人。在街上看到你时，他们会跟你打招呼。而且家庭，家庭在那里很重要。"

过去在美国客场比赛时经常被乔用来尽情享受的那些时间呢？现在，他每天都和帕姆一起慢跑五六英里。现在，他会在车道上和科比及邻居的孩子一起投篮，好像布莱恩特家的房子在《花衣魔笛手》(*The Pied Piper*) 里的哈梅林镇一样，而乔就是吹起笛子的魔笛手。现在，他会复习意大利语，不断扩大自己的词汇量：从只知道几个词——比如 Attento，也就是"小心"，作为一个有着孩子的父亲，这个词他很早就学会了，发展到大致掌握了这门语言。现在，他会拆开老乔寄来的包裹，里面是科比要看的 NBA 录像带。有些比赛特别吸引科比，这样的比赛通常与洛杉矶湖人有关。那些设计大胆的紫金色球衣，"魔术师"约翰逊掌控比赛的方式，卡里姆·阿卜杜尔-贾巴尔时髦的眼镜，每个人将大胆想象与自制力结合在一起的球风：科比忍不住就是想看他们的比赛。"魔术师"怎么永远不犯错？他眼中的愉悦和科比在他父亲眼睛里看到的一样。卡里姆的勾手是怎么自学的？没人那样投球！"他会像看电影一样看那些比赛。"沙雅后来说，"而且他知道演员们接下来会说什么。"乔会坐在他的身边，陪他一起看录像，对比赛做出评论和分析，告诉科比接下来会发生什么，这个或那个球员准备做什么，为什么那么做。科比总是听不够。"看奥拉朱旺在禁区的什么位置卡位。只要他想，他就有足够的优势和空间，可以转身去底线。"科比如此频繁地重看那些录像，如此聚精会神，好让自己看懂每一个细节，就像乔允许他进入一个神秘而刺激的世界，而科比永远不想离开那里。他开始把爸爸的袜子卷成球形扔进垃圾桶里，做这些事的时候，他还不到六岁。不，他也是湖人球员，在爆满的大西部论坛球馆里尖叫着的球迷面前，在坐在第一排的杰克·尼科尔森（Jack Nicholson）、迪安·加农（Dyan Cannon）等社会名流面前打球。他在花园旁边的篮筐前模仿自己在录像上看到的动作。他会等到母亲转身离开，然后用绳子从小屋二楼的阳台滑到后院，再快速穿过一条危险的高速公路，跑过一片空地，来到附近天主教教堂的运动场。以 20 公里外白雪皑皑的特米尼罗山为背景，他不断地磨砺着自己的篮球技术。他受到塞巴斯蒂亚尼·列蒂队总经理的儿子克劳迪奥·迪·法兹（Claudio di Fazi）的招募，参加了一个比自己大两三岁的孩子组成的联赛，他运球投篮、投篮运球，得了很多分——在第一场比赛里，前 10 分都是他得的。其他九个孩子开始大哭，而他们的父母开始大喊，让教练把这个被惯坏的小黑孩换下去。迪·法兹听从了家长们的要求换科比下场，这时候轮到科比大哭，他跑到场边，来到帕姆身边接受安慰。乔并不在几千英里外的亚特兰大、波特兰或者盐湖城的酒店里。他就在那里，每天都在，亲眼看到自己的儿子得分、生气和幻想未来。

"我已经是居家男人了。"乔在 1985 年对《纽约时报》说，"在美国时，我更像是旅行者。"

不过，帕姆才是真正引领她丈夫的人。她让一切井然有序，坚持让孩子全面发展，用他们希望被人对待的方式对待他人，要他们用开放的心态面对新环境，一边严格要求一边给他们一定程度的自由。他们欣然接受了全新、不一样的欧洲。"旅行帮助他们见到不同的人和不同的宗教。"乔曾这样说过，"我觉得他们把人看作人类，而不是肤色或宗教，所以他们不会困在任何刻板印象中。"科比当然会沉浸在篮球世界中，可他也爱足球。沙里亚和沙雅开始打排球。他们会尊重成年人和同龄人……除非那些成年人或同龄人冒犯他们，那种时候，他们就会展现自身的强大、果断，坚定地反抗，三个孩子只需要观察他们的母亲，就能找到榜样。有时，当帕姆晨跑时，男司机会摇下车窗嘘她，没等他们的脏话说出口，她会随意地转过头，在不打乱自身跑步节奏的情况下说：混蛋。他们继续自学意大利语，因为说得非常流利，他们成为意大利电视台节目中非常受欢迎的采访对象，这反过来让他们成为更好的学生。只要有机会，帕姆就会让他们接触美国流行文化：帕姆给科比系上领结，陪他一起参加朋友的生日派对，他用一段霹雳舞给其他孩子和成年人留下了深刻印象。在家庭生活中，她把天主教摆在重要位置：最后，当全家住在托斯卡纳期间，科比穿上深蓝色夹克、洁白的长裤和白色衬衫，就像在普通教会学校上学的美国二年级小学生一样，和同学一起参加第一次圣餐，就像帕姆小时候一样。科比加入湖人的最初几年，当他在球队飞机上独自一人坐着时，他之所以会戴着耳机蜷在座位上一遍又遍地看电影《十诫》(*The Ten Commandments*)，自然有其原因。

乔遇到了一些过去认识的人，而那些人影响到了科比的未来。其中一人是乔在 76 人的老队友哈维·卡钦斯 (Harvey Catchings)，他也带着女儿陶佳 (Tauja) 和塔米卡 (Tamika) 来到意大利，塔米卡比科比小一岁。两个孩子成了好朋友,甚至有时会共同分享一块比萨。两人的关系一直延续到科比效力湖人时期,而塔米卡代表美国队赢得了四枚奥运金牌,她还有一个 WNBA 冠军和一个 WNBA 最有价值球员奖杯。"我们对人生有着不同的设想。"科比这样评价他和塔米卡,"太疯狂了。从小我们就觉得一切都是可能的。"两人在同一晚、在 2021 年 5 月 15 日同时入选奈史密斯篮球名人堂。"这,就是童话般的结局。"她说。

里昂·道格拉斯(Leon Douglas)在他和乔都 17 岁那年认识了乔,当时两人都在匹兹堡参加"时髦丹"经典赛,随后两人走上了不同的道路:乔进入拉萨尔大学,道格拉斯进入阿拉巴马大学。道格拉斯是列蒂队死敌之一的博洛尼亚勇气队的首发中锋,但远离美国职业篮球的高压后建立起来的新联系,让他重新拾起和乔的友谊,他协助布莱恩特一家慢慢适应了全新环境。意大利篮球比赛的现场氛围堪比美国的大学橄榄球比赛或欧洲的足球赛,球馆里飞扬着旗帜,充满纯粹而快乐的能量。当乔开始得分时,当他开始统治比赛,在侧翼接到球打量对手时,帕姆、女儿们和科比就会在观众席上大喊:"打爆他!打爆他!"没人对着乔大喊,让他打团队篮球,让他在弧顶做挡拆。他可以做自己梦想中的那个球员,做那个在 NBA 从不被允许做的球员——一个身高 6 英尺 9 英寸(2.06 米)的小前锋,面对区域联防时远投,运球突破每一个试图一对一防守他的人。他的绰号是"表演",原因显而易见。效力列蒂队的第二个赛季,在前 25 场比赛里,乔场均能得到 34.8 分,得分和助攻均为联赛第一,他的助攻数据那么高,就是因为球基本都在他手上。他会去主动找到有空位的队友吗?除非这个传球能带来一个让防守球员膝盖打弯的 360 度转身上篮;除非乔能送出不看人助攻;除非那个球能让人激情四射。否则,他很难愿意去主动传球。对乔来说,一场比赛拿到 60 分或更多并不罕见,而且他打球根本不管战术或者策略。他仿佛独自一人上场,为了自娱自乐而玩些花式投篮。几年后,皮斯托亚的一支意大利联赛球队找到了乔和道格拉斯,他们用 11.5 万美元买断了乔的合同。两个家庭间只有半小时车程——道格拉斯一家住在公寓,布莱恩特一家住在山间别墅,两个家庭经常聚会。两个家庭的孩子共同庆祝生日,上的也是同一所学校,沙里亚、沙雅和科比还会照顾道格拉斯的女儿丽娜。乔和里昂每天中午都在一起吃饭，可就算乔每顿饭都愿意AA制，他这种分享的心态也没有延伸到赛场上。

"对我来说这是好事，因为我和一个非常好的朋友一起打球。"道格拉斯表示，"但是乔不怎么传球。科比的这一点就是遗传自他。"

每周，人们都能看到潜移默化的影响。科比在上半场会找到一个安全的位置坐好，认真观察球员动作的细节，中场休息时，他会跳进场内，拿起拖把或扫帚清理地板（有一次，作为在全明星期间穿运动服为皮斯托亚老板打广告的交换，科比提出了条件：我当然可以在拖地的时候穿着你的运动服，但你得给我买辆红色自行车，老板同意了）。随后，他会上演篮球表演。他在那里模仿自己刚刚看到的动作，胯下运球，练习跳投，在超远距离出手投篮，俨然一个缩小版的乔。球馆里的观众会留在座位上看他，这个孩子一点儿也不受干扰，而裁判不得不赶他出场，才能开始真正的比赛。他和乔教练的儿子卢卡·卢斯科尼（Luca Rusconi）成为朋友，后者成为他绝佳的训练搭档。在家时，他们把剪掉底部的塑料筐钉在车库上面，当成临时篮筐使用。他们在乔比赛前投篮，科比向比自己大两岁的卢卡发出三分大战的挑战，科比10个球全进，让自己的朋友无语又茫然，卢卡扔掉球，伸手和科比握握手，然后走开了。和球队一起坐大巴时，科比会把自己的计划告诉父亲和道格拉斯，两人会因为他的大言不惭而大笑。可这一切——球馆里的观众，现场的环境，还有独自一人站在观众面前的他，对科比来说，只是必要的第一步罢了。

"他一点儿也不害怕。"道格拉斯说，"这正是人们没有意识到的。伟大球员在任何情况下都能保持自信，不受外界影响。区别一个球员是否伟大，有时候看的就是他的自信程度。你可能会被置于一个容易被伤害到心理的负面环境中，从而不再去做平常会做的事情。科比从没有过那种问题。他爸爸也一样，他从不觉得自己的出手是糟糕的。假如他投丢了10个球，他有可能再投10个球。我相信，和职业球员在一起强化了科比的这种想法。"

可对科比产生影响的，却是特定的某一类球员。从他父亲那里，科比能够欣赏到篮球的个人主义本质，见证了一个一心一意的球员无可比拟的自私。他对在意大利时的教练表示感谢？那不过是客套话，归根结底，他究竟从谁身上学到了更多：是想限制他的教练，还是想给他自由的父亲？不仅仅因为乔能教会他自己标志性的花式动作，还因为科比能听到父亲对自身 NBA 生涯的假想，乔依旧觉得自己的 NBA 生涯原本可以更好，而科比完全能够理解那些伤感。爸爸那么尊重他的队友、教练和球迷。他不是在球队数量更少、进入大名单更难的时候，在联盟打了八年吗？那些年里，他不是一直保持着良好的身体状态吗？爸爸珍惜一切。他做自己，打他想打的篮球，认真对待比赛，看看他在意大利的得分数据，看看人们给予他的赞誉，看看整个国家热情地拥抱我们全家。NBA 里没有人给他所应得的机会，那不是爸爸的错。总有一天，科比会解决这个问题。他发誓，总有一天，他会去纠正那些错误。

但是，从父亲的对手身上，科比又看到自己可以同时吸取乔的经验和体系与纪律的精华，后者正是他父亲忽视的因素。他欣赏篮球的基础，懂得基本功的重要性。脚放在那个位置就能让防守人向后趔趄，你就能有足够的空间在他头上投篮；以这个角度弯下身体，像糖果棒上的条纹一样紧贴你的防守人，然后冲向篮筐；大前锋应该在这里，距离控卫刚刚好 6.5 英尺（1.98 米）；否则，你要执行的、对时机和协同性有着很高要求的进攻战术，就会变成一团乱麻。

1986 年和 1987 年，在乔加入雷焦卡拉布里亚俱乐部期间，科比开始参与系统性的青少年篮球培训，他融入到其他孩子之中，起初对谁都很有礼貌。他在联赛中的教练罗科·罗密欧（Rocco Romeo）说他"脸上挂着大大的微笑"。可训练或比赛开始后，科比就会冲着罗科大喊："罗科！球！球！"为了让科比安静下来，也为了避免被一个小孩子嚷嚷的尴尬，罗科会鼓励其他球员："好了，孩子们，传传球……"可以预见的是，一旦科比控制球后，他就再也不会放弃球权。他不传球，不微笑，也不屑于防守。他带着父亲的球风和母亲的强硬，他的动作整洁而优雅，罗密欧后来总能在职业球员时期的科比身上找到那时的影子——"他移动起来就像黑豹一样"。罗密欧说："他还有着那种无须说出口的认知，他知道自己是特别的。这样的认知通常都是心照不宣的，而他的父母几乎没有做过能打消他这种想法的事情。"有一天，乔带科比参加球队的训练，雷焦卡拉布里亚的主教练桑蒂·普格里希（Santi Puglisi）

在中场集合球员,讲解他希望球队执行的战术。科比穿着父亲的一件训练T恤,衣服的下摆在他的膝盖位置,他拿起一个篮球,开始在球场远端运球。注意力被分散的普格里希笑着说:"科比,坐下。"而科比看着他。

"去你的吧。"他说,"去你的吧。"

你该怎么应对一个敢对成年人这样讲话的孩子?你该如何在鼓励他相信自己和对他放任自由之间划清界限,好像比他更年长、更有经验的人的话不值一听,好像他可以对权威人士的合理要求置之不理?如果你是乔和帕姆·布莱恩特,你会把他送进纪律最严格的私立学校,对他的学业提出高要求,但在篮球和篮球相关的事情上放纵他。到十一二岁时,科比说着一口流利的意大利语,他父亲在意大利北部的雷焦艾米利亚队效力,科比效力于"联合酒窖队",那是一支由同名酒厂赞助的青年队。这支科比所在球队的队服是以白色配红蓝细条为主题配色的,类似他和其他美国男篮球员在2008年北京奥运会上穿过的队服。那个时期有一张照片,特别能说明问题。照片上是联合酒窖队的两名教练和13名球员,那是一张典型的集体合照,前排坐着,后排站着。有几个球员在微笑,有几个显得很无聊。科比站在最左侧,他抬着头,紧皱眉头,好像他正在自我肯定地点头的瞬间被摄影师捕捉到了。这个表情仿佛在说:"我是老大。"如果你不喜欢或者不接受这个事实,你知道帕姆·布莱恩特和她的儿子会对你说什么。

到了夏天,当乔的赛季在每年五月结束后,布莱恩特一家就会回到费城地区,住在位于雷明顿路的家中或者帕姆父母位于费城格林·希尔农场地区的房子。8岁的科比那时已经有了几个可以做玩伴的表兄弟:11岁的沙里夫·巴特勒(Sharif Butler)和查比·考克斯的大儿子、5岁的约翰·考克斯四世。三个人情同亲兄弟,可即便年龄那么小,约翰也不怎么像玩伴,而是更像陪练,是篮球新星用来提升自己球技的工具。孩子们会进行交易。如果科比希望约翰陪他打一个小时的篮球,那接下来一个小时他就得和约翰一起玩玩具。如果科比想多打篮球,也可以。在之后,他和约翰需要在祖父母的游泳池里玩同样的时间,或者假装成蝙蝠侠与罗宾,或者在一起打闹。在那个时候,也只有在那个时候,约翰才会同意成为科比日常一天中最高光时刻的组成部分:先看

"魔术师"约翰逊和湖人的比赛录像，或者看一点儿拉里·伯德（Larry Bird）的录像，然后在马路上练习自己刚刚看到的动作。

随着科比和约翰的年龄越来越大，篮球在两人共处的时间里占据的比例也越来越高。事实上，因为篮球占据的时间太多，帕姆甚至称篮球是他们的"女朋友"，而且只要注意到两人胳膊下没夹着篮球，帕姆就会拿他们开玩笑。"你们的女朋友呢？"她会说，"你们把女朋友放哪里了？"对科比而言，和小表弟在一起时，比和大表哥在一起时要轻松很多。他和沙里夫每天都会在雷明顿路的马路上、在费城西部的塔斯汀运动场里、在阿尔德莫地区的所有篮球场上一对一单挑，这些单挑的结果比科比的第一次空手道比赛还要一边倒。到13岁生日时，沙里夫已经长到6英尺3英寸（1.91米），相对他的年龄来说，他的身体已经足够成熟，科比根本赢不了他。两人单挑过多少次？约翰说，他们单挑过1000次，科比输了1000次。更糟糕的是，沙里夫还会喷垃圾话，有时候他的话很残忍。科比现在成了接受、而非说出"去你的吧"那一方。"沙里夫是个混蛋。"约翰说，"可他总想让科比变得更强硬。"

在让科比变得更强硬的问题上，沙里夫有帮手。1991年，乔让科比加入桑尼·希尔联赛，让他第一次接触到沙里夫和每一个费城球员都经历过的更凶悍的篮球氛围。这个联赛，注定会从身体和心理上对科比提出挑战。他的生活环境，他继承的基因，还有他在这项运动中的成长，塑造了他心中的篮球运动员形象，也塑造了他心中篮球运动员的正确打法。他的两条细细的腿上戴着厚厚的护膝，好像盔甲一样，部分原因是他患上了胫骨结节骨软骨炎——这是因为他打了太多篮球，导致腿部发炎、疼痛、膝盖骨和肌腱易受损伤；戴护膝的另一部分原因是他看到其他运动员，比如NBA球员和他姐姐打排球时也这么做。尽管视野没有受损，眼睛也没有受伤，但科比还是戴上了护目镜。卡里姆·阿卜杜尔-贾巴尔是六届MVP、六届NBA总冠军，也是科比在湖人的偶像之一，他就戴着护目镜。另一个湖人传奇詹姆斯·沃西（James Worthy）也戴护目镜。为什么他不能戴？科比几乎不懂美国俚语：他流利的意大利语也许能让成年人惊叹不已，却无法让其他孩子在天普大学的麦格尼格球馆对他手下留情，那里是桑尼·希尔联赛的举办地，城里的孩子几乎生吞活剥了他。

在他的湖人生涯接近终点时，在他最后一次客场对阵费城 76 人前，科比对坐在富国银行中心采访室里的记者说，他最美好的记忆之一，就是参加桑尼·希尔联赛，他还提到，1992 年夏天是他珍视的经历之一。可在当时，他绝不会有这种感觉。在 25 场比赛里，面对更高级别的比赛，面对比自己大一两岁的对手，科比一分没得——甚至没有在大分差比赛里投进一个不会影响比赛结果的上篮，没有侥幸命中跳投，什么也没有。他给父亲和叔叔丢脸了，他短暂地想过放弃篮球，专攻足球，考虑到他生活在欧洲，这是一个自然而轻松的转变。可相反，他重新专注于篮球，他听说了迈克尔·乔丹被高中校队放弃这个半真半假的故事——实际上，乔丹只是被下放到二队而已。他利用与最伟大的篮球运动员的共同点来激励自己。他更加专注地观看比赛录像，更多地研究篮球历史、进化和那些永不过时的基本功。羞辱变为动力，动力变为痴迷。"那是我的转折点。"他说，"真的是。整个夏天一分没得，那成了我的重大动力，我要保证自己能够为重回桑尼·希尔联赛时做好准备。我做好了准备去竞争。"

但乔却不行了。在法国的米尔卢斯队又打了一个赛季后，他的篮球生涯结束了。他正式退役。他觉得自己还能再打两年，但罪恶感和希望却把他夹在中间。他的妻子和孩子们已经为他和他的职业生涯做出了太多牺牲，现在，轮到他为他们做出牺牲了。是时候回家了。"魔术师"约翰逊在 1991 年 11 月宣布自己感染 HIV 病毒，帕姆的父母在凌晨 2 点打来电话告知他们。听到这个消息后，科比心烦意乱到几乎一周没怎么吃饭，他这么伤心，让沙里亚很惊讶。她曾经说，因为她"从没想象过科比会对一个从没见过的人有这样的感觉。那让他那么伤心，好像失去了亲人一样。"尽管乔为儿子的痛苦感到伤心，但他不希望科比断开与他的祖国、与那里的篮球的联系。布莱恩特一家在那年秋天回到韦恩伍德，科比进入巴拉·辛维德中学就读八年级。他的身高已经长到 6 英尺 1 英寸（1.85 米），而且他明白，若是想成为他认为自己生来就该成为的那种篮球运动员，他不能留在意大利。虽然成年后他表示，他还是很想念自己在那里度过的无忧无虑的时光，仍然希望自己能回到过去，在广场上遇到年轻的朋友，和他们一起分享冰激凌。对乔来说，全家返回下梅里昂镇的时机恰到好处。他总是说,他认为在国外的那些年是科比早熟的原因,乔曾经说——"意大利那段时光是关键"。但他也开玩笑地说,在科比忘记怎么说英语前,他希望自己的儿子永远生活在美国。

这个名叫阿什利·霍华德(Ashley Howard)的早熟孩子十一岁了。他爱篮球,爱到总是陪爸爸去费城各地的体育馆和运动场,就是为了看父亲打球,有时也能和父亲一起打球。一个周日的早上,阿什利陪着父亲莫·霍华德来到费城中城布罗德街和佩恩街交汇处的格什曼·Y社区中心,参加父子野球赛。所有参赛的成年人都在NCAA一级联盟大学或NBA打过球。现场有莫和阿什利;有1973年被菲尼克斯太阳队选中的老林恩·格里尔(Lynn Greer Sr.)和即将进入天普大学为约翰·切尼打球的小林恩·格里尔;有在圣约瑟夫大学打过球的迈克·莫罗(Mike Morrow)和小迈克;有查比·考克斯和约翰。还有乔·布莱恩特和科比。

这是一场普通的周日比赛,儿子们通常留在旁边的球场,对着一个不到10英尺(3.05米)高的篮筐投篮,而父亲们会进行全场五对五的比赛。但这个周日不太一样。有一个父亲去不了,成年人只有九个人,其中一个儿子需要和他们一起打球。科比13岁了。科比要上场。

"哇。"阿什利心想,"看看能打成什么样。"

第一个回合,科比从后场运球,莫·霍华德在防守他。莫·霍华德,就是那个从青少年时期就是乔·布莱恩特好友、曾经是费城天主教高中联盟年度最佳球员的那个莫·霍华德。20世纪70年代中期,莫·霍华德和约翰·卢卡斯一起,在马里兰大学组成了大学篮球界的最佳后场之一。莫·霍华德在NBA打过32场比赛,他还不到40岁。

查比·考克斯冲外甥大喊:"对,去打他。去打他。"没错,阿什利也想知道接下来会怎么发展。科比运球过去,做了个假动作后干拔,命中了一个跳投。阿什利惊呆了。"爸爸不是一直以防守自傲吗?"他心想,"爸爸一定对科比手下留情了。他不想虐待那个孩子。"

下一回合,当科比运球时,莫开始对他施压。科比突破绕过他,打板命中一个上篮。莫露出一种困惑的表情:"该死,我真得认真防这个年轻人了。"在旁边场地上看着这一切的阿什利·霍华德,牢牢记住了这个场景。这是他第一次见科比打球,科比一点儿也不害怕。科比没有敷衍了事,不是漫无目的地跑动,没有不希望别人传球给他。面对成年人,科比毫不逊色。他正在做自己被训练、被培养去做的事。他对所有的混蛋——他的表兄弟、他的对手、他的朋友和死敌的回击,将无比凶狠。

第二部分

> 我不希望因为自己是优秀的篮球运动员而在学校获得特殊待遇,而且我的学校一直以学业标准高而著称,他们也不会特别照顾我。
>
> ——科比·布莱恩特

第五章
日出时分的天使

在科比·布莱恩特位于雷明顿路 1224 号的家里，在紧挨着他的床头的墙面上，挂着一幅画。这幅装着金框的长方形画，描绘的是两个守护天使，男性在左边，女性在右边，两个都是黑人。男性天使被琥珀色的阴影笼罩，站在高高的教堂窗户边，仿佛在站岗，鹰一般的翅膀从他的背上伸出，姿态优雅得就像刚刚降落在那里一样。他左手握着一把白色的剑，就像拿着一根拐杖，剑尖刺向窗户底部。女性天使披着白色长袍，站在雪山之巅，双手高举在头顶。她手中悬浮着一个光环，散发着蓝光。在这两个人物之间，有这样一段文字：

在人生中，上帝给了我们每个人一个天使。

如果与主线（Main Line）地区的老牌富人区相比，这栋房子只能算一般般：房子的总面积为 3400 平方英尺（约 316 平方米），房子不是坐落于僻静的死胡同，而是位于一条繁忙的主动脉线路上，外墙是灰色的石头和棕色的面板，有着白色的围栏，长着茂密的红玫瑰花，还有一个半圆形的车道。房屋内部的一切似乎都是由黑色、白色或者绿色构成的，装修风格给人一种温暖而安心的感觉。一张由非洲木制成的巨大的桌子是房间里的核心家具，孩子们会在这个房间里看书或者打牌，一楼和二楼的墙上装饰的都是黑人主题的艺术品。书房是全家的聚会场所，里面有一个沙发和一个巨大的电视，这里的玻璃滑门可以通向屋外的一个小后院。在房子的地下空间里，有人用黑色记号笔在一根暖气管上，用大写字母写下了"2 楼科比房间"的字样。乔和帕姆 2008 年卖掉这栋房子时，买下房子的夫妇理查德和凯特·拜耶尔觉得这个细节非常可爱，所以在修整、重新装修这栋房子时，他们让工人切掉了一块隔热板，以便展示这些文字。在乔和帕姆的卧室里，床前放着两把黑色的软垫椅，正对着另一个大电视。在乔的书房里，墙上的架子上摆满了书和意大利语杂志。回到美国后不久，科比就开始订阅《体育画报》，他保留了一些杂志，放在乔的书房，有时候堆在乔的桌子上。其中有一期出版于1992年6月22日，科比14岁生日的两个月前，距离芝加哥公牛在总决赛击败波特兰开拓者刚刚过去一周。这期杂志的封面只有一个球员，他抽着胜利雪茄，那就是——迈克尔·乔丹。

房子外面的车道上当然有一个篮架：黑色的长杆，生锈的橙色篮筐，还有一块白色的篮板，摆在双车位车库的门中间。由于篮筐就在车库的正中间，加上车道环绕整栋房子，所以任何在布莱恩特家打球的人，都可以模拟完整场地的比赛。久而久之，篮筐前沿向下弯曲了大约1英寸（2.54厘米），这是一个诱人的缺陷，皮球可以更容易投进金属篮筐。这也证明了乔和科比在那里日复一日的练习，他们在那里扣篮，肘击彼此的胸口，打击对方的腹腔神经丛。每一次冲撞，每一个虚晃都是一堂课。篮球融入这个社区的风景和环境中，科比在车道上不停地独自练习。这一幕太过常见，以至于开车路过韦恩伍德的司机从驾驶员座位的窗户望出去，就很有可能看到科比练球的场景。慢慢地，这栋房子逐渐成为旅游景点，成为下梅里昂镇的"自由钟"，成为一个有历史意义的地点，吸引着好奇的过客，很多人会把车停在角落，或在大门口停下，询问拜耶尔一家："这是科比住过的地方？""是的。"拜耶尔一家会说，"就是这里，进来看看吧。"这是布莱恩特一家成为社区一分子的地方。就是在这个地方，他们的儿子、兄弟，从回到这里的那一刻起直至余生，他既是那个社区的一部分，可又与之隔离。

要讲述科比·布莱恩特的故事，就不能不从下梅里昂聊起：这里的小镇和学区，这里的历史与多元化发展，这里的刻板印象与复杂的现实，这里的高中以及男子篮球队……这里的环境塑造了他，可他给这个地方带来的改变更多。他就像来到新栖息地的太空人，渴望探索，但不熟悉当地的历史、风俗和语言。他不认同以简单的标签划分人群；这个地区的发展和集体思维以及美国社会的许多趋势、发展和假定观念，能适用于他的并不多。他能无缝衔接到某些趋势和发展，但又突破了大多数假定观念。

　　布莱恩特一家，不管是房子的位置还是他们选择在那里定居的原因，本就是一个相对异常的存在。布莱恩特一家能住在韦恩伍德，本身就突破了下梅里昂长久以来的社会定式，而确定这些定式的就是一个东西：宾夕法尼亚铁路。按照当地的历史说法："宾夕法尼亚铁路的作用远超任何个人或实体，是这条铁路建造出了主线。"为了扩张，铁路公司高管在 1857 年从宾夕法尼亚州买下了费城 & 哥伦比亚铁路公司，又买下农产和土地，将这块黄金地段开发为有钱人的乡村度假地——这个地方距离费城足够近，可以轻松到达城市，但也足够远，能够产生离开城市的感觉。其中一个小村布林·马尔发展为居住区，但剩余区域变为上流社会的夏季度假区。如果能深吸一口新鲜空气，闻到杜鹃花的香味，睡醒就能看到梧桐树、红枫树和朴树，又有谁愿意在七月的酷暑中留在城里，肺里塞满工业化费城的尘土、烟雾和悬浮在空中的颗粒，只能咳出一口浓痰？时至今日，下梅里昂的格拉德韦恩仍是全美最富裕的社区之一——按照 2018 年的统计，是美国东北部第二富裕的社区。这里的车道弯弯曲曲，属于私人所有，很少有行人道。在 25 英里的斯库尔基尔高速公路上，只有一个出口可以通向格拉德韦恩。如果有人在向西开车离开费城的路上没有从这个出口离开，他们只能再开五英里才能找到下一个出口。不管从哪个角度看，格拉德韦恩仍然属于高端社区。

　　随着宾夕法尼亚铁路公司增设了更多的车站，火车也越来越多，越来越多来自各个阶层的男女把主线看作费城地区最理想的居住地。从 19 世纪末到"爵士时代"的半个世纪里，各种豪宅在主线地区拔地而起，仿佛钱就是水和阳光，而事实也确实如此。铁路大亨和他们的朋友，还有其他开发商和大人物建造、购买了那些豪宅。"如果有钱，黄金时代的生活堪称完美。"在附近的宾夕法尼亚巴克斯县出生的作家詹姆斯·米切纳（James Michener）曾经这样写道，"冬天在佛罗里达度过。夏天时，有些家庭会搬去纽波特，但大部分家庭偏爱巴尔港宁静的乡村生活。大部分家庭会在费城著名的利顿豪斯广场保留一个市内的住所。剩余时间里，他们会住在主线沿线的豪宅里。这些巨大而四处散布的房子太美妙了。"火车站本身就以维多利亚式建筑为特色，而斯特劳布里奇&克洛希尔百货公司（Strawbridge & Clothier）的联合创始人艾萨克·克洛希尔（Isaac Clothier）可能拥有整条主线上最华丽的建筑——巴利托尔，这是他在韦恩伍德的家。建于1885年的巴利托尔，是一座带炮塔和雉堞的城堡，有四个哨兵岗楼，一个车门，方便马车或后来的汽车进入，还有一个环绕半个庄园的带顶廊檐，仿佛在保护这边区域。护城河就显得过于奢侈了。

20世纪初，小镇的人口主要是清教徒，当时该地区被定位为排他的"盎格鲁—撒克逊新教徒"专属区域，这种刻板印象一直延续至今。随着时间推移，该地区的人口结构变化只会强化这种刻板印象。富裕精英阶层和底层劳工紧密相邻，拥有房产和没有房产的差距显著得让人震惊。铁路，就意味着工作。铁路意味着居民会雇佣工人修建豪宅，会雇佣仆人伺候自己。铁路意味着意大利石匠定居在纳伯斯，意味着黑人男女可以做劳工或家务工人，比如管家、女佣、司机、洗衣工和园丁，这些人定居在阿德莫尔镇的排屋和房子里。反过来，很多新教徒开始搬迁到费城西边更远的郊区，比如拉德诺和科恩斯托加，将主线一带留给了来自费城西南部那些渴望离开城市的犹太人和黑人家庭。1894年建校的下梅里昂高中，以及该学区的另一所、为了应对人口增长以及居住区域变化而在1958年建校的哈里顿高中，这两所学校学生的种族构成开始越来越多元化，但为这两所高中的生源主要还是黑人、意大利人、爱尔兰人和犹太人。那个年代，对犹太人和黑人的产权限制和约束是丑陋的现实，尽管主线的一些地区正在开放，但种族主义的残留并没有立即消失。"很多人甚至没意识到，房屋契约上写着这些房屋是不能出售给黑人的。"戴娜·塔尔博特（Dayna Tolbert）表示，她的家人从辛辛那提搬到巴拉·辛维德，她在离布莱恩特一家不远的地方长大，和布莱恩特家的三个孩子都是朋友。"那些纸上其实写着，'这栋房子不能卖给黑人'。我的房子建造于1926年。我们能搬进去，只是因为我们来自外州，而且从文件上他们看不出我父母是黑人。等到我们去现场签署文件时他们才意识到。"

这些历史的触角，将以各种方式伸向科比·布莱恩特，与他纠缠在一起。

阿恩·塔勒姆（Arn Tellem）出生并度过人生前六年的地方，是一片由俄罗斯裔犹太移民组成的区域。他的父母都曾就读于天普大学，他的父亲引他进入"五巨头"篮球的世界，那也成为他最喜欢的运动。他的亲戚都住在周边。"10个街区内，你谁都认识。"塔勒姆表示，"我的祖父母、曾祖父母、所有叔叔阿姨和堂兄表兄都住在那里。走去犹太教会堂的路上都能路过亲戚家。"他的童年经历与乔和帕姆·布莱恩特几乎如出一辙，既感受到包容性，又共同经历了封闭的生活。

1961年，就在肯尼迪就任总统后不久，塔勒姆的父母在小镇的潘恩谷地区买了房子，从一个犹太社区搬到了另一个犹太社区。虽说这不是搬家到意大利，但也确实打破了他们家庭生活的平静。

"我记得和父亲、祖父一起坐在车里。"他说，"他们沿着斯库尔基尔高速开车去潘恩谷，祖父不理解我们为什么要搬到郊区。郊区有什么好的？这有什么意义？搬出城市，那是一次重大的世代交替，改变了我们的生活方式。那种同甘共苦、共同分享的亲密无间感变得越来越遥远。现在，你关注更多的是自己的小家庭。"

不过，塔勒姆对"五巨头"学校及费城高中篮球的热爱并没有消退。1972年春季，作为哈里顿高中的高四学生，他买了一张佩尔斯特拉体育馆的市冠军赛门票，去现场看了圣托马斯·摩尔高中击败巴特拉姆高中的比赛，一个留着蓬蓬头、穿着黑色低帮运动鞋的球员让他特别着迷：那个人就是乔·布莱恩特。"球场全坐满了。"他说，"太让人兴奋了。让我印象最深的是，乔可以打任何位置，他拥有不可思议的技术。"塔勒姆在哈弗福德学院上的大学——那里距离雷明顿路1224号只有3英里。他后来在密歇根大学获得法学学位，走上了体育经纪人之路。但在青少年时期，他并不知道自己会多么频繁地回想起那天在佩尔斯特拉体育馆发生的事情，以及之后发生的一切。

温德尔·霍兰德（Wendell Holland）不是在格拉德维恩或韦恩伍德长大的。他的祖先从特拉华州南部迁移到阿德莫尔，他的母亲是佣人，父亲在豪华百货大楼做门卫，他说自己的父母是"典型的主线黑人"。阿德莫尔有自己的优势。主线沿线也有其他黑人聚居区，但在所有社区中，阿德莫尔，尤其是其西南部的五个街区，对黑人来说是"最安全的地方"——也就是说，黑人在那里无须担心邻居。如果霍兰德和他的朋友想在周六下午走路、骑车去阿德莫尔北部的郊区广场看电影，或者逛斯特劳布里奇＆克洛希尔百货公司的体育用品区，警察可能会拦下他们盘查，店主也有可能一直盯着他们。但在他们的那片小世界里，他们不需要担心这种紧张局面。霍兰德所在社区只有两个白人家庭。"阿德莫尔黑人社区的快乐在于，你就是和与自己一样的人在一起。"他说，"那里就是主线上的内罗毕。"最好的是，家长们可以把孩子送到下梅里昂的公立学校读书，即便在那个年代，那里也是全美最好的学区之一。

好归好，但并非没有缺陷。当霍兰德在 1958 年进入阿德莫尔小学时，那所学校事实上就是一个标准的种族隔离学校。整个学区只有 9% 的学生是黑人，但阿德莫尔小学却有 85%~90% 的学生是黑人。那所学校当时已经有 58 年的历史了，教科书早就被翻得卷了边，内容也早已过时。学校里的老师也是整个学区里最差的，很多人都在混时间等退休。学校旁边有一片草地，大小相当三个普通前院加在一起，但学生在休息时却不允许在上面玩耍。相反，学生会跳过围栏，在学校的停车场里进行体育活动，比如玩跳房子、打垒球、踢球，或者玩美式橄榄球。霍兰德什么项目都参与，周五晚上，他会去唐斯体育馆看米奇·麦克丹尼尔斯（Mitch McDaniels）的比赛。麦克丹尼尔斯是下梅里昂高中历史上第一个总得分突破 1000 分的球员，他和学校的篮球队成为霍兰德的偶像，让他拥有了对未来的希望。

"学生时期，我们都有一种强烈的冷漠和好斗的心态。"霍兰德说，"教会学校里的修女会打你的手，她们随时可以进行那样的体罚。很多教育工作者都在谈论对三年级到六年级孩子教育的重要性，但对于我们来说，那个时间段的教育实际上在很长时间里是缺失的。我是怎么撑过来的？我有强大的动力去获得成功。为什么？因为我来自拥有丰富运动传承的社区和家庭。"

在全国有色人种协进会主线分会的压力下，下梅里昂教育委员会在 1963 年 8 月 26 日投票决定关闭阿德莫尔小学。在长达一年的动荡中，这只是一个相对微小的进展：投票发生在 3 月华盛顿大游行前的两天，距离亚拉巴马州州长乔治·华莱士（George Wallace）发表的"现在种族隔离，永远种族隔离"的演讲过去只有七个月，离伯明翰 16 街浸会教堂爆炸案发生还剩不到三个月，距离肯尼迪总统被刺杀也只剩不到三个月。霍兰德和他的同学转学去了潘恩·维恩小学。对于他和同样来自阿德莫尔的同龄人来说，穿别人的破烂有洞的衣服和鞋，午饭只能吃芝士三明治，这样的生活很正常。可在早上和下午的校车上，和其他家境更好的同学坐在一起，霍兰德人生中第一次有了贫穷的感觉。所有女孩都穿着合身的裙子，衣服上没有一丁点污渍，所有男孩都穿着崭新的运动鞋。到 12 月时，有些人会期望年末假期时去佛罗里达旅行。佛罗里达？在霍兰德眼里，佛罗里达相当于火星，潘恩·维恩小学就像宏伟的常春藤盟校。"午餐时间到了。"他说，"我们走出去，我们第一次看到能进去玩的草地。我跟你说，那感觉就像宾夕法尼亚大学的富兰克林球场一样。"

霍兰德获得了福德汉姆大学的奖学金，最后毕业于罗格斯大学的法学院。他后来成为法官，还担任宾夕法尼亚公共事业委员会主席，负责协调费城与中国和南非的贸易代表团，亲眼见证了尼尔森·曼德拉的总统就职典礼，他一直保存着当年的那张选票作为纪念品。他和妻子住在布林·马尔，他加入了梅里昂板球俱乐部，让他高兴的是，这个俱乐部就在他父亲曾经端茶倒水、接打电话的一栋房子的对面。而能让他激动落泪的话题，正是那个让他和科比·布莱恩特不同的话题。1969 年 3 月，温德尔的堂兄、下梅里昂高中篮球队队长比利·霍兰德因为和一名白人教师发生争执而被停学，54 名黑人学生决定静坐，抗议这个处罚，他们表示是教师刻薄且不合理的对待导致比利做出回应。学生们的抗议持续了五个小时，直到比利被允许回到学校上学。

科比·布莱恩特不曾有过、也不会拥有这样的经历，但温德尔·霍兰德的抗议也不是没有意义。他是球队里最好的球员，是个运动天赋很强的得分后卫，场均得分超过 20 分。在科比穿 33 号前，他穿的就是 33 号。"不管是之前十年还是之后十年，我不觉得科比或者任何人经历过我们经历的事情。"他说，"运动员是灰种人。他们不是黑人，也不是白人。因为他们的地位，他们可以享受成为例外的奢侈。科比其实就是典范。这既是福气，也是诅咒。"

可在学生时期运动生涯的问题上，霍兰德这么多年以来的观念，却是由一个地方和一个人塑造的。那个地方是阿德莫尔大道运动场，那个人则是弗农·杨（Vernon Young），一个长期担任高中田径教练、也是小镇公园和休闲项目主管的人，用霍兰德的话说，他是"运动场的老大"。从1941年到1943年，下梅里昂高中连续三年赢得州男子篮球冠军，杨在1943年是球队里的三年级后卫，他在冠军赛里命中了决定性的罚球。他经常跟社区里的孩子们讲起那场比赛的故事，希望让那些来自阿德莫尔、为下梅里昂高中打球的孩子们拥有一些自豪感。"有些人，不是我父亲，也不是我邻居的父亲——告诉我们，要成为优秀的人。"霍兰德说，"夏天特别热时，我们都在运动场，互相喷垃圾话什么的，我会说'就在你面前进球'。他会说'行啊，可你没赢过州冠军'。从八岁开始，赢得州冠军就是我的目标。"高中生涯的48场比赛，温德尔·霍兰德赢下了其中41场，可他从未赢过州冠军。他发誓，他一定会支持、祝贺那个赢下这一荣誉的孩子。

20多年过去了，那个孩子始终没有出现。下梅里昂王牌队在1976年和1978年赢过两次分区冠军，可像之前那样走向宾夕法尼亚州巅峰的情况再未出现过。球队的退化非常显著。从1979年到1990年，球队有六个赛季单赛季的胜场数没有超过七场。球队的球衣都是旧的，而且经常不匹配，球员可能穿着写着43号的短裤，但背心后背却写着21号。足球、长曲棍球和摔跤成为学校人气最高、最受人尊敬的男子运动项目。考虑到这个地区的历史和人口构成，这个结果并不让人意外。"住在下梅里昂的好处之一，就是这里有着各种各样的人，我知道很多人觉得这里就像比弗利山庄一样，人人都开奔驰车，觉得我们是最傲慢的人。"科比的朋友、队友埃文·蒙斯基（Evan Monsky）表示，"这里有好人，有坏人，有聪明人，有蠢货，也有可怕的人。不管去哪里，我觉得都是这样。"但从总量来看，没人能否认这个地区的富裕程度。2004年时，下梅里昂学区的平均家庭收入超过86000美元，中位数的房产价格为334500美元，而且学区内平均每个学生一年的支出超过19000美元。不仅社区街道上停着沃尔沃、宝马等各种名牌车，连高中的停车场里也停满了这些车。学区的座右铭是"学以致用，服务社会"，这句话用带下划线的字体刻在一个巨大的石牌上，矗立在棕褐色砖头砌成的高中建筑入口外。当地生活和教育质量的吸引力，反映在了学校日益增长的招生人数上，这个数字最后突破了 1400 人。篮球不再受到重视。下梅里昂的篮球队没有任何形象、氛围或美学特色，除了拥有多族裔的学生外，下梅里昂高中没有其他特点：学校里三分之二的学生是白人，黑人学生的占比为 8%~12%，具体比例每年略有不同——其中很多学业成绩出众，那些孩子很聪明，能在 SAT 考试中拿到高分，不需要学校的奖学金或者申请佩尔助学金也能读得起知名大学。这并不是一个坏名声。《美国新闻与世界报道》（*U.S. News & World Report*）以及其他同类的机构、出版物，将下梅里昂高中评为宾夕法尼亚州最好的高中之一。学区发布公告、公开 10~12 名进入全美学业奖学金半决赛名单的学生姓名，已经成为每年春天的传统。可学校在学业上的名望并不会让费城篮球圈的人感到恐惧。在那个世界里，下梅里昂只不过是"郊区"的一支高中篮球队。直到布莱恩特一家横跨大洋，回到费城。

想实现目标，你得先设定目标。我的目标，就是高中毕业后直接进入 NBA……这需要付出大量努力。而且我很幸运，在十三四岁时，就知道自己需要努力。

——科比·布莱恩特

第六章
蝙蝠，老鼠，以及一生难忘的旅行

　　科比·布莱恩特在下梅里昂教育系统里遇到的第一个教练，是一个身材苗条的 43 岁男人。这个人在天普大学拿到了健康教育学博士学位，每天中午的吃饭时间他会用 5 分钟跑完 1 英里。他还认为，在初中篮球队里，出手投篮前至少需要传三次球。乔治·史密斯（George Smith）博士快 25 年没有接受过任何媒体的采访了，一方面可能因为他的名字太过常见，不容易找到真正的他；另一方面可能因为科比八年级时在巴拉·辛维德中学读书的时间还不到半年，没有记者认为有必要费那么大工夫寻找他。1996 年，一名记者找到他问了一两个有关科比的问题，之后就再也没有和他有关的消息。不管怎么说，史密斯愿意保持这种无人知晓的状态。

　　"科比加入湖人后，我就没再和他保持联系。"史密斯说，"但我一直在读有关他的文章。"

　　了解了科比的生活与职业生涯中最基本的细节，你就能理解为什么他和史密斯没有长期保持联系。在巴拉·辛维德中学担任健康与体育教师的 27 年时间里，史密斯广受尊重与敬仰。作为土生土长的阿德莫尔人和下梅里昂高中的校友，史密斯还担任过橄榄球、田径和篮球教练。每场篮球比赛开始前，他会换下运动服，穿上能给人带来正式感和职业感的服装，比如系纽扣的衬衫、笔挺的长裤和皮鞋。而且他每时每刻都在强调团队篮球，希望为年轻的球员打好这项运动的基础。防守方面，他们总是使用基础的 1—3—1 联防，由于大多数对手使用的也是联防，所以史密斯温柔但坚定地要求自己的球员不停地传球，直到对手的防御出现漏洞。"如果你一次传球后就出手，你就没有逼迫他们去防守。"史密斯表示。如果有球员在第三次传球前出手，这个球员就会被换下场。这样的指导与比赛策略似乎使得这支球队还是四五十年前的样子。乔治·史密斯博士完全不知道，当1991年12月一个巴拉·辛维德中学的同事敲开他办公室的门说"我有个刚从意大利回来的新学生"时，自己将要面对的是什么。

"是的。"科比·布莱恩特说，"我想打篮球。我父亲打过篮球。我想马上开始。"

"那有点儿难。"史密斯说，"我们刚刚结束试训，明天有队内对抗。在你完成体能测试前，我不能让你打球。"

第二天早上，科比回到史密斯的办公室，手里拿着文件。"好了。"他说，"我准备好了。"

史密斯给了科比一件队服——白色的24号，再把他加入球队名单，好让他赶上下午的队内对抗。但他还是特意警告科比，也许他不会上场比赛。"你不了解我们的进攻。"史密斯对他说，"你不知道我们是怎么打的。"

科比点点头。"没问题。"他说。

他坐在自己的新队员旁边。对抗赛前几分钟进行得很顺利，球队完全执行了史密斯长年坚持的僵化比赛计划。史密斯觉得，现在是看看科比能力的好时候，所以他把科比换上了场。科比立刻融入了球队的进攻，但他也在巧妙地展现自己的影响力，越来越多地出手，越来越多地运球。坐在板凳上的孩子看着史密斯，他只是耸耸肩。"我怎么知道会这样？"

"这是我没想到的事情。"史密斯说，"从那一刻开始一直到赛季剩下的比赛，他在场上能做的事情，太神奇了。我只是觉得遗憾，自己没意识到他后来会成为那样的球员。我本可以更多地用他，但我不想只把球交给一个球员。我对他的限制大概太多了。现在回想，他能做的事情真的太不可思议了。"

当然，在科比成为巴拉·辛维德中学的学生时，不存在什么公开声明。没有人提前得知一个刚刚进入学校就读八年级的孩子会是未来的名人堂球员。就这样，一个瘦得像铅笔一样的黑皮肤男孩，说话带有轻柔、嗡嗡作响的口音，开始出现在课堂上。谣言的磨坊开始运转，将事实和猜测搅拌成一杯神秘的混合饮料。"哥们，数学课上那个新孩子，他好像在意大利住了八年……""我听说他爸爸在 76 人打过球。还有两个姐姐已经去了下梅里昂高中。""我听说他每天坐豪华轿车来上学。你看过他打球吗？他太厉害了……有个孩子上学第一天单挑他，科比把他打爆了。"人们议论纷纷，认为上帝、基因或者这两者的结合赋予了乔·布莱恩特的独生子宝贵的天赋，而史密斯博士或巴拉中学的任何人此前从未遇到过像这个孩子一样的人。刚刚开始在下梅里昂高中主教练位置上开启第二个赛季的格雷格·道纳也听说了传言，他想亲眼看看这个天才少年。1992 年初的一个下午，他第一次去看了科比的比赛。

只不过，那场比赛进行得不顺利。

在科比看来，乔治·史密斯博士的规矩早就成了自己的负担。面对科比这么有天赋的球员，史密斯的第一要务却不是培养他，而是执教整支球队。这让科比无法忍受。他快速出手，史密斯换他下场。他再次快速出手，史密斯再次换他下场。每次下场时，他都会生气噘嘴，发脾气的样子使得他父亲不得不在他耳边小声用意大利语说话才能安抚他。

道纳在赛后找到他。这孩子的天赋毋庸置疑。"也许你应该来和我们的球队一起训练。"他告诉科比，"也许那能让我更好地了解你。"

道纳的训练没有必须传球三次的规定，几天后参加道纳球队的对抗赛时，科比也没有再发脾气。其他球员也听说了那些传言。他们怎么可能没听说过？球队里的二年级中锋、下梅里昂高中橄榄球队的新星马特·斯奈德（Matt Snider）有个弟弟斯蒂维就在巴拉·辛维德中学，篮球赛季的每一天，斯蒂维回家后都会气喘吁吁地告诉马特："有个叫科比的孩子，从意大利回来的。没人能防住他，他太厉害了。"马特总是回答："好吧，再看吧。"在科比成为巴拉·辛维德中学的科比前，二年级后卫苏尔坦·沙巴兹（Sultan Shabazz）曾经有过类似的地位，他在初中时也是有统治力的球员，有很多传说，外界对他的期望也很高。这个名叫布莱恩特的小子能比他强多少？"我心想，'带他过来'。"沙巴兹表示，"让他来。"

他来了。乔·布莱恩特面无表情地站在体育馆的角落里，13 岁的科比面对那些更高、更壮、年龄更大的球员予取予求。他们根本防不住他,就算两个人同时防守也无济于事。他们对付不了他的运球,他的长臂可以把球绕到背后,绕过瘦瘦的腰背,突破双人包夹。到了篮下,他们更是挡不住他。训练进行了五分钟,道纳转头看着自己的助教。"这孩子是个职业球员。"他对他们说。那时候他完全不知道,这个评价实际上太低调了,但他马上意识到自己看到了什么。

"我参与其中。"格雷格·道纳后来说,"我经历了一生中最难忘的旅程。"

20世纪70年代初,在费城以西12英里的特拉华县,道纳家门口的车道俨然给人一副篮球世家的样子。那里不只有一个篮架,而是有两个篮架:一个是10英尺(3.05米)常规高度的,另一个较矮,可能是7英尺(2.13米)或8英尺(2.44米)高,格雷格和他的两个兄弟可以在这个篮架上扣篮。格雷格在家里排行老二,有一个比他大两岁的哥哥德鲁和比他小七岁的弟弟布拉德。冬天时,格雷格会把三四个篮球放在房子里的加热器旁边,以便自己在清理完车道上的积雪后可以直接打球。温度高的篮球弹性更好。他可以在车道上打一整天的球,因为他在附近装了一盏灯,所以日落之后他也能继续打球——这个左撇子的小家伙,柔软的金发像羊毛一样,在他一次次跳投时飘动。他会一直打到邻居们开始抱怨噪声,树上的蝙蝠开始在黑暗中出动。他知道,当吸血鬼开始从天空俯冲时,就到了他该回家的时候了。

吵架声响起时,这片球场就是他的归宿。他的母亲玛乔丽长年在小学和初中指导有学习障碍的学生。他的父亲天生就是做销售的,干过好几份工作,在斯科特纸业公司做过管理人员。罗伯特·道纳(Robert Downer)挨家挨户推销胡佛吸尘器,为了卖出产品,他不惜耍一些小把戏。他会说:"你用你的吸尘器,女士,我会用我的胡佛。"当容易上当的家庭主妇不注意观察时,他会从兜里抓出一把灰尘扔在地上,懊恼地摇头。"看看,你的吸尘器漏掉了一块。"格雷格10岁时,他和玛乔丽离婚了。

格雷格在下梅里昂高中死敌之一的潘克莱斯特高中读书,在高三那年入选校队,在高四那年成为球队的首发得分后卫,球队在那年取得27胜6负,而且在 1980 年宾夕法尼亚州校际运动联盟一区 AAA 级冠军赛的最后六分半领先对手 4 分。尽管诺里斯顿高中最后反败为胜赢了 6 分，但这场失利却激发了道纳继续参与对抗性运动的欲望。他接着进入全美顶尖的寄宿预备校、马萨诸塞州的伍斯特学院，读了一年预科。道纳那时只有 17 岁，他渴望挑战自我，所以他选择离开家。父亲开着那辆巨大的蓝色大陆轿车进入宽阔的田园风格校园，格雷格下车，看着汽车驶离校园，他不再那么兴奋了："只有我一个人了，我谁也不认识。"事后证明，这段经历、这种感觉，成为他和一个下梅里昂高中球员的纽带。

从伍斯特学院毕业后，道纳在弗吉尼亚州的林奇堡学院打了四年三级联盟大学篮球，毕业时获得体育教育学位。那些年，他基本只明白了一件事：自己不适合白领工作。他不想做银行职员，不想做会计、律师或者销售人员。实际上，他根本不知道自己想做什么，直到在梅地亚的一家体育用品商店工作时，他得到了自己的第一份教练工作：指导潘克莱斯特高中的高一球队。布林·马尔的一所私立学校希普利学院随后聘用他担任体育教师和学校男子篮球队的教练。道纳参加过维拉诺瓦大学的一个训练营，还在几个夏天里参与了主线地区的几个篮球联赛——纳伯斯联赛就是其中历史最悠久的联赛，他认识了当地三级联盟学校卡布里尼学院的主教练约翰·兹克（John Dzik）。兹克让他成为球队的志愿助教，但不发薪水，只是让他学习。道纳再没回去做出售体育用品的工作。他只有 27 岁，但已经在主线地区的篮球圈里有了一些名气。人们对他的评价是：年轻教练，思维敏锐，有激情，非常努力。1990 年，迈克·曼宁（Mike Manning）从下梅里昂高中主教练位置上退休后，道纳提出了申请。学校的运动主管汤姆·麦克格文（Tom McGovern）和道纳面谈时说，他在寻找一个能让篮球队重获新生的教练。道纳讲到下梅里昂的潜力，他提出学校可以从哪些不同的地区寻找优秀运动员，而学生的不同背景会让球队极具发展潜力。"我们挖到了金子。"麦克格文说。

假如道纳没有这样的观点，也不会有人怪罪他。在曼宁的执教下，下梅里昂高中过去两年总共只赢了 13 场比赛。外界认为这是一所以富家子弟为主的注重学业的学校，篮球上没什么前途。总的来说，这个观念没错。中部分区的其他球队，或者说大部分球队，都来自费城南部和西部民风强悍、主要由白人工薪阶层组成的小镇，这些球队已经能将下梅里昂玩弄于股掌之间；就更别提那些来自费城市区的球队了，这些地方的竞争强度和球员天赋显然高得多。在一场尤其能说明问题的比赛里，下梅里昂高中以 13：54 输给雷德利高中，后者本就是中部分区的传统强队之一。由于队中很多球员因为学业成绩不合格而无法上场，加上另外一些人在比赛中犯满离场，下梅里昂最后只能靠四名球员打完比赛。学校的更衣室里，空调上滴下的大滴冷凝水像降落伞一样落在地板上，在一个角落里形成了水坑，导致储物柜生锈。篮板和看台都是用旧木头做的，体育馆里散发着汗被蒸干的味道——道纳乐观地说："那是篮球的味道。"很快，道纳就明白，几乎不会有人告诉他哪个高一新生可能是有天赋的篮球运动员。这所学校没有青年梯队，没有和任何初中达成协议，让八年级学生的教练知道怎么才能让球员为转入高中二队或一队而努力，怎么让球员了解高中教练的特定风格。巴拉·辛维德中学和下梅里昂高中，乔治·史密斯的执教与道纳可能执教的内容之间并没有衔接合作。下梅里昂高中的一切篮球事务实际上处于无人管理的状态。

所以，第一次和球员见面时，道纳做了什么？他穿上球鞋，对他们说：希望你们也带了球鞋，因为我们要打球了。他必须赢得球员对他的尊重和重视，他必须向他们展示，作为教练他有资格在球场上执教他们，他不会容忍他们的自大。他认为那是最快、最直接的办法。"他诚实得残忍。我觉得很多孩子，尤其是我们社区的孩子，已经习惯了听好话，习惯听别人说他们有多棒。"道纳成为教练时，刚上高一的道格·杨表示，"他不介意告诉我们残酷的现实。"

下梅里昂高中的成绩立刻有了改善，道纳执教的第一个赛季，他们赢了 9 场比赛，第二个赛季赢了 20 场。可在听说初中的流言，并且第一次看到科比·布莱恩特打球前，道纳一直没有思考过球队能达到怎样的上限。看过科比后不久，他遇到了在高中"天才班"做老师的琳恩·弗里兰德（Lynne Freeland）。弗里兰德是个特别热情，而且人气极高的老师，人称"下梅里昂女士"。她已经听说过科比的事了；她的女儿苏珊（Susan Freeland）和科比一起在巴拉·辛维德读八年级。

"做好准备。"道纳告诉她,"你要经历一段漫长的旅行。"

作为一个学年开始快两个月才入学的学生,科比给巴拉·辛维德中学的人留下了很深的印象。"他随时都会陪着每个人。"苏珊·弗里兰德说。科比参加了一次前往好时公园的班级旅行,他和苏珊一起坐了过山车;玩投篮机时,他给苏珊和几个女同学赢下了毛绒玩具。因为帕姆坚持成绩不提高就不允许打球,所以每天晚上吃完饭后,科比不是上楼回到自己的房间,就是去图书馆完成作业。他甚至还在学校的棒球队里担任一垒手,他觉得棒球能令他很放松,在他相信自己还能放松的年龄里,他把打棒球当成一种消遣。

科比被选为班级里的四名优秀运动员之一,翻看1991—1992年巴拉·辛维德中学的纪念册,你会以为科比一直是学校里的社交和体育名人。在一张照片里,他坐在一堵石墙上,将篮球放在膝盖上,他的头发修剪成了高顶、两侧剃平的发型,两个男孩紧握橄榄球,一个棕发女孩手持曲棍球棍。在另一张篮球队的合照里,他笔挺地站在后排,双手握在背后,一切显得那么自然。但棒球队的照片,却不太一样。那张照片有18个人:教练是一个邋遢的科学老师,名叫罗伯特·史密斯(Robert Smith),另有17名球员。球员分成两排,前排单膝跪地,后排站着。除一个人外,其他所有人都穿着巴拉·辛维德的棒球队服:有球衣,贴身球裤,有人穿运动鞋有人穿钉鞋,手上戴着棒球手套。科比站在最右边,开心地笑着。他是球队唯一的黑人学生,也是唯一没有穿队服的球员。相反,他穿着一件暖和的外套和彩色的毛衣,里面穿着一件白色衬衫,最上面的扣子也系上了。在这张照片里,最显眼的就是科比。他是唯一不太有归属感的人。他还是个孩子,并不只是篮球运动员,但我们很容易就能看出他的人生将会走上哪个方向。

"他爱棒球,其实他打得还挺好。"科比的朋友戴娜·塔尔博特说,"其他人开始拿他和乔丹对比时,我就在想,好吧,其他人不知道他和乔丹还有其他共同点。他刚刚把精力集中在篮球上,我们看到了这个过程。我们看到他从孩子一样打球,学会了像成年人一样打球。太神奇了。"

韦恩伍德谷公园距离科比在雷明顿路的家只相隔三个街区，他可以和朋友马特·马特科夫（Matt Matkov）一起去那里玩（在篮球的问题上，那是科比最大程度的放松了）。马特科夫获得了科比的足够信任，他甚至知道接下来四年一直激励着科比的那个秘密：即便只是个八年级的孩子，但科比已经把目标设定在了NBA。那不是梦想，而是一个计划，他只和少数几个人分享了这个计划。比如在巴拉·辛维德中学，他认为马特科夫是最好的朋友，但他等了一年，直到九年级时才告诉对方："我可以选择在高中毕业后直接进入NBA。"马特科夫被这个想法吓傻了，但只是因为这个想法太陌生了，而不是因为他不相信科比。因为，他确实相信科比。即便科比还没对他坦承人生计划，马特科夫也会对所有八年级的同学说："未来他会成为职业球员。"

"他们会说，'他现在还没那么强'。"科比曾说，"那是因为教练不让我出手。"

仿佛为了证明史密斯博士和其他怀疑者想错了一样，科比向其他孩子发出挑战。高中每年都会举办三对三篮球挑战赛，科比带着马特科夫和朋友戴夫·拉斯曼（Dave Lasman）参加，他们会赢下比赛。"没错，想打赌吗？你要面对的是高中的孩子，你赢不了。"等他和马特科夫、拉斯曼赢下比赛后，科比预测，接下来的那个赛季，他会成为校队的首发球员。

"所有人都开始笑。"科比回忆，"他们说，'好吧，你说得对'。都是我的同学！挺搞笑的。那时候有很多怀疑我的人。马特说：'他会成为一级联盟大学的球员。'他们会说，'算了吧，他这个不行，那个不行。'有很多怀疑我的人。然后马特会说，'他会成为职业球员，而且只要他愿意，高中毕业后他就可以。'"

然而，尽管马特科夫毫不动摇地支持科比，尽管他想一直陪着科比训练，尽管他相信科比、希望自己能在这段旅程中陪伴他——马特科夫并不觉得自己有能力进入职业联赛，但他可以在那里陪着科比，就像蝙蝠侠的管家阿尔弗雷德那样。但两人的天赋差距实在太大了，和他一起打球对科比没有意义。在离家那么近的郊区公园打球不会让科比变成更好的球员，那有利于加深友情，但对精进技术来说却是浪费时间。马特科夫和科比的友谊一直保持到高中时期，但科比没有太多朋友。他的姐姐们已经进入下梅里昂高中，在巴拉·辛维德中学，他没有可依靠的人，没人能帮助他应对文化冲击。上课期间把值钱的东西锁在更衣柜里？他、沙里亚和沙雅在意大利的学校根本没有更衣柜。为什么这东西在美国是必要的？东西被偷时，他惊呆了。他不懂俚语，听不懂美国青少年的流行语，所以他没办法轻松地和其他人建立人际关系。如果一个朋友、同学或同龄人对他说了些他听不太懂的话，他只会点点头，然后保持沉默。就像苏珊·弗里兰德说的那样，他在大家身边，但又和大部分人保持着一定距离。至少在他自己看来，这种做法没什么问题。这只会让他有更多时间专注于篮球。

实际上，在篮球场内外，他就是乔丹的 13 岁翻版，他相信自己一个人就能做到一切，相信自己就是球队唯一的希望和救世主，相信传球本质上是无用功，每一次出手都是对内心的一次宽慰。乔丹直到进入 NBA 的第七年，在 1991 年 6 月才赢得人生的第一个总冠军，那时科比还没上八年级。乔丹赢下了六个总冠军，他学会了在赢得总冠军的关键比赛的关键时刻信任约翰·帕克森（John Paxson）和史蒂夫·科尔（Steve Kerr），他愿意接受菲尔·杰克逊和泰克斯·温特（Tex Winter）的执教，接受了三角进攻内含的无私的团结精神。他看到自己在这套体系中打出优秀表现，破茧重生。所以为什么不让科比近距离观察彻底进化了的乔丹呢？作为前 NBA 球员的乔，完全可以安排两人见面。乔可以在芝加哥公牛来到费城对阵 76 人时，带科比去光谱球馆。

他也这么做了。1992 年 3 月 8 日的比赛前，父亲领着儿子来到球馆的更衣室，科比和迈克尔·乔丹打了招呼。乔丹回应了他，送给他一个腕带。没有迹象表明科比紧张、说话结巴，他没有被乔丹吓住。他们的交流仅限于此，乔丹没什么可说的。科比也没什么可说的，他还对公牛前锋霍里斯·格兰特（Horace Grant）做了自我介绍。

"你打篮球吗？"格兰特问他。

"打。"科比说，"但我只有八年级。"

"以后你会成为超级明星吗？"

"会。"科比回答，"也许会。"

科比与自己的"模板"第一次见面的 20 天后，光谱球馆里进行了日后被认为是最伟大的一场大学篮球赛：NCAA 全国锦标赛东区决赛，杜克大学对阵肯塔基大学。杜克蓝魔是当年的全美卫冕冠军，拥有超级明星主教练迈克·沙舍夫斯基（Mike Krzyzewski），队中还有不少明星球员，比如中锋克里斯蒂安·莱特纳（Christian Laettner）、控卫鲍比·赫尔利（Bobby Hurley）和前锋格兰特·希尔（Grant Hill）。执掌肯塔基大学教鞭的是打扮时髦、语速很快而且思维新颖的里克·皮蒂诺（Rick Pitino），他让球队重获新生，以当年大学篮球罕见的包容心态接纳了三分球。杜克那年取得 31 胜 2 负，是一号种子。肯塔基 29 胜 5 负，是二号种子。那场比赛战至加时，格兰特传出了一个纵贯全场的长传，莱特纳接球后运球转身，命中了压哨跳投。比赛结束，杜克 104，肯塔基 103。

接下来的一周，杜克在"最终四强"分别战胜印第安纳大学和密歇根大学，成为自 20 世纪 70 年代中期约翰·伍德执教的 UCLA 后，第一支能够连续两年赢得全国冠军的球队。莱特纳在那年春天毕业，不过赫尔利还能再打一年，希尔还有两年。人们没理由认为杜克不会继续占领大学篮球的巅峰。迈克·沙舍夫斯基将球队带到了如此高的地位，他在篮球界和全美享有如此高的声望，几乎所有愿意，或者能够应对常春藤盟校级别教育水准的新秀，都愿意投入他的门下。

那一年，拉萨尔大学在"快速小子斯毕迪"比尔·莫里斯（Bill Morrison）担任主教练的六年时间里第四次打进全国锦标赛。虽说西顿霍尔大学在首轮以 2 分的优势将拉萨尔淘汰出局，可外界对一支来自大西洋城市赛区的球队期望值并没有多高，莫里斯和拉萨尔大学的表现总能达到人们预期。他几乎用最少的资源，做到了比任何美国大学篮球教练都要多的事情。

他拥有的资源究竟少到什么程度呢？1986 年成为拉萨尔大学男篮主教练前，他先在学校做了两年女篮主教练，学校几乎没对篮球项目做出任何扶持。1989—90 赛季，拉萨尔取得 30 胜 2 负，差点打进 NCAA 全国锦标赛的 16 强。作为回应，堪称学校最知名校友的汤姆·格拉向校董事会提出一份计划，希望在校园里修建一座可容纳 8000 名观众的球馆。修建这座球馆需要花费 500 万美元。格拉提出由他负责筹款,但董事会和学校管理层拒绝了。他们说,太贵了,没必要。在大西洋城市赛区,面对曼哈顿学院、锡耶纳学院和圣约瑟夫大学,在预算极其紧张的情况下,拉萨尔每个赛季都有争夺赛区冠军、冲击 NCAA 全国锦标赛的希望。莫里斯招募球员的预算从未超过 24000 美元。每个赛季,为了帮助球队筹集资金,他会想办法安排三场比赛,这些比赛大多在客场,这样就能从对手那里收获一笔不小的出场费。作为男篮主教练,莫里斯的起薪为 37000 美元,考虑通胀因素,这笔年薪相当于 2020 年的不到 88000 美元。

至少在公开场合,莫里斯总是说自己不需要太多。他出生在费城,24 岁时在母校罗马天主教高中得到了人生第一份全职教练工作。他还住在费城,住在马拉杨克的一栋排屋里。他的绰号来自于 12 岁那年,一个青少年篮球教练看到他在球队跑步时落在后面而揶揄他——快跑啊,快速小子!从那之后,所有人都这么叫他。他开过酒吧,业余时间做过脱口秀演员,他有一个像圣诞老人一样的圆肚子。如果比赛中有球员犯错,或者裁判糟糕的判罚让他生气,也许他会用被自己卷成长条的厚厚比赛方案敲打球员的脑袋,或者愤怒地大骂脏话。全美只有一个一级联盟大学的主教练没有大学学位,那个人就是莫里斯,信任他的人不在意这个现实,只要拉萨尔还在继续赢球,其他人也不在意。他是再典型不过的费城人,就像一个记者写的那样,"他是排屋和街区,是染上公交车尾气的椒盐卷饼,是油腻的芝士牛排,也是一辈子泡在健身房里的健身狂"。

每年夏天莫里斯主办的篮球训练营,也秉承了这样的特色。七月时,300 个孩子挤进位于拉萨尔大学运动中心海曼大楼三层的训练馆,从早上 8 点练到晚上 8 点,总共持续三个全天。训练馆里没有空调,热得像蒸炉一样。莫里斯会找来几个不上班的警察维持秩序,那些都是他在马拉杨克和罗克斯博罗的朋友。训练营里的辅导员都是与费城有关联的教练。所有教练和球员都睡在拉萨尔大学水泥墙面的宿舍里。不管是彻夜争论谁才是费城历史上最优秀的后卫,还是老鼠爬过屋顶时发出的声音,或是凌晨 2 点从附近驶过、出售比巧克力甜筒更让人上瘾的冰激凌的小巴车，他们必须克服这个环境本身，才能入睡。

"那是最纯粹的费城篮球。"维拉诺瓦大学教练杰·莱特（Jay Wright）这样评价，当年 23 岁、在罗切斯特大学担任助教的他曾经去莫里斯的训练营工作过。"参加训练时，斯毕迪会给一箱啤酒让你带回房间，到了晚上，所有人会通宵聊篮球。去的都是费城篮球圈的人，有高中的人，有社会上的人，有桑尼·希尔联赛的人，还有大学的人。大家都坐在一起，吃着花生和椒盐卷饼，喝着啤酒，讲篮球的故事。"

这种状态持续了好几年，一直没有变化，但前方等待他们的却是动荡不安。在接下来的一个赛季，拉萨尔离开大西洋城市赛区，转入中西部大学赛区，这是运动主管鲍勃·穆伦（Bob Mullen）的操作。尽管拉萨尔大学和新赛区里的其他学校几乎没有共同点，比如威斯康星/绿湾大学、底特律慈悲大学和伊利诺伊大学芝加哥分校，但穆伦还是批准了这个改变，他希望另外三所同样加入这个赛区的大学——哈维尔大学、代顿大学和杜奎斯尼大学能让这个赛区变得更加强大，从而增加拉萨尔大学的相关收入。拉萨尔加入了一个高于自身水准的赛区，莫里斯因此面临压力，由于球队将要开始西征，他需要招募更好的球员。

时间由春入夏，科比的篮球教育也在发生变化。乔治·史密斯博士附加于他的约束消失了。夏天，意味着他可以参加桑尼·希尔联赛中的低级别比赛，也可以参加各种各样的训练营，或者去训练营担任辅导员。拉萨尔大学的训练营只是其中一个。1992 年的夏天，是科比进入 NBA 前需要平衡各方因素之旅的起点：一方面是下梅里昂高中的长期团队目标，另一方面是他的长期个人目标；在与篮球无关的事情上，他礼貌、谦逊，在篮球场上，他寸步不让。如果追踪那几个月的轨迹，我们可以清晰地看到他是怎样的人、他会变成什么样的人，以及他会选择哪条道路。

那年夏天开始于格雷格·道纳打给自己的导师约翰·兹克寻求帮助的电话。道纳错将两个篮球训练营安排在同一周，他不可能同时主持两个训练营。其中一个是日间训练营，从早上 9 点持续到下午 3 点，有 30~45 个孩子参加，在布林·马尔的阿格尼斯·厄文学校举办。他想知道兹克是否愿意帮他主持。"我愿意。"兹克告诉他。更好的是，兹克的儿子、哈弗福德学校的二年级后卫迈克，也可以担任训练营的辅导员。

"太好了。"道纳说，"我会让科比·布莱恩特这个孩子去你那边帮忙。"

约翰、迈克和科比负责了那一周的训练。"其实就是保姆。"迈克表示。最有趣的部分其实是午饭环节。每一天，科比都和迈克玩花式投篮比赛，每天玩四五局。每一天，身为神投手，而且在桑尼·希尔联赛里打过很多年的迈克，都能战胜科比。每一天，科比都会用同样冷淡的样子耸耸肩："不重要，以后我会成为职业球员。"

"我知道他会很厉害，但我绝没想到他会厉害到那种程度。"后来进入宾夕法尼亚大学的迈克表示，"那时候费城有很多有天赋的球员，卡蒂诺·莫布利（Cuttino Mobley）、拉希德·华莱士（Rasheed Wallace）、阿尔文·威廉姆斯（Alvin Williams），还有很多人。当然，科比年纪更小。可你如果到处看看就会觉得，'这些人都很强，我也不知道，他是否会和他们一样强、甚至比他们还厉害'。"

迈克·兹克并非唯一有这种想法的人。尽管科比信心满满，但在桑尼·希尔联赛很快就进一步暴露了他作为球员的弱点。不过对于一个即将14岁的孩子来说，这些弱点也算不上什么大问题。更重要的是，他很快就学会弥补、并且最终完全克服了这些弱点。唐尼·卡尔（Donnie Carr）是来自费城南部微风角社区的新星后卫，他在两人第一次见面、交手前就听说过科比的传闻。从学校级别的联赛到76人队，费城篮球圈是个关系紧密的整体，当布莱恩特一家重新回归这个群体后，卡尔觉得自己每天听到的都是科比这个、科比那个。现在，他和科比身处同一个球馆，他打量着科比，这孩子看起来就像一个拼起来的机器人——他又高又瘦，膝盖和肘关节上戴着护具，头上戴着护目镜。上场后，卡尔顶他，用自己更结实的身体撞他，他完全不觉得科比有多好。

"我就是不觉得他有那么好。"卡尔后来表示，"他的速度很慢，他很瘦。而且他弯不下腰，因为他的动作太直上直下了。打篮球的人都知道，能降低重心的人才能赢，所以我可以在他身下，把他推离位置。他没有运动能力。他只是个子高。他能运球，可你能从他身下穿过，控制他的运动方向。说实话，在那个年龄，他没什么特别的。"

尽管如此，有这种想法的只是兹克和卡尔这样的少数人。看到戴着护具和护目镜的科比时，阿什利·霍华德并不觉得他好对付。从之前周日在中城的那些野球赛开始，直到现在，关于科比的一切似乎都超出了一个在篮球界没多少经验的人的认知。霍华德在桑尼·希尔联赛里和科比交过手。霍华德和父亲一样，打的是控卫。他抢断下一球后开始快攻，他能感觉到自己身后有什么人：那是在后面追赶他的科比。来到接近篮筐的位置后，年龄更小、身高更矮的霍华德突然停住。科比没停。他跳起来，从霍华德头上飞了过去，后者低头一躲，进了一个打板上篮。两个人慢跑回前场时，科比小声对他说："那球是我让你的。"在另一场比赛里，霍华德是全场年龄最小的球员，所以他打得很犹豫，只要接到传球就立刻传出去，避免挡住别人的路，专心观察科比掌控比赛的方方面面。"他是队里最高的人，可他像个后卫一样控球。"霍华德说，"他的每一次传球都是正确的，他能背身单打，能投三分，能在快攻时扣篮。那是一场 14 岁及以下年龄段的比赛。我当时心想，'天啊，星期天我刚在社区中心见过这家伙'！"

不过最厉害的，是科比去费城东瀑布区的古斯汀娱乐中心打球，一到夏天，那里是费城进行野球赛的众多场地之一。每打完一场比赛后，他都会用冰袋敷膝盖。意大利的职业球员都这么做，以便保持腿部力量、防止出现酸痛，同时也能更好地保养膝盖、肌肉和肌腱。他父亲也这么做过。为什么他不行呢？为什么他不学着做呢？起初，霍华德很不理解。这家伙有什么毛病？后来，他才终于想明白科比的早熟和这么做的意义。"从很小的时候，他就被教育、被培养，去成为后来他最终成为的那个球员。"霍华德说，"他爸爸是费城历史上最好的球员之一。他舅舅也是费城历史上最好的球员之一。你看看他的家世，看看他父母的基因，科比的很多能力都来源于遗传。可他必须看、必须学、必须把某些事情做到完美的心态太惊人了，不可思议。"

霍华德也不是唯一注意到这一点的人。阿伦·鲁宾（Allen Rubin）是招募服务机构"篮球独家"的球探，他碰巧也在古斯汀。"这孩子是谁？"鲁宾认识费城地区所有优秀的高中球员，但他不认识科比。他问了其他人。"哦，那是乔·布莱恩特的儿子，叫科比。明年秋天他会去下梅里昂读高一。"每年七月，鲁宾经常推荐球员参加在新泽西州中部或北部举办的著名的 ABCD 训练营。可八年级的球员？他决定暂时不推荐这个孩子。"再给他一年。"他对自己说。到时候他会给组织运营 ABCD 训练营的那个人打电话。从 20 世纪 70 年代末开始，那个人就是耐克草根篮球项目的主管，那个人和很多全美最强、最知名的大学篮球教练签下了价值不菲的代言合同。就是那个人，让迈克尔·乔丹签下了他的第一份球鞋合同，让乔丹成为全球巨星。没错，再过一年。一年后，鲁宾就会给桑尼·瓦卡罗打电话，告诉他科比·布莱恩特的事。

因为从小在意大利长大……我用了一段时间才重新学会"美国"英语，适应下梅里昂的学生生活。我慢慢被同学接纳，他们开始邀请我参加派对，一起看电影，或者参加社交活动。但不管你信不信，大多数时候我都没去。

——科比·布莱恩特

第七章
失 败

在一年中九个月里的每个上学日，他们都会大步穿行于高中校园。他们的身材比很多同学都要高大，有时身穿颜色花哨的达西基短袖衬衣，向自己的黑人血统致敬，有时身穿印有醒目大标志和色彩大胆的意大利衬衫、裙子或长袍，因为他们习惯了这样的穿着。有时，他们在走廊里擦肩而过时，会互相问候、开玩笑。这些简短的交流通常用的是意大利语，这是一种让三姐弟感到安心的语言，无论是他们所处的全新环境，还是美国郊区青少年的日常生活带给他们多么大的焦虑和压力，这都在提醒他们，他们拥有彼此。我们当然希望科比·布莱恩特和他的姐姐沙里亚、沙雅能够毫无波折地融入下梅里恩高中的生活，希望他们能够在短时间内克服大部分障碍。但这些障碍确实让他们感到不安，尤其是科比。

"搬回来的时候，情况对他们有些艰难。"比科比早一年入学的队友盖伊·斯图尔特（Guy Stewart）表示，"他们之前在意大利，所以他们没有和那么多少数族裔在一起的经历。我现在还能想起他们那时候穿的衣服。其他人……倒也不会当着他们的面取笑他们，但确实都在议论他们。那段时间应该挺难熬的。"

当然，任何艰难只是相对的。在学区和社区里，下梅里昂高中拥有费城地区其他高中所没有的资源和标准。而且不管白天过得有多糟糕，回到家后，科比总能得到帕姆的关爱，乔总会和他一起去车道上打一局11分的单挑，随后，一切都能恢复正常。这些年来，科比的成长经历特别优越的说法广为流传，人们认为乔·布莱恩特通过篮球获得的名气和收入，可以让布莱恩特一家衣食无忧。但事实并非如此，我们只能说，布莱恩特一家在经济上过得比较舒服。他们过着相对典型的中上阶层生活，但科比很多朋友和同学的物质条件都比他好。"我家的房子更大。"科比的一个朋友说。可要是说科比不需要适应环境，周围环境没有给他提出挑战，那也是不准确的。

比方说，他还在学习美国俚语，他完全理解不了当时的流行语。他不了解 90 年代初的流行文化，不懂得"时代精神"，不理解比尔·克林顿在阿塞尼奥·豪尔（Arsenio Hall）深夜脱口秀上表演萨克斯是怎样一件前所未闻、让人耳目一新的事——有"魔术师"约翰逊和乔丹的录像可以看，谁有时间看电视？有时，这样的天真和无知足以让一个高中生被同龄人排斥。这个地区的黑人学生早就适应了在不同地方、和不同人交流时该如何调整自己的举止和说话方式。身边有老师、家长或白人朋友时，那是一回事。当他身处更同质化的环境中，比如身处阿德莫尔时，那就是另一回事了。"你的行为会不一样。"斯图尔特说，"你自己绝对能意识到，在小学和初中你就能意识到这一点，到了高中时，那会成为你的第二天性。在那个时候，你知道什么样的人对你友好，什么样的人对你不友好。"但科比还没有掌握这样的文化，不知道如何在两个世界中切换。他需要着手学习。

另一个原因是，科比很快就成了潜在的被人戏弄和恶作剧的靶子，但成为靶子的不是他一个人。他九年级了。学校有一个持续了很多年的传统，新学年开始后，如果有某个周五，恰好是当月的第 13 天，那么当天高二和高年级学生都会捉弄高一新生。讽刺的是，这个传统被称为"新生日"。高年级学生可能会用大水枪朝新生喷水，或者打他们的胳膊，朝他们头上扔鸡蛋，把剃须膏抹在他们脸上，也有可能把香水或尿液洒在他们身上。有一名学生甚至被泼过一身大麻水。科比那时已经长到 6 英尺 3 英寸（1.91 米），因为高到令人心生敬畏的程度，所以他还是免于遭受最恶劣的对待，但他有可能永远不会意识到，自己在那天差点遭受某种羞辱。科比认识的一个高二学生斯特林·卡罗尔（Sterling Carroll）那天下楼时看到他在上楼，他心想，如果你没这么高，我现在就会整你了。"不过他是那种让人尊重的人。"卡罗尔表示，"就算那只是开玩笑，是在胡闹，我也不会打他腿或胳膊什么的。"

从来到学校的那一刻起，科比就明显给人一种不是普通高一新生的感觉。虽说温德尔·霍兰德和他的同龄人已经推动了一些进步，但卡罗尔这样高年级的学生对科比表现出来的尊重，正是下梅里昂高中的黑人学生及其父母多年来一直在呼吁的。对占总数 90% 的非黑人学生来说，这所学校总的来说没有种族冲突，各种肤色、背景各异的学生可以和谐相处，共同获得优质的公立学校教育。可就是那剩余 10% 的黑人学生，有很多人认为他们处于劣势地位。在整个 20 世纪 80 年代和 90 年代，黑人学生经常出现在学校董事会会议上，抱怨他们受到的不公平待遇，他们认为自己没有像白人同学那样得到学业上的鼓励和支持。2007 年，科比高中毕业十多年后，七个黑人家庭提起民事诉讼，指控学区"通过将非洲裔美国学生编入低水平班级，有意且系统化地隔离这些学生"。联邦上诉法院在 2014 年驳回了这个起诉，认定隔离行为并非有意，但现实中的数据却非常惊人：在学区的 500 名黑人学生中，只有 27 人、或者说 5% 的学生被认定为"有天赋"；与此相对，有 13%（6000 人中的 790 人）的白人学生被认定为"有天赋"。有四分之一的黑人学生接受了特殊教育。

布莱恩特三姐弟放大了这种权力的不对等，原因也不难理解。"那就感觉像王室来到下梅里昂一样。"道格·杨说，"在我们的生活里，他们就是一股巨大的自然力量。"高三的沙里亚身高 5 英尺 10 英寸（1.78 米），在女排队中表现出色。沙雅身高 6 英尺 2 英寸（1.88 米），她既打排球也打篮球。两个女孩在意大利时都没有系统打过篮球，沙雅的青涩让女篮主教练丹尼斯·杜尔（Dennis Dool）很沮丧。"她的基本功很差。"他说，"在球场上她没什么侵略性，也不是很有自信。"布莱恩特一家和他们的亲戚会去现场观看每一个孩子的体育比赛，其中包括考克斯一家，还有因为糖尿病开始坐轮椅的老乔，他现在需要随时带着氧气罐。所有人会坐在一起，在看台上占据一大片区域。姐弟三人都聪明自律，乐于合作，始终对老师、教练和任何权威人物彬彬有礼。两个女孩都加入了学生会，她们的朋友也成了科比的朋友，一个 10~15 人的小团体形成了，他们总是关照科比，让他远离麻烦，也让麻烦远离他。阿德莫尔的社区中心"灵魂小屋"是他们经常去的地方：不管是打篮球，开节日派对，还是放学后，他们都会出现在那里。"几乎给人一种在保护他的感觉了。"戴

第七章　失　败

娜·塔尔博特说,"科比不管去哪儿,都会带上沙雅。他非常聪明,知道自己该去什么地方,什么时候该去,也知道不能做什么。我们知道,他就想开心,就想打篮球。想做到这一点,你就必须让周围都是自己信任、喜欢,而且考虑你的利益的人。他 100% 拥有那样的环境。"

在高中校园里,将学生团结在一起的是"学生之声",这是一个由长年担任图书管理员的卡特里娜·克里斯姆斯(Katrina Christmas)创设的学生社团,相当于下梅里昂高中的黑人学生会。这个学生社团为当地小学生表演节目,安排讲座和集会活动,举办音乐会,在教职员工和学校管理人员面前为有色人种的学生争取权益。尽管这个学生社团的成员不限于黑人,也包括亚裔和拉丁裔学生,但绝大多数成员仍是黑人。"我们包含下梅里昂高中里的所有弱势群体。"克里斯姆斯表示。从这个意义上说,还在探索高中生活的九年级学生科比,就属于弱势群体。"我见过高一时的他,我和高一学生打的交道不多,而且我没时间。"克里斯姆斯表示,"他们都很傻,但科比更成熟。"社团领导之一克蕾拉·贝瑞(Corella Berry)鼓励他加入。随着时间推移,科比不得不退出一些学生之声会议,以便及时参加篮球训练。但是在没有训练的日子里,他会故意不上校车,然后慢慢地走在学校外面,直到看到贝瑞准备开车回家。

他会说:"克蕾拉,你能送我回家吗?"

"科比,你的校车就在那里!"她会这样回答。

校车上的学生会冲他大喊:"科比,赶紧!你要错过校车了!""可我就是耳根软。"贝瑞说,"我会送他回家。"他们从没聊过篮球,科比也从没透露自己有喜欢贝瑞的意思。他们会谈论音乐,聊说唱和福音歌曲,聊到贝瑞对唱歌的热情和她参加学生之声合唱团的相关内容。科比会不停地提问,好像在采访她,想知道音乐为什么、又如何在她人生中占据了那么重要的地位。"我能看到他在慢慢搞清楚,他理解了什么算酷、可以和谁做朋友,他只是好奇。"她说:"他会说,'克蕾拉,我喜欢你唱歌。你唱歌时,我会激动得起鸡皮疙瘩'。我会调侃他说:'那是你的圣灵。'他会说:'什么意思?'我说:'是圣灵让你起鸡皮疙瘩。'"

布莱恩特一家的社交舒适圈进一步扩大到了韦恩伍德的犹太社区中心，乔在那里的健身中心担任兼职训练师，还指导球员为在以色列举办的马卡比联赛做准备。科比会在晚上和周末加入他——他们有健身中心的钥匙，科比会在周六上午和下午和青少年及二十岁出头的人打比赛，周日早上和中年人打比赛，这对友善的父子是那里的常客。"他爸爸和他一样。"科比的同学奥德丽·普莱斯（Audrey Price）表示，"满面笑容，特别可爱，又温暖，会跟任何想和他们说话的人聊天。"但是做训练师不能满足乔做教练的欲望，所以他接受了主线上梅里昂站附近阿基巴犹太学院的邀请，担任学校的女篮教练。这所学校共有320名学生，分布在六年级到十二年级。学校要求学生学习希伯来语和另一门外语，学生有机会在高三那年去以色列学习。那是乔获得的第一份正式的教练工作，这也是个绝佳机会，让他可以逐渐适应从离开76人后自己就在考虑的工作。"我的目标，是享受乐趣和竞争。"他说。

是的，乔还是那么风趣迷人。只不过，现在的他换了一种享受方式，家庭成了他最优先考虑的事情，而不是玩乐或夜生活了。科比八年级去道纳的校队试训并统治球队的那天，乔和道纳见面后一拍即合。道纳只需要稍微引导，让乔开始回忆过去……"我过去经常坐在光谱球馆的H区，在你爸妈附近，看你打球……"两人建立了一定程度的信任。道纳在前一年夏天已经和科比交过手了，那时他在纳伯斯夏季联赛做教练，而科比对任何比赛都来者不拒。作为教练，那是一个了解球员的过程，而道纳知道，这个球员将会决定自己接下来四年的人生。13岁的科比已经击败道纳足够多次，足以让教练再次确信这个孩子与众不同。为了最大限度地发掘科比、发掘拥有科比的球队的潜力，道纳必须大胆创新，做出不同于传统的决策。现在，道纳的团队出现一个空缺：他需要一个人来执教二队。他想到一个主意，并在当天就跟乔提了出来。

"你愿意来帮忙吗？"

"愿意。"乔说，"我愿意。"

道纳这个提议的背后，有着他长远的考虑。他作为一个年轻教练，还很不成熟，他知道自己不是什么都懂。这是他更深入了解乔的办法。让乔担任二队主教练，是在证明道纳对自己很有信心，一点儿也不自大。最重要的是，和乔与帕姆保持良好关系，对执教科比至关重要。最理想的状态下，乔会为球队带来两个关键因素——他丰富的篮球知识，以及控制、安抚科比的能力。作为进入校队一队的高一新生，科比还在成长，脾气也有些反复无常。而且乔不会妨碍道纳的工作，他会让道纳按照自己的方式执教球队。在日常训练比赛中，道纳和乔甚至不需要共同执教，他们不需要比谁的声音更大。一队在学校里的一个体育馆训练，二队在另一个体育馆训练。道纳喜欢将球队分开，这样教练就会有更多亲自教学的机会。不管怎么说，这个提议对道纳本人倒是有着不小的风险。假如乔希望科比获得更严格，或者没那么严格的执教呢？如果他们在其他事情上意见不同呢？假如在训练或比赛中两人针锋相对，科比会听谁的？听教练还是听父亲的话？道纳已经给予了乔足够大的权力，让他在教练团队中有了正式职位，这就让局面变得更加复杂。不过道纳相信，根据他与乔的互动情况，这个冒险是值得的。恰如其分的是，1992 年 12 月，下梅里昂高中的学报《梅里昂报》(*The Merionite*) 刊载了一篇关于乔被聘用的文章，文章收尾处引用了乔的一句话："这应该会很有趣！"

道纳的下一个策略，就是坐下来和科比面谈。他可以写一篇演讲稿，然后牢记在心。

科比，你高一了。高四的时候，你希望自己能入选麦当劳全美最佳阵容。对高中球员来说，那是最高荣誉，对不对？好了。为了入选那个阵容，你需要成为全国最强的 15 名高四球员之一。我有一份四年计划，能让你实现这个目标。

目前，全国有 100 名高一球员拥有和你同等的能力。每年，会有 50% 的球员因为毒品、成绩差、态度差、没有职业精神而被淘汰。下一年，还剩 50 名和你有着同等水平的高二球员。在你高三那年，还剩 25 名球员。到了你高四那年……

你必须要有职业精神。你必须愿意听从教练的指导。你的成绩必须优秀。你必须远离毒品。保持这样的进程，我们的竞争对手就会从 100 人减少到 10~12 人。

遵循这个计划，意味着缩小目标范围，排除障碍并做出牺牲，而这些牺牲恰恰是科比本来就愿意做的。也许是为了让高中生活过渡得更顺利，也许是为了留住他在意大利那段时光的记忆，科比在高一学期开始时决定参加校队足球队的选拔。当时，足球队在下梅里昂高中比篮球队更受欢迎、更有声望、也更成功。1991—92 学年，球队在道纳执教的第二个赛季打进赛区季后赛后，学生们才重新开始关注篮球队，篮球也重新成为校园里受人尊重的运动项目。足球更受欢迎，但在道纳和乔发现前，科比已经在足球队踢了一周左右。道纳直接找到运动主管汤姆·麦克格文，告诉他：你不能这样做，你得让他离队。和初中时的棒球一样，足球只是科比的兴趣爱好，不是他未来的焦点。他可以忍痛放弃。在那个学年第一次和辅导老师弗兰克·哈特维尔（Frank Hartwell）一对一面谈时，科比也承认了这个事实。哈特维尔从 1970 年开始就在下梅里昂高中任教，他每年都要进行这样的一对一面谈；他会和每一个高一新生见面，了解他们是否压力太大，或者是否不知道该怎么应对高中生活或未来。在哈特维尔问起他的兴趣和长期目标时，科比没有不知所措，没有犹豫。科比已经收到了第一封篮球招募信——那封信来自西点军校，但他告诉哈特维尔，他要去 NBA。

戴着眼镜、举止有些书生气的哈特维尔，看上去是典型的知识分子。实际上，他在 20 世纪 70 年代初创立了学校的冰球俱乐部，年轻时他在新英格兰地区也打过冰球。他理解体育运动对青少年的吸引力。然而，他从没看过科比打篮球，可就算他看过，他能理解自己看到了什么吗？他能看出埋藏在瘦弱身体中的潜力吗？他不愿意建议科比，或者任何一个高中运动员一心只追求成为职业运动员。

"这是我的梦想。"科比说。

"我明白。"哈特维尔表示，"但你要记住，能够实现这个梦想的人不多。"

在 2015—16 的湖人告别赛季里，科比在一个又一个回忆自己 NBA 生涯的采访中提到了这位让他"把梦想放在一边"的辅导老师。"我心想，假如这个梦想这么难实现，如果不孤注一掷，那我又怎么会实现梦想？"他说，"如果我不投入 100% 的注意力，我永远也不会走到终点。"不，他没有把哈特维

第七章　失　败

尔那个出于谨慎而做出的回答看作明智的建议。相反，他把哈特维尔的回应看作挑战，甚至看作一种侮辱，他永远也不会忘记那句话。

杰雷米·特里特曼喜欢快节奏。不管什么事，他都想立刻做完。无数的思绪、想法、提案和计划在他的脑海中闪现，从他的嘴里射向人们的耳朵，就像小箭头一样。他向来如此。20世纪70年代初，他是最早一批搬到主线上的格拉德韦恩居住的少数犹太家庭之一。离开幼儿园后他直接跳过一年级，进入二年级读书——学业上的困难不难克服，可对一个热爱体育的小孩子来说，这却是场社交噩梦。7岁时上四年级的数学课，只有13岁读的却是九年级，同学至少比你大一岁、比你高一头，同学们的青春期都要结束了你才开始，身为犹太孩子、周围却没多少犹太人，这样的生活肯定不会快乐。他哥哥在学校被人打。他父亲在成为幼年童子军队长后，却听到其他家长议论：为什么是这家伙带领我们的孩子？没错，杰雷米·特里特曼知道和周围人不太一样是什么感觉。

他最喜欢的是什么？他最想做的是什么？就是去体育媒体工作。他和爸爸一起去看费城人的比赛，坐在老兵球场最远处的看台。他会记下晨报上的NBA和NHL比分。进入天普大学后，他赢得了一场竞赛，成为女篮比赛的电台解说，开始为学生电台报道费城的体育新闻。19岁时，他已经有过采访朱利叶斯·欧文、罗恩·加沃斯基（Ron Jaworski）和拉里·伯德的经历。从天普大学毕业后，他立刻进入《费城问询报》，开始报道主线沿线的高中体育新闻，同时为当地的另一份报纸《犹太倡导者报》（*The Jewish Exponent*）兼职。

他报道了格雷格·道纳执教下梅里昂高中的第一个赛季，两个人后来在当地一家酒吧相遇，喝了一晚上啤酒聊了个通宵后，两人成为朋友。有一天，特里特曼前往阿基巴学院采访校队男篮的一名球员，和球队主教练汤姆·莱利（Tom Riley）成为朋友后，后者鼓励他像道纳一样加入纳伯斯联赛。他照办了，获得足够多的执教经验后，当莱利告诉他阿基巴学院的男篮二队教练辞职后，他申请、并且得到了这份工作。就这样，他一边报道主线沿线的高中篮球新闻，一边在一所学校担任教练，一边和另一所学校的主教练是朋友，这个疯狂的关系网和执教经历，终于在1992年秋天让特里特曼看到了开花结果的时刻。在阿基巴学院的体育馆，他看到了一个14岁的男篮球员没有扣篮。

特里特曼当时虽然只有26岁，但他了解当地的篮球历史，所以他经常等到男子二队训练结束后和乔·布莱恩特聊天。执教这些女孩时，尽管她们的基本功还需要加强，但乔也把自己当初充满乐趣的篮球态度灌输给了她们，将假动作和花哨的脚步技巧融入到运球和投篮基本功中去。他绝不是空拿1500美元的薪水，放任这些篮球新手自生自灭。他教会她们如何绕过挡拆，让她们绕着三角锥运球，以提高她们的控球能力，还一步一步地教会她们打战术。特里特曼觉得他特别有激情，女孩们喜欢为他打球，特里特曼也喜欢和他聊篮球——聊执教窍门，聊乔在76人、快船、火箭和欧洲时的故事，听他无忧无虑地讲起自己总体非常幸福的生活。他总是那么乐观，总是用"说得对，你说得对！"这句口头禅表达认同。

那是科比第一次跟着乔一起去那所学校训练。他一个人在旁边的篮架训练，离父亲、他的球员和训练远远的。没有人在防守他，没有人在包夹他。科比一个人，抓着篮球一次又一次跳在空中，他跳得够高，完全可以扣篮，但他却没有扣篮，只是把球放进篮筐，就像路过垃圾桶时把废纸扔进去一样。

"他以后会成为什么样？"特里特曼问乔，"你不会觉得他是下一个乔·布莱恩特吧，是不是？"

"他比那个年龄时的我厉害得多。"乔说，"不开玩笑。"

"所以，"特里特曼回答，"你是说，他会比你还厉害吗？你在76人、快船和火箭打过，还是意大利联赛的MVP。而且你的身高有6英尺10英寸（2.08米）。"

"他会比我厉害得多。"乔说，"不开玩笑。"

两个成年人在聊天，那个男孩继续着一个人的训练。他偶尔因为发力而哼一两声，但仅此而已。那么瘦的孩子，似乎不可能跳那么高。可是……

起跳，放球。

起跳，放球。

第七章　失　败

起跳，放球。

对他来说，那个动作很简单，或者说太过简单了。从那时起，只要有人问他，他第一次觉得科比会成为日后那么优秀的球员是在什么时候时，特里特曼总会指向 1992 年秋天在犹太学校的那一天，那一天真正揭开了未来的序幕。起跳，放球。他怎么也挪不开视线。比乔还厉害吗？"说得对，你说得对！"杰雷米·特里特曼获得了罕见的特权，他得以提前窥见不久后的世界将会看到的景象。他决定细细品味。

想理解科比·布莱恩特对他的高中篮球队的影响，我们不妨把他看作一剂缓慢起效的药。他并没有立刻起效。在下梅里昂高中取得 21 胜的 1991—92 赛季，加里·凯利（Garry Kelly）是其中的顶尖球员，但他从高中毕业，进入马里兰州的大专读书。即便科比加入，并打出一个成绩优秀的赛季，这也并不足以让球队恢复元气。接下来，球队将在客场开启新的赛季，在康涅狄格州面对菲尔费尔德预备校。那是科比第一次穿上下梅里昂高中的队服，但更让人印象深刻的，却是球员的热身服：T 恤做成篮球背心的样子，上面印着"拥抱篮球，远离毒品"。道纳安排科比进入首发阵容，队中几个老球员表现出了很明显的嫉妒和沮丧："为什么这个小孩能上场？应该轮到我们了。"在球队过夜的旅馆，有人聚集在一起，一扇窗户被砸碎了。科比做出了一个决定，这也成为他高中时期因为篮球在外过夜时的标准操作，他不会离开自己的房间。"他没兴趣参与任何烂事。"道格·杨表示，"从一开始，他就能让人感到一定程度的严肃，他好像在说：'那些小丑是什么人？'比赛之外的事不重要，他能跟你和睦相处。但他很快就能确定，在篮球场上，他会尊重谁，不会尊重谁。"

比科比大两岁的马特·斯奈德已经从艾奥瓦州搬到了下梅里昂镇，他在科比身上看到了自己的经历。"你非常害羞。"他说，"你需要时间才能了解其他人。谁会成为你的朋友？你会信任谁？我能看出他在做这些事，我觉得这没有任何问题。他和一些队友的话不多，他在一定程度上感觉到了，他和我会成为球队里最顶尖的两个人。"两人的关系友好，但又是竞争对手。作为运动员，两人却截然相反。身高 6 英尺 2 英寸（1.88 米）的斯奈德很壮实，他先是在橄榄球队打近端锋和防守边锋，后来进入 NCAA 一级联盟的里奇蒙德大学打橄榄球，最后进入 NFL 的国联，在绿湾包装工和明尼苏达维京人打过两年多的全卫。科比身高 6 英尺 3 英寸（1.91 米），体重只有 140 磅（63.6 公斤）。每场比赛结束后，两个人会查看数据统计，看看谁得的分更多。在这个平均每六场比赛要输掉五场的赛季中，这两个未来的职业球员只能在惨淡的现实中尽力去寻找乐趣。否则，比赛对他们就会变得毫无乐趣。"我们太烂了。"杨表示，"那年是彻头彻尾的失败。"在赛季第二场比赛击败上都柏林后——也就是多年后科比在 YouTube 办公室里重看的比赛，下梅里昂高中输掉了接下来的八场比赛，而且都是惨败。在阿德莫尔轮转俱乐部赞助的圣诞节/假日比赛里，尽管科比在对阵父亲的母校时得到了 25 分，但巴特拉姆还是以 113 比 76 羞辱了下梅里昂。第二天，马尔文预备校又以 74 比 47 战胜了下梅里昂，科比得到了全队 47 分里的 24 分。与科恩斯托加的双加时，下梅里昂输了两分；和马尔普·牛顿中学的比赛，他们在常规时间同样两分落败。球队内部的不满情绪与日俱增，不仅因为科比的机会更多，也因为他的打球方式：他过分追求个人得分，而且每一个动作都显得夸张做作，仿佛刻意向所有人展示自己是场上的最佳球员。"他的动作很别扭，甚至有点傻气。"埃文·蒙斯基表示，"他做了很多根本不需要的花哨运球。"赛季结束后，球队的首发控卫、高三的乔·迪克森（Joe Dixon）考虑转学到哈里顿高中，一方面因为输球太多，另一方面也是因为他不喜欢科比吸引了那么多关注。"很多人都在嫉妒。"他说。然而，只有在输球后走进下梅里昂高中的更衣室，亲眼目睹科比咬牙切齿、努力控制情绪才能回答记者提问的情景，你才能理解为什么那些最了解他的人如此笃定，他一定会竭尽全力挖掘自己的全部潜能。下梅里昂高中在 12 月时，在主场 19 分输给本地的上达比高中，科比在那场比赛中得到 17 分，是全队唯一得分超过 8 分的球员。赛后，特里特曼对站在更衣柜前的科比说："你不高兴。"

"我们输了。"科比回答。他皱着眉头，言语就像刀锋一样尖锐。

然而科比的队友却很少说出这样的话。对高年级球员而言，篮球算不上他们高中生活的核心。有些球员自以为是，高估了自身实力。有些球员因为学业问题被留级，有些被停学。原本被寄予厚望，希望能成为球队进攻组织者和得分手的苏尔坦·沙巴兹因为遭遇脚踝韧带撕裂的伤病而缺席了赛季的前七场比赛，他能否重新上场也变得越来越不确定。每次训练结束后，乔或道纳都会留下来，为科比抢篮板或传球，看他在三分线附近练习几百个投篮。科比总是问沙巴兹："哥们，你为什么不留下？"但科比、道纳和大多数球员不知道的是，每次训练结束后，沙巴兹都会坐上SEPTA（东南宾夕法尼亚交通部门）105路巴士，离开韦恩伍德，前往费城西部的一个地方。在那里，他通宵卖可卡因，自己吸大麻，第二天再匆忙赶回学校上课、训练。两人生活习惯的差别在午饭时表现得更加明显，科比不吃垃圾食品，但他会拿走队友的牛奶，他的餐盘上会摆着五六个小牛奶盒。"你不喝吗？那我拿走了。""这孩子其实是为打NBA做身体准备，年级那么小的时候他就选择正确的饮食了。"沙巴兹回忆，"回头再看，有人问我怎么想，我会说：'当时我看到的，你们都没看到。'"周末时，知道科比渴望在城市里的任何地方证明自己，沙巴兹会带他去57街和哈弗福德的球场打野球，那些地方就在沙巴兹的贩毒区内。科比从这些短途旅行中获得了自己想要的结果，他得到了打磨个人技术和让别人惊叹的机会。可一段时间后，科比逐渐明白为什么沙巴兹会在那里呆那么久，这些"旅行"也戛然而止。"为了保护他，我不会带他在身边。"沙巴兹表示，"因为我知道他能成为职业球员。"很多年后沙巴兹承认，他本可以和科比一样成为职业球员，但这条路却被他自己放弃了。高三学年开始时，沙巴兹一晚上就能在费城西部赚到6000到7000美元，因为学业成绩不合格而不能打篮球后，他从下梅里昂高中退学，再也没有回去。沙巴兹后来还是从高中毕业，并且获得了切尼大学的本科学位。

因为沙巴兹不可靠，道纳在那个赛季末期指定科比担任控卫，同时还要确保输球不会对他的成长造成负面影响。"他正在按计划成长。"道纳在一月时这样说。事实确实如此……直到二月，科比在一场比赛里和对手撞在一起。因为胫骨结节骨软骨炎和瘦长的身材，科比的膝盖已经很脆弱了，这次碰撞导致他的髌骨骨折。球队的最后两场比赛，科比没有上场，高一赛季他得到了17.1分的场均得分，三分球命中数和罚球命中率均为全队第一。

在那个糟糕的赛季，下梅里昂高中没有迎来拯救他们的超人，但他们确实有一个超级爱炫耀的人。没有人敢打包票，说乔·布莱恩特一定就是1992—93赛季中部赛区最酷的二队教练，但有一件事是确定的：他在全心全意地追逐这个头衔。他会穿着红皮夹克带队训练，好像下梅里昂高中不是一所学校，而是迪斯科舞厅一样。"简直没人比他更自在了。"当时在二队担任控卫的蒙斯基说，"他大摇大摆走进来，可能热得满头大汗。他可不是什么28岁的NBA球员，他当时已经快40岁了，是三个孩子的父亲，却还穿着红色皮夹克。但对我们来说，他简直就是个神。能有一位前76人球员加入球队实在太好了，他非常了解比赛中那些细微的差别，科比大概也一样，可一般的二队球员根本想不到那些细节。"其他教练会因为球员打得不够潇洒而停止训练吗？反正乔会。他会在战术练到一半时一脸不可思议地叫停训练。"你没发现能这样传吗？那也太明显了！"他会拿起球，在三个人中间完成背后传球。球员们会互相看着，心想："不行啊糖豆，你觉得传球路线很明显，因为你是6英尺9英寸（2.06米）的控卫，可这些5英尺10英寸（1.78米）的高二球员却没那么容易看出来。"训练气氛不好时，乔会让球员们踢足球。二队有一场比赛，中场休息时，球员们都在更衣室等着乔。球员们等了半天，却一直没等来自己的教练。球员们干坐了几分钟，不知道乔在哪里，不知道教练为什么没回更衣室，几个球员开始自行商量下半场的比赛策略。"我们应该对那个人防得更紧一些。"走出更衣室时球员们发现，乔正在外面和别人聊天。"没人在十年级那样做。"蒙斯基说。可乔已经经历过几千次中场休息了。有时候，一个教练该做的就是闭嘴，让球员自己想办法解决问题。这些想法他早就和科比分享过，而现在这些低年级学生将在科比的高中生涯达到巅峰时成为高三、高四学生，与道纳严格的态度相比，用更轻松的态度对待这些学生也许不是个坏主意。偶尔让球员们自己想办法，让球员们明白，如果想成为理想中的球员和球队，球员们就必须尽量跟上科比的节奏，拥有和科比一样的职业精神和篮球智慧。

在六月和七月，道纳用一条泾渭分明的界线，将科比和其他球员区分开来，这不仅确立了科比在队内的真正地位，也逐渐确立了他在费城地区所有高中球员中的地位。突然间，虽然是在气氛更轻松的郊区夏季联赛，但下梅里昂

第七章 失 败

高中开始击败一些过去从未击败过的球队，比如圣约瑟夫预备校、卡罗尔大主教高中、邦纳主教高中等费城天主教联盟里的强队。但和这些胜利相比，更能说明科比地位的，还是一个瞬间。

科比的球队落后一分，当时还在夏季联赛做教练的道纳叫了个暂停。斯奈德也是队内的 MVP，他还是高四学生。接球的肯定是斯奈德，对不对？不，道纳布置了一个战术，要把球交给科比。

蒙斯基不敢相信自己的耳朵。他问自己："道纳是傻子吗？"马特·斯奈德就像头公牛。马特·斯奈德就是个野兽。可在球队落后一分、比赛就要结束时，接到球的却不是马特·斯奈德。

接到球的是科比。科比没能投进急停跳投。下梅里昂高中输了。道纳让球员在场地一角集合。

"孩子们，我们不能要求更多了。我们让最好的球员在最后时刻接到了球，我们有机会赢下比赛。他没有进球，但是没关系。"

很多年后，埃文·蒙斯基承认了这个事实，他在自嘲。那天聚集在一起的人里，只有一个傻子认为科比不该出手最后一投，而那个傻子不是格雷格·道纳。

1992—93 赛季，拉萨尔大学取得了 14 胜 13 负，这是斯毕迪·莫里斯担任主教练期间最后一个胜率过半的赛季。赛季结束后，莫里斯的一个助教兰迪·门罗（Randy Monroe）辞职，他选择前往纳什维尔，在范德比尔特大学担任助教。莫里斯和桑尼·希尔的关系向来很紧密，费城篮球圈里有谁不是呢？希尔向莫里斯推荐了一个人，填补门罗离开带来的空缺：那个人就是乔·布莱恩特。莫里斯喜欢这个主意。拉萨尔校友？前职业球员，在桑尼·希尔联赛做过一些费城顶尖高中球员的教练？性格还很平易近人？乔能帮他招募球员，仅这一点就值得聘用他了。哦，还有一件事。

"当然，他有科比。"莫里斯在多年后表示，"那也是原因之一。"

对桑尼·瓦卡罗来说，那是动荡的一年。耐克在那一年解雇了他，之后的很多年，不管是他还是公司，都没有对解雇的事做出解释。但瓦卡罗拥有ABCD训练营和"时髦丹"比赛的所有权，而且他对草根篮球还是像以前一样投入。为了抓住在运动鞋市场对抗耐克的机会，阿迪达斯雇用了瓦卡罗。耐克仍是巨人歌利亚，他们的营销预算足以让任何竞争对手相形见绌。可在这场战斗中，阿迪达斯认为瓦卡罗拥有消除差距的潜力，他们认为他是世界上最好的加速器。

阿伦·鲁宾信守了一年前对自己的承诺。他给瓦卡罗打去电话，告诉他费城郊区有个叫科比·布莱恩特的孩子，他的实力足以参加那年夏天的ABCD训练营。"我们一般不要高一球员。"瓦卡罗对他说，"那给他们的压力太大了，我们只关注高年级球员。"鲁宾没说科比的父亲是谁，而瓦卡罗即便听到了"布莱恩特"的名字，也没有把两个人联想到一起。

1993年的晚春和夏天，费城的各个体育馆里会出现一群职业球员和大学球员，这些人与费城或多或少都有一些关联。这是他们保持身体状态、磨炼技术的方式，他们会出现在费城社区学院、拉萨尔大学的海曼大楼、贝尔维尤酒店的费城运动俱乐部，以及天普大学的麦格尼格尔大楼，在这些地方打野球。不管这些球员是谁，不管他们为哪支球队效力，76人医疗团队的训练师都会在现场为他们绑好脚踝。蒂姆·莱格勒（Tim Legler）曾是拉萨尔大学的神投手，那年夏天他刚刚结束个人的第三个NBA赛季和在达拉斯小牛效力的第一个赛季。有一天早上，他坐在桌子上，随意地看着眼前正在进行的比赛。他突然注意到这个又高又瘦的"年轻人"，面对NBA老将毫不逊色。莱格勒不认识他。他以为这个年轻人是"五巨头"学校的球员。

"那是谁？"莱格勒问训练师。

"哦。"训练师回答，"那是科比·布莱恩特，乔·布莱恩特的孩子。他好像是下梅里昂高中的高一学生。"

后来在NBA打了十年、退役后成为ESPN评论员的莱格勒惊呆了。"第一，你要想想，一个15岁的孩子和NBA球员或者高水平的大学一级联盟球员同场竞技，从身体角度他需要做出什么准备。"莱格勒回忆，"但更重要的是，更突出的是他的自信，那在一个 15 岁的人身上出现根本就不合理。他想主动进攻那些人。他不是在勉力支撑，好像别人只是因为认识乔·布莱恩特，给他个面子让他打打球一样。"

尽管当时效力 NBA 的时间还不长，但莱格勒已经知道，想在这个联盟长期生存，一个球员最需要的不是技术或决心，而是体格。"你必须承受住在其他水平的比赛里不会出现的身体对抗。"他表示。如果球员不能在运球时保持平衡，如果他不能跑到场上某个位置、在不失去平衡的情况下跳投，如果他不能在对抗中在篮下完成进攻，他就不能在这个联盟生存。而科比只要接到球，不管他在场上的什么地方，也不管有多少人挡在他冲击篮筐的路线上，他都会想办法打成那个球。有一两次，他在底线突破时，只要运一次球、跨两大步就能完成扣篮。但很多能做出这种动作的人完全无法在 NBA 立足。"你得学会怎么用不同的速度打球。"莱格勒说，"你必须学会耐心，必须学会怎么打球才能更高效。那些事都在未来等着他，那个年龄你也不可能知道他行不行。但我知道，我这辈子还没见过一个那么年轻的人，却那么有自信。"

在人生的那个阶段，科比的身体能力与精神/心理的对比，既是上天的馈赠，也是一种障碍。加入本地 AAU 球队"萨姆·莱恩斯全明星之队"后，他结束了个人早期篮球生涯中最具挑战性的一年。萨姆·莱恩斯（Sam Rines）不是一个人。萨姆·莱恩斯是两个人，还是一个品牌。老萨姆·莱恩斯是费城北部阿宾顿的一个小学老师，从 1980 年开始，他曾经在拉萨尔大学做过十余年的助理教练。小萨姆·莱恩斯在莫里斯执教的拉萨尔大学打过球，后来成为阿宾顿公园与休闲部门的主管，和父亲一起为一支篮球队提供资金，这支球队以两人共同的名字被命名为"萨姆·莱恩斯 AAU 队"。乔在桑尼·希尔联赛和老萨姆共事过，而且在费城，老萨姆和希尔一样被人熟知、尊重。所以当科比在下梅里昂高中没有比赛可打时，萨姆·莱恩斯 AAU 自然而然成为适合他的选择……但这种情况也只维持了一段时间。

科比的打法完全脱胎于乔丹。"你能看出他在模仿其他人，可他做得很自然。"老萨姆说，"他的整个气场就像电视上的人，乔跟我说过。他说，'看他打球，你会喜欢上他的打法，但他会让你想到其他人'。我说，'该死，你没跟我说过他有这么厉害'"。然而，比赛开打后，老萨姆对执教科比的态度就没那么乐观了。在科比的第一场比赛里，面对高年龄组，14岁的他面对的是17岁以下组别的球员，尽管他在罚球弧顶连续投进六球，而且完成了一个漂亮的扣篮，但没过多久，科比和老萨姆就因为科比一心追求个人荣誉、拒绝团队篮球而爆发冲突。一名球员因为科比不传球而退出球队，老萨姆没法责怪那个孩子。成年后，科比解释自己的行为时表示，13岁后，他开始"考虑更长远的事，因为我的目标不是比13岁的你更强。关键时刻表现得比你更优秀才是最重要的。13岁时，我会仔细观察你，分析你的优缺点。你怎么面对比赛？你不认真吗？你是在胡闹吗？你打得好，只是因为你比别人更高更壮，还是因为你认真对待比赛、拥有更好的技术"。但老萨姆不能迎合科比对未来的设想，他还要指导其他球员，而这些球员不是科比在下梅里昂高中的队友。对这些孩子而言，篮球不只是冬天的休闲活动。所有孩子都在追逐一级联盟大学的奖学金。这支球队一年下来会在特拉华、马里兰和纽约上州参加大约八个锦标赛，为了支付旅行、食物和住宿费用，每名球员每次锦标赛需要提交50美元。400美元对布莱恩特家算不了什么大钱，可对队中的其他孩子和他们的家庭呢？他们也想获得曝光，他们也希望得到招募人员和球探的关注。他们也想展现自己的能力，可如果一个球员传球给了科比，他可以确定自己不会再接到球。只要科比进入"因为我能，所以过了半场我就要出手"的状态时，老萨姆就会对小萨姆发出信号，上下挥手，好像在说："别管他。""可他是个混蛋。"小萨姆说，"他很傲慢。其他孩子想拿奖学金，我想告诉他：'科比，你不能每次接球都出手。'"

他怎么才能让科比服气？他怎么才能让科比明白？有一天，小萨姆和科比单挑。小萨姆的身高不到6英尺（1.83米），在拉萨尔大学的34场比赛，他的场均得分只有0.9分。可他的身体比大学时更胖，而且不管怎么说他都是前一级联盟球员，这意味着他有足够的实力应对嘴巴喋喋不休的14岁孩子。所以他针对科比，撞他，把他逼退到低位，推他、在他头上投篮。科比越来越愤怒和沮丧。一次……两次……好了……够了。

"他没有打完比赛。"莱恩斯说，"他太好胜了，都快哭了。我是在推动他成为我认为他应该成为的人，但他不喜欢。"

其实莱恩斯真正想做的，是打击科比的自信。科比凡事都爱较真，如果他意识到一个发福的中年教练能单挑击败他，或许他就会明白，传球给空位的队友不是示弱的表现，并不意味着他不能创造、出手并且命中更困难的投篮。传球只是更聪明、正确的打法。他的球队会因此变强，他也会成为更好的球员，人们也会因此认为他是更好的球员。在科比的篮球生涯中，不管是高中还是后来，总有一些时刻让人觉得他根本没有吸取这个教训。但也有一些时刻，让人觉得他已经完全领悟了这个道理，仿佛篮球世界里他所渴望的一切都唾手可得。

我从不轻慢学业……我对写作感兴趣，尤其是诗歌。也许你听说过，我在音乐方面也很活跃。

——科比·布莱恩特

第八章
傲　慢

对于科比·布莱恩特来说，能让他谦虚一下的时刻总是近在咫尺，仿佛就在家门口等着他。在下梅里昂高中，他的到来让整个球队感到紧张，而他的"自私"则让这种紧张感在第一个赛季持续发酵。在 AAU 联赛，他和自己的教练产生矛盾；反过来，教练就像当初科比的表兄沙里夫·巴特勒那样，在篮球场这个科比唯一觉得自己不会遭到霸凌的地方，将科比推向被羞辱的边缘。但科比不喜欢小萨姆·莱恩斯，不喜欢和他相处的第一个夏天，他也不怎么听对方的话。科比爱他的父亲。科比听乔的话。科比喜欢格雷格·道纳。科比尊重格雷格·道纳。但当科比在比赛中情绪激动时，当他发脾气时，乔总能让他冷静下来，不管是在他耳边说悄悄话，还是在看台上大声用意大利语喊出什么。一起去看 76 人比赛时，球员、官员和球迷会拦住科比，跟他说乔曾经是多么优秀的球员，科比就沉浸在这种对乔职业生涯的美好回忆中。"每次上场我都会想到这个。"他说，"想到我爸爸经历过这一切，而我正在经历这一切。"在众多能给他建议、传授篮球和人生经验给他的人中，科比把父亲放在了第一位。

雷明顿路的车道就是他们的秘密实验室。科比在夏天长高了 2 英寸（5.08 厘米），身高来到了 6 英尺 5 英寸（1.96 米）。他长出了一些肌肉，一方面是由于青春期自然分泌的睾酮激素的刺激，另一方面则要归功于在下梅里昂高中和犹太社区中心断断续续的力量训练。在科比看来，只有一个方法能真正检验自己的身体，那就是和父亲单挑。

那年夏天的一次单挑给科比留下了深刻印象。科比运球突破，绕过乔后成功得分。他很开心,终于能在自己老爹头上得分了。为什么不能每次都这样呢?轮到乔进攻了。这一次,乔用了全力。乔决定让儿子尝尝他的厉害。乔直接从他身边突破,在他头上扣篮。科比震惊了。他完全不知道一个 NBA 球员,即便是十年没有打过比赛的前 NBA 球员,速度居然能这么快。那是他爸爸。这次他没哭,没生气。他只是意识到,在未来各种各样的教室里,他还有很多东西要学。

珍妮·马斯特里亚诺认为,她教授十年级写作选修课的方式,就像运动员备战比赛一样。"你会为了训练去做不同的事情,去强化自己的身体。"她说。她的目标,是通过让学生练习不同的写作风格和形式(诗歌、剧本、个人散文、记叙文)来训练他们的思维,同时让学生通过不留情面的互相批评,来培养他们的灵活性和自信心。学生们不写日记,而是写作家笔记。她的一声令下,就像短跑比赛的起跑枪,学生们会像脱缰的野马一样奋笔疾书三分钟、五分钟,让思绪从头脑和心灵中倾泻而出,直到美丽的文字落在纸张上。讨论彼此的作品时,学生们都该毫不留情地指出问题。从 1987 年成为下梅里昂高中英语系全职教师的那一刻起,马斯特里亚诺就培养了一种让学生可以自由发言但并非一团和气的氛围。"这篇文章好吗?不好吗?为什么?我们来仔细研究。你们进入了未知世界,需要冒险。每个人都需要。如果不冒险,你就不能获得让人兴奋激动的经历。你需要吓到自己。"在教室的其中一面墙上,她钉上了一张等尺寸的米开朗基罗的《大卫》像的照片;当有家长抗议她展示裸体时,马斯特里亚诺把粉红色的随意贴剪成泳裤的样子,贴在照片里雕像的胯部。她很有魅力,又风趣幽默,在伦敦大学学过一年的英国文学,她的课堂只有一些简单的规则和标准。用她最喜欢的一种说法,她不喜欢阳光晒到我的裙子上"。如果没有做好准备,比如没看她要求看的文章,那就闭嘴。安安静静地坐着,省下你那些俏皮话和肤浅的见解,好好利用上课时间吸收知识,然后暗暗发誓,回去读完该读的内容,第二天上课时做好发言的准备。难怪她能和科比·布莱恩特心灵相通。

在学业问题上,科比在家里面对的是类似于马斯特里亚诺在学校里的要求。帕姆有一个要求：在她的屋檐下，学业优先于运动或丰富的社交生活。没错，科比、沙里亚和沙雅可以打篮球、打排球，可以和朋友煲电话粥，或者像科比那样把自己锁在房间里研究"魔术师"和乔丹的录像，但他们必须先做完作业，干完家务活。比方说，科比周末打完 AAU 的比赛，帕姆经常不满意他卧室的卫生情况：满是汗味的衣服被他扔得满地都是。有一次，马斯特里亚诺让学生给幼儿园的孩子讲短故事。在科比的故事里，他的那些脏衣服变成了拖孩子下床的可怕幽灵。马斯特里亚诺释放了科比性格中未知的一面，而这，将定义他退役后的职业生涯。

"她的教学工作做得特别好，也特别有激情。"科比曾经这样评价，"她坚信讲故事可以改变世界。"

对科比来说，大多数课程都像是一种责任，而马斯特里亚诺的课却是一种逃离——事实证明，这是一种必要的逃离。她的课大多围绕"英雄之旅"这个概念展开，为了让学生们更容易理解，她会在课堂上播放《星球大战》（*Star Wars*），让学生们通过"天行者"卢克这个角色来学习英雄之旅的模式。之后，她会进一步引用希腊神话和约瑟夫·坎贝尔（Joseph Compbell）的作品，尤其是他影响深远的著作《千面英雄》（*The Hero With a Thou-Sand Faces*），来进行更深入的探讨。

马斯特里亚诺可以清楚地感觉到，即便只有 15 岁，但科比认为自己就是走在这样的轨道上。课程内容就像注射到他血管里的兴奋剂，为他和他对未来的宏伟愿景提供养分。他读完《伊利亚特》（*Iliad*）后扪心自问：我更像暴怒的阿喀琉斯，还是恪守荣誉的赫克托耳？坎贝尔写道："英雄旅程的'召唤'，标志着命运向英雄发出了号召，将他的精神重心从熟悉的社会环境转移到了未知的领域。"在马斯特里亚诺看来，科比正处于思考"召唤"的阶段，正为其中的危险而纠结。他的球风，不正是与场上的其他九名球员格格不入，处于游离在他们之外的"未知领域"吗？他们在上课时读过《奥德赛》（*Odyssey*）第九章，讲的是奥德修斯巧妙地逃离了独眼巨人洞穴，却因自负而嘲讽了怪物，结果独眼巨人拽下了一块山顶的巨石扔向奥德修斯的船，险些将他和他的船员全部杀死。科比队友们的私下议论和抱怨，难道不正是和这个寓言故事一模一样吗？他们因为科比拒绝分享球而生气，他们说科比的自负会伤害、而不是帮助球队。马斯特里亚诺表示："那种疏远了希腊诸神的傲慢，也让科比的一些队友反感和排斥他。"往坏了说，"英雄之旅"的隐喻不过是为科比在篮球场上"我为先"的行为提供了一个自私的合理化解释。但往好了说，这是一副饱含情感、智慧和激励力量的盔甲。这就是他的宿命，任何人都无法阻止他，也无法让他停下脚步。

在那时，马斯特里亚诺并不确定科比的这些想法是否真有智慧，也不知道他会面对怎样的结果，会付出什么样的代价。她要求每个学生提交一个独幕剧剧本，参加费城青年剧作家大赛。科比的剧本名为《为了我的兄弟》(For my Homey)，内容当然与篮球有关。主角特拉加尔是高中篮球明星，拿到了NBA入场券，他最好的朋友多姆被毒贩枪杀。科比在马斯特里亚诺课堂上写的所有文章都与篮球有关，这也让她很烦躁。他不知道人生不只有篮球吗？她担心篮球会吞噬他的一切，担心他真正的自我会被吞噬或冲走。"我当时真的没有看清大局。"她说，"我不止一次跟他谈过，想成为职业球员是多么可笑。我总是对他说，'你知道这成功率有多低吗？试着考虑其他事情吧'。我完全没预料到他将要走向何方。"

尽管如此，她还是成为科比的导师，两人的这种关系也一直保持了下去。大多数学生只是叫她"马斯特里亚诺"，科比却按照帕姆的要求，坚持使用"马斯特里亚诺女士"这种正式的称呼，但在下课后留在教室时或者上自习课前，他总是叫她"马斯特里拉诺"，给自己老师的名字带上一些意大利特色。上课时，科比在同学之间说话不多，不过在马斯特里亚诺的记忆里，他属于那种心里有话会毫不犹豫地说出来的学生，而且语气也不会特别针锋相对。他会问："我们为什么学这个？我看不出这有什么意义。对我来说没什么用。你能解释一下吗？"她欢迎这样的反馈。她喜欢有锐气的学生莽撞地提出问题，向她发出挑战。这比另一种情况好多了，比阿谀奉承的马屁精只为了高分而说她爱听的废话好得多。她希望科比能多发言，但她隐约能猜到他为什么不开口。

"他似乎属于一个更大群体中的一员，但又不局限在一个细小的分类中。"她说，"他告诉我，大部分时间他很孤独，他总是拍着球入睡。"

第八章　傲　慢

科比·布莱恩特需要的就是杰梅因·格里芬（Jermaine Griffin），但在某种程度上说，他也是科比所不需要的那种人。他在纽约皇后区远洛克威的一个公租房区长大，科比不曾经历过他那样艰难的童年。还没读完八年级，格里芬的一个朋友就被枪杀。格里芬是个认真的学生，也喜欢篮球，在本杰明·卡多佐高中读完九年级后，一个老师建议他参加名为"一个更好机会"（简写为ABC）的全国性学生资助计划，他可以在食宿与学费全包的情况下转学到教育环境更好的学区，但格里芬必须离开自己的母亲瓦内塔和双胞胎兄弟杰梅尔。他抓住了这个机会，对他来说，获得一个全新的开始是最好的事情。接受了项目的入学考试后，格里芬知道了自己的目的地：他要去阿德莫尔，和接受项目资助的其他八名学生住在一起，他要去下梅里昂高中读书。

身高 6 英尺 3 英寸（1.91 米）的格里芬肩膀宽得就像落地窗帘杆。刚到新学校的最初几个星期，他总是低着头，一言不发地走在走廊里。在皇后区，他的大多数朋友、同学和他一样，都是黑人，来自工薪阶层或贫困家庭。现在，他的大部分同学是白人，很多人家里很有钱。参观学校时，格里芬见了道纳。道纳帮他克服了文化冲击，让他知道自己对球队具有极高的价值。见到科比后，两个人因为共同及互补的特点，迅速成为好友；两个人都热爱篮球，都喜欢音乐，尤其是说唱，而且刚到学校时两人都有种"局外人"的感觉。"杰梅因是救世主。"科比曾经这样说过，"因为他在正确的时间来到下梅里昂，给人一种'这家伙从哪里冒出来'的感觉。在球队里，他是我能理解的人，跟他在一起我很自在。"在学校餐厅里，科比、格里芬和马特·马特科夫经常比拼说唱，回家或者去费城的各个俱乐部时，他们也延续了这样的竞争，全校公认最好的说唱歌手凯文·桑切斯（Kevin Sanchez）和韦恩伍德犹太社区中心的青年员工安东尼·班尼斯特（Anthony Bannister）也和他们一起玩耍。即便在篮球队中的角色各不相同，但对说唱的兴趣和参与让科比、格里芬和马特科夫保持着紧密的关系。科比……毕竟是科比。马特科夫充其量就是个饮水机球员。格里芬处于两人中间。他的水平达不到科比的程度（又有谁能达到？），可他的身高、弹跳能力和作为篮板手的强硬，都是科比高一赛季那支球队所缺乏的。想提高下梅里昂高中的实力，道纳不仅需要找到更多有天赋的球员，他们也需要更多像科比一样强硬、充满锐气的球员。执教科比一年后，道纳知道，外界对科比和球队的预期会在接下来的三年里越来越高，作为主教练，他的压力也会越来越大。下梅里昂高中是宾夕法尼亚校级运动联盟第一分区的学校之一，这个赛区包含费城周边城市和郊区的六十多所学校。在那样的竞争水准下，赢得分区冠军本身就是一项成就，至于州冠军，放在以前他们想都不敢想。但道纳知道，现在不一样了，因为他们有了科比。很多年来，下梅里昂高中根本没有和那些球队竞争的实力。他们的球员没那么强硬，永远也不会有那样的激情和决心。如果要找一个合适的说法，那就是：他们永远战胜不了自身的恐惧。也许，有了科比，这种恐惧就会消失。

"我们总是带着含着银汤勺长大的标签。"埃文·蒙斯基说，"我们就是带着这股不服输的劲头去任何一个球馆打比赛，参加任何一场夏季联赛。至少就我个人而言，我是这样的。我相信科比也是这种感觉。你总会听到人们说，我们是软弱的主线人。不，真该死，这太荒唐了。抢球时我会肘击你的脸，我们想让你们吞下惨败。我们从小是看查尔斯·巴克利的球长大的！查尔斯·巴克利把你从玻璃窗推出去后还会嘲笑你。尽管我们生活在费城西边舒服的郊区，可我们也喜欢那样，我们觉得我们属于费城。"

觉得自己是费城及其篮球文化的一部分，这是一回事。证明自己是费城及其篮球文化的一部分，那就是另一回事了。大多数归队的球员利用夏天加深了彼此的友谊，他们一起在阿德莫尔的小餐馆度过下午，一起在晚上看《侏罗纪公园》（Jurassic Park）、《亡命天涯》（The Fugitive）和《火线狙击》（In the Line of Fire）这样的电影。"但科比不是在犹太社区中心就是在家练习。"盖伊·斯图尔特说，"所以他一直在练习，一直在练。你总能在纳伯斯夏季联赛、阿德莫尔夏季联赛这些地方瞥见他的身影，你会觉得，'哦，他现在不太一样了'。你也能在其他地方看到他打野球，在那些地方你能看到他为了改变自己的打法付出了多少努力。现在，不管是跳投、控球还是弹跳，他做什么都很轻松。高一到高二，他取得了那样的飞跃，太夸张了。"

下梅里昂高中只用了四场比赛，就追平了科比高一赛季的全部胜场，他们在这四场比赛里全部取胜。对阵河谷天堂高中是这四场比赛的最后一场，下梅

第八章 傲 慢

里昂高中以 75 比 58 取胜。如果放在现代媒体时代，科比在这场比赛中的表现一定能轰动全美。膝盖骨骨折和一个夏天的 AAU 比赛没有给科比带来负面影响，他得到 34 分，命中了五个三分球，要知道，宾夕法尼亚高中篮球赛只有 32 分钟。当然那时没有社交媒体、没有推特、Instagram 或脸书传播这个传奇故事，甚至连《费城问询报》和《费城每日新闻》这两个在当地发行量最大的报纸，也没有及时捕捉到正在韦恩伍德发生的事情的真正影响力。费城前高中、大学明星、76 人前球员的儿子拿到了令人咋舌的高分，带领一支成绩低迷的郊区球队走上复兴？这似乎是显而易见、能够吸引人的故事。可《费城问询报》在"郊区／中心社区"板块对河谷天堂这场比赛的报道，焦点却不在科比，而是他的队友和对手乔·迪克森，后者得到了 8 分和 7 次助攻。在那篇 416 字的文章里，科比的名字直到文章中段才被提及。而且文章直到最后一段才提到，当河谷天堂高中在比赛还剩 5 分半钟将分差缩小到 6 分时，"布莱恩特，76 人前球员乔·布莱恩特的儿子，用他全场命中的五个三分中的两个做出回应，让下梅里昂高中获得喘息空间。"杰雷米·特里特曼还在阿基巴学院做教练，他还在为《费城问询报》写文章，还和道纳有联系，也还定期与乔·布莱恩特交流、尽可能多地参加训练，他恳求编辑增加对科比的报道篇幅。特里特曼不只因为自己和乔是朋友才和他交流。那年是他担任拉萨尔大学男子篮球队电台解说的第一个赛季，他近距离看到了斯毕迪·莫里斯和乔以及拉萨尔大学艰难度过了他们在中西部大学赛区的第二个赛季，球队在那个赛季的战绩只有 11 胜 16 负。由于大学地理位置远离赛区里的竞争对手，这已经对莫里斯和乔的招募工作造成了影响。为什么能在强校中做出选择的费城孩子，却要花四年时间和威斯康星／绿湾大学、底特律慈悲大学和伊利诺伊芝加哥大学这样的学校成为对手？想要转变自身命运，拉萨尔大学需要一个真正出类拔萃的球员。他们需要科比，而特里特曼正好处于有利的位置，他确信费城体育界最重要的故事即将展开。可他的编辑不断否定他的提议，坚称历史更悠久、比赛质量更高的费城公立学校联盟和费城天主教学校联盟里的球队更重要。特里特曼目瞪口呆。他们为什么不相信他？如果他们抽一个下午的时间和他一起去下梅里昂的体育馆，也许他们就能明白了。他站在道纳身边，两人看着科比统治了又一场训练赛，道纳转过身，向他提出了一个问题。

"其他人知不知道，我们现在身边就有一个迈克尔·乔丹？"

不，其他人不知道。报社编辑并非唯一在这个问题上犯糊涂的人。科比每周总有两三次搭乘朋友奥德丽·普莱斯的车回家，后者也上珍妮·马斯特里亚诺的英语课，而且是学校女篮二队的控卫。在女篮和男篮同时使用体育馆时，两个人偶尔会嬉闹般地单挑，那绝对是值得一看的场景：科比的身高已经接近6英尺6英寸（1.98米），普莱斯只有5英尺1英寸（1.55米），但科比却给她起了"柴油机"这个与她身材正好相反的绰号。"我是幸运的人，我妈妈会来接我。"普莱斯说，"通常，科比会从车窗伸头进来说，'普莱斯女士，你介不介意开车送我一下？'我妈妈会说，'当然不介意啊，科比！快上车'。那只是科比，不是什么未来的超级明星，他就坐在我后面，坐在后排！他的大长腿就缩在我们小小的雪佛兰后排。如果可能的话，我会让他坐前排。"

有一个周六，科比在犹太社区中心遇到普莱斯，她坦诚地说，自己正在考虑放弃篮球。她按时参加每一场训练，全心全意对待篮球和球队，可只要一上场她就四肢僵硬，会变得非常焦虑，随后就会被教练换下场。她坐在板凳上，觉得自己很傻。作为一个15岁的女孩，她非常在意别人怎么看待和评价她。"柴油机，别退出。别放弃。继续打，就算只坐在板凳上，你也能学习。"科比告诉她。"那一年我坚持打比赛，就是因为科比让我坚持。"普莱斯回忆道，"他不希望我放弃。他知道，我爱这项运动爱到不会放弃。他就是那样的人。他能在任何事、任何人身上看到潜力。"不过在奥德丽·普莱斯和下梅里昂的大多数人眼里，他依旧只是科比。

也许，一个人需要身在风暴眼，才能清楚地看清风暴的行径路线。宾夕法尼亚州东北部的威廉斯波特高中看了科比的三场比赛录像后制定了比赛计划——在他突破时制造进攻犯规，当他进入低位时采取双人包夹，这导致科比打出了个人高中生涯最差的一场比赛。他只得到7分，下梅里昂王牌队以43比63输掉比赛，那是他们在那个赛季吃到的第一场败仗。但球队随后打出一波七连胜，科比在这段时间拿到了26.3分的场均数据。在圣诞节前三天，在

第八章 傲 慢

一场冰雪暴导致费城地区高中篮球赛事暂停两周之前，科比在对阵哈弗福德高中的比赛里拿到了个人的第一个三双：26分、17个篮板和10次助攻。不过下梅里昂高中没能延续这个势头，常规赛最后九场比赛只取得5胜4负，其中包括两次输给雷德利高中。第一场失利，雷德利高中的一个球员在最后13秒投进了三个罚球，第二场失利是被压哨绝杀，球队因此没能赢得赛区第一。不管怎么说，下梅里昂带着15胜5负的成绩进入赛区季后赛，球队阵容也拥有近些年来少见的厚度。球队有三名首发是高四学生，分别是马特·斯奈德、乔·迪克森和道格·杨，格里芬、蒙斯基和斯图尔特也都能在下个赛季归队继续打球。这是好消息，但这并不是球队能够扭转命运的真正原因。科比才是。

是科比，在那个赛季的一次训练中高高跳起，双手高举，他并不是简单地封盖杨的投篮，而是在杨出手的最高点将球死死摁住。是科比，在两个人纠缠着争夺球权时对杨说："道格，把手拿开，否则接下来会很难看了。"是科比，逐渐吸引越来越多的学生、教师和主线居民，在周二和周五晚上来到学校看比赛。"我不觉得科比起到了让大众觉醒的作用。"杨表示，"那样说就太夸张了。但他是一个能让所有人感到骄傲的人。生活在那个社区的人会带着孩子去看比赛，这种情况已经在好几代人中都没有出现过了。"

是科比，在下梅里昂高中76比64战胜潘斯贝里高中的季后赛首轮比赛中得到了35分。是科比，得到了潘斯贝里主教练布拉德·夏普（Brad Sharp）这样的评价："他是我在21年执教生涯里见到的最好的二年级球员。他想在场上做什么就能做什么。"是科比，在下梅里昂高中那个赛季的最后一场比赛里得到24分，他们在赛区锦标赛第二轮以77比86输给了天赋更好、更有经验的普利茅斯·怀特马什高中。是科比，在那场比赛的第四节得到14分，在比赛的最后85秒投进三个三分球，让下梅里昂保持比分接近。是科比，紧咬牙关，紧皱眉头，打破失利后更衣室的死寂。他说："再也不会这样了，这种情况再也不会发生了。我们再也不会这样出局了。明年，我们要赢下州冠军。"

"从他出现的那一刻起，那就是他的球队。"杨说，"如果没有他为我们树立了无与伦比的职业精神和对失败的绝对憎恨，我们的球队就不会取得成功。

你能看到，即便只有 16 岁，他对篮球的那种激情和动力，也是我们这些在高中练多个项目的孩子之前从没见过的。我毫不怀疑，球队第二年会变得更强。作为高中球员，不管那个孩子想实现什么目标，就算他那么年轻，我都相信他能实现。我有种感觉，我知道未来有事情会发生。"

杨说得没错，只不过他也不知道，自己居然能说得这么对。

不觉得我在有意模仿他。我只想做科比。可如果说迈克尔·乔丹对我没有巨大影响,那我就是在说谎。

——科比·布莱恩特

第九章
天　意

桑尼·瓦卡罗使用了一种只有经历过超然体验的人才会使用的语气，描述自己与科比·布莱恩特相遇的那一刻，仿佛他无法用理性的语言来解释或说明这次相遇，好像那一刻只能是上帝之手在起作用一样。"历史在新泽西被改写了。"他说，"因为一系列巧合，因为时代怪象。"他当然会这么说。他可是桑尼·瓦卡罗，是卖鞋匠，是球鞋之王的缔造者，是他让迈克尔·乔丹与耐克联手，是他在无人知晓科比时找到了这个孩子。科比出现在他的面前，不是因为瓦卡罗之前打下的基础和已经做完的前期工作，也不是因为他多年来建立的资源和人脉关系网，更不是因为"篮球独家"的艾伦·鲁宾拿起电话说了一句"这孩子应该参加你的训练营"。不，如果科比可以将自己视为神话中的英雄，桑尼·瓦卡罗也可以为他在科比崛起中扮演的角色添加一些神秘色彩。

桑尼·瓦卡罗的经历本身就很传奇。他出身宾夕法尼亚州匹兹堡附近的特拉福德，做过学校老师，是个"职业赌徒"，长着一双富有表现力的大眼睛。他拥有意大利老爷爷一样的热情，说话辛辣讥讽，还能和高中生打成一片。正是凭借这些能力，他以杨斯敦州立大学男篮兼职招募人员这份工作为跳板，接连获得了在"时髦丹"篮球经典赛和耐克工作的机会，并且在 1984 年洛杉矶奥运会上和乔丹见了面。他看过乔丹的一场比赛，就一场，但足以让他向乔丹抛出 50 万美元的合同，而那是耐克为 1984 年将要转为职业球员的大学生留出的全部预算。他本可以向查尔斯·巴克利奉上这笔钱，或者分给萨姆·鲍维（Sam Bowie）和萨姆·帕金斯（Sam Perkins）。他为什么没这么做？他怎么知道该把赌注全压在乔丹上身？知道耐克在 1985 年推出的 Air Jordan

会为整个行业带来革命性改变,让乔丹成为地球上最受欢迎的运动员?那不过是桑尼在做自己,做桑尼一直在做的事。

"我这一辈子,当我要在一个人身上下注时,是无法解释清楚的。"他说,"我不是球探,没接受过什么培训。我只有直觉。但我就是知道。显然我就是知道,因为追求本身就有意义。我们签下了他。"

但是现在,他开始了和阿迪达斯的全新合作,但他的客户只有 40 个小型大学的教练,没有明星球员,不过他的 ABCD 训练营仍然能够吸引各地的教练和招募人员,他在 AAU 及高中教练圈的人脉网依旧牢不可破。NCAA 还是恨他,恨他对大量没有收入的篮球天才们有着那么大的影响力。但瓦卡罗也恨 NCAA,他相信 NCAA 在剥削球员——其中大部分是贫困的黑人孩子,他们依靠那些球员构建了一个价值数百万美元的赚钱机器,但又在"业余"的幌子下拒绝向球员分享收益。只要有机会让高中球员离开大学篮球,只要有机会帮助那个孩子给自己和家人挣大钱,只要有向 NCAA 示威的机会,瓦卡罗都不会放过。他在阿迪达斯还没有获得签下那种球员所需的资源和预算,但他知道自己总有一天可以得到。阿迪达斯也给他下了找到下一个迈克尔·乔丹的命令,他知道,自己终会找到。

1994 年,瓦卡罗将训练营转至新泽西州哈肯萨克市的菲尔莱·狄金森大学,距离韦恩伍德不到两小时车程。然后,在七月初训练营开营前一天,"晴天霹雳般地,世界变了。"他说。

训练营虽然是免费的,但却是邀请制,乔·布莱恩特决定碰碰运气。他联系了 AAU 长岛黑豹队的主教练、也是身为瓦卡罗中间人的加里·查尔斯(Gary Charles)。相比直接找到瓦卡罗,这是一个更简单、风险更小的选择。在桑尼·希尔联赛做教练,以及在拉萨尔大学工作,使得乔也积累了一些人脉。但另一方面,假如桑尼不记得他参加过 1972 年的"时髦丹"比赛,那该怎么办?假如桑尼也不记得参加过"时髦丹"比赛的查比·考克斯呢?那就太尴尬了。最好先问问查尔斯:即将成为高三学生的科比,能不能参加 ABCD 训练营?他能面对全国最优秀的球员吗?桑尼愿意卖乔这个人情吗?当桑尼·瓦卡罗讲到自己在科比起源故事中的地位时,他从没提过阿伦·鲁宾的电话和提醒。如果提到了，这个故事还有什么戏剧性呢？还有什么魔力呢？

"乔就那样走进来了。"瓦卡罗说，"我立刻就想起他了。加里说，'桑尼，这是乔·布莱恩特。他想跟你聊聊他的儿子，他儿子之前在意大利，没人知道他'。乔走了过来。我们重聚了。这就是体育，有种东西叫机会，叫机遇。人生就是这样。假如乔没有被选中呢？我见到帕姆，她告诉我，'我哥哥也打过你的比赛'。这些事情都联系在一起了。"

这些故事的最终结果，直到乔和帕姆带着他们的儿子走进菲尔莱·狄金森大学后，才真正显现出来。"直到那个孩子出现。"瓦卡罗说。那个孩子。"科比·布莱恩特，就是那个孩子。"

1994年春天和夏天的科比·布莱恩特，究竟是怎么样的一个人？他是一个没有自由时间的孩子，因为他不想要自由时间。这个孩子，至少参加了六个篮球联赛和两个篮球训练营，为了按时完成作业，去美国东海岸参加AAU比赛时，他还带着课本。七月时，他总是以早上9点的比赛开始新的一天，并以晚上9点半的比赛结束这样的一天。他是一个有着执念的孩子。输给普利茅斯·怀特马什高中的赛区季后赛的刺耳的结束哨声还没散去，科比就开始了这段繁忙的日程，如果是一个对篮球没那么投入的孩子，他只会在这段日程结束后筋疲力尽，不想再打篮球。不管是对他个人，还是对下梅里昂高中的团队，每一个联赛、每一次旅行、每一个训练营、每一场比赛，都在让他一点一点地进化。打了这么多比赛，和那么多人做过对手和队友，科比让自己从一个优秀的高二球员，成长为出色的高三球员。他一点儿也不担心，这么大的运动量、对身体这么高强度的要求可能导致自己再次受伤。他相信，膝盖骨折已经是很久以前的事了，他不必继续担心。他长得更高，也长出了肌肉。"在我看来，如果我受伤，再也不能打篮球，那就是上帝不想让我成为篮球运动员。"他在那年夏天这样说，"如果发生那种事了，我会继续向前看，在人生中做些别的事情。"但他没有受伤，也不准备放弃篮球。

首先，作为萨姆·莱恩斯全明星队的一员，科比前往纽瓦克和特拉华大学，参加特拉华AAU锦标赛，那是当时最受大学篮球招募人员关注的赛事之

第九章　天　意

一。四月初聚集在鲍勃·卡彭特中心的几百名教练中，就有迈克·沙舍夫斯基，他的杜克大学不到一周前在 NCAA 全国锦标赛的决赛中痛苦地以 4 分之差输给了阿肯色大学。那是杜克蓝魔在格兰特·希尔四年大学生涯中第三次打进决赛，可希尔即将毕业、进入 NBA。如果可以，沙舍夫斯基当然愿意找到一个和希尔相似的球员——一个拥有篮球智慧与柔和跳投手感、同时拥有出众弹跳能力的小前锋和得分后卫。

讽刺的是，科比从抵达新泽西的第一天就陷入震惊。高中赛季结束后，他一直没有与这么多年龄更大、更高、更强壮的球员同场竞技，更重要的是，他们还拥有和他一样出色的球技。他一次又一次冲进内线想要扣篮或上篮，但总是被封盖下来。到锦标赛接近尾声时，他调整了自己的打法，出手变得更早、速度更快。其他名气更大的球员在这个锦标赛上打出了更亮眼的表现。即将在布鲁克林林肯高中进入高四的后卫斯蒂芬·马布里（Stephon Marbury）当选锦标赛最有价值球员，他在决赛中得到 18 分。还有新泽西州帕特森天主教高中的蒂姆·托马斯（Tim Thomas），他和科比一样，是高三新星，却拥有他这个身高（6 英尺 9 英寸，2.06 米）的球员中极其少见的控卫技术，堪称 20 世纪 90 年代的乔·布莱恩特。但科比给沙舍夫斯基留下了足够深刻的印象，他找到布莱恩特父子，对乔说："我要给你儿子一份奖学金，让他成为下一个格兰特·希尔。"这是一个非常诱人的提议，让人难以拒绝。

在桑尼·希尔联赛，当科比走上球场时，罗马天主教高中的唐尼·卡尔（Donnie Carr）、"亚"亚瑟·戴维森（Arthur Davis）和圣约翰·纽曼高中的拉希德·贝（Rashid Bey）这些费城最好的球员都在笑他。他们想起前一年夏天科比孱弱的身体，他们有一种气场，脸上带着一种表情，好像在说，"别人都说你这个最好、那个最强，但我们不在乎。""我们一个字也不需要说。"卡尔表示，"他能在我们眼睛里看到，他能感觉到。"但科比的身体没那么瘦弱了，他的技术也更全面、更娴熟，甚至连围在场边大声讥讽他的三四十个人，对他也没有产生任何影响。球员和观众站在场边嘲讽他，但这只会让他更专注，让他进一步提高自己的比赛水平。"你能看到他的内心。"卡尔说，

"他无所畏惧。"比赛结束后,科比加入卡尔及其他来自城区的孩子,在布罗德街上溜达到罗伊·罗杰斯餐馆或肯德基吃饭。他永远无法真正理解城市孩子的人生,他没有经历过那样的生活。但是他也没有忽视自己与他们的差异,正是因为他渴望对方的尊重和接纳,所以他也不会炫耀自己与他们的不同。他不会走进快餐店甩出一张50美元的钞票说:"想吃什么随便要。"他和其他人一样,一起凑钱买饭。"我想吃2号餐,我们有多少钱?"他们会找到一个小包厢,聊自己最喜欢的说唱乐队和专辑——科比最喜欢的是武当帮的 *Enter the Wu-Tang*（*36 Chambers*）。他会问起对方的生活环境和成长经历,聊到他们的相同与不同。

"我们在贫困中长大。"卡尔说,"所以我们看到的都是赤裸裸的。他总是对那些故事感兴趣,总是问,这发生了什么?那发生了什么?我总跟别人说,他是在郊区长大的,但他一直有城市孩子的心态和决心。"

看起来,科比把所有的敌意和幼稚,都留在了和小萨姆·莱恩复杂又波折的关系中。小萨姆·莱恩斯总想消除科比的自负,但适得其反,他反而惹恼了科比。在一场比赛里,莱恩斯让科比担任控卫,结果他连续七个回合出现失误。他被人断球,传球出现失误,还把球踢出了界外。莱恩斯想办法为球队招募来更多NCAA一级联盟的球员,但科比却毁掉了他把球队打造成更大、更受重视的球队的计划,他把莱恩斯的方案揉成一团,扔进了垃圾桶。谁想和这样的球霸一起打球?谁会愿意加入这样的球队?"其他人想拿奖学金,科比却在练习胯下运球。"莱恩斯说。科比还是把AAU比赛当成自家车道,他无视莱恩斯的指令,无视其他球员,只关注自己的技术、自身的成长与进步,他关注的只是自己、自己、自己。小萨姆会冲着科比大喊,坐在儿子身边的老萨姆让他淡定,科比也会继续担任控卫。就这样,在另一场比赛里,面对相同的情况,当科比一次又一次地失误,他的球队以2比14落后,连出手都很困难,小萨姆终于受够了。他让科比把球交给其他人。科比摆手,还是自己运球。"那就好像在说'去你的吧'一样。"小萨姆表示,"所以我把他换下来了。我说,'听着,比赛的时候你不能不听我的。我是在帮你。你在伤害球队。打起精神,让我们打出节奏,到时候再给你球'。他没哭,但很明显不高兴。乔把

第九章 天　意

他拉到一边，用意大利语跟他说话。我让他重新上场。一切都很顺利，但我发誓，在那之后他就恨我了。"他在一个阶段一个阶段地进化，这是拥有像他一样极端性格的人唯一的进化方式。他的自负之火熊熊燃烧，再慢慢冷却，这个过程反复进行。他的父亲负责宽慰他，母亲提醒他要懂礼貌。

和往年一样，斯毕迪·莫里斯在拉萨尔大学的海曼大楼举办了一年一度的过夜篮球训练营，但这一次有些不一样。一个未来的名人、明星加入了，虽然当时他还只是个孩子。这个年轻人说服母亲支付了入场费，到现在他也不知道自己的妈妈是怎么筹到这笔钱的。当时没人知道他，他只是又一个成长环境艰难、但有着远大梦想的孩子。你能看出未来有一天他会进入 NBA，问题只在于他会选择哪条路线。去杜克吗？为老 K 教练打球是个很好的选择。北卡呢？他不喜欢球队标志性的天空蓝色，但他也不会因为这个原因拒绝这所学校。也许他可以留在费城，为天普大学的约翰·切尼打球，让他妈妈开心。他觉得自己是这个年龄段、是这座城市甚至是全美最好的防守球员，他给自己起了"虫子"这个绰号。和他一起上场时，他会警告你：你不想惹虫子生气。

可当训练与比赛开始后，这个名叫凯文·哈特（Kevin Hart）的年轻人遇到了残酷的现实。

他立刻注意到，科比·布莱恩特也参加了训练营，他和乔及莫里斯一起训练。太棒了。哈特听说过科比的名字，知道他是个出色的球员。训练营期间，他和科比住一个房间，俩人半夜时会在拉萨尔大学的宿舍区恶搞其他营员。他一直跟着科比，不管是在球场练球还是去上厕所，他就是想在科比身边待着。哈特觉得他肯定能从科比身上学到什么，他一定会透露点什么。第一天……第二天……哈特很拼。他拼命防守，可对科比来说，他和杜宾狗差不多一样高，身高始终没有突破 5 英尺 4 英寸（1.63 米）。和其他"巨人"一起争抢篮板时，他就像古典摔跤手一样卡住其他人的下盘。有一天晚上，他鼓起勇气，问道："喂，科比，你觉得我会去哪儿？哪所一级联盟大学？"

科比只是笑了笑，然后走开了。

成为著名的脱口秀表演者和演员后，哈特说那个训练营对他是一次警醒：

篮球是科比的天命，但不是他的天命，他最好还是选择其他职业。甚至在《吉米·法伦今夜秀》(The Tonight Show Starring Jimmy Fallon)上，他也坚称科比在那次训练营期间全程只用左手，在戏弄其他人。"我以为那是我人生最重要的一次机会，但对科比·布莱恩特来说只不过是训练罢了。"哈特说。不管他讲的故事是真是假，但莫里斯当时就注意到，自己助教的独子已经证明他是整个训练营里最好的球员，不管他用的是单手、双手还是根本没用手。

与拉萨尔大学训练营不同，纳伯斯和阿德莫尔夏季联赛不是那种气氛轻松、能让科比自由磨炼技术的地方，但与哈肯萨克和特拉华相比，这里的氛围也要轻松不少。他在下梅里昂高中的朋友和队友也参加了这些比赛，他们可以借机了解有可能在 1995 年赛区和州季后赛里对他们形成威胁的球队。在纳伯斯联赛，科比在三场比赛里场均得到 33.5 分，在得到 40 分的一场比赛里，他拿到了球队第三节 15 分中的 13 分。比赛过程中，乔总是在看台上大声喊话。奇怪的是，科比从不回应；在球场上，他总能听到乔的声音。在一场比赛里，当球队在第四节握有 8 分领先优势时，科比对乔说："我要投三分。"乔对着科比大喊，后者微笑着一直运球，让他知道自己只是在开玩笑，他只是想看看爸爸情绪激动的样子。

这些当地的夏季联赛，即使有道纳教练在纳伯斯指导，也只是下梅里昂高中和那些渴望成为下梅里昂高中校队一员的人们（在科比到来之前，这种场景很难想象）在雷明顿公园、小屋球场或主线上其他球场进行的野球赛的延伸。至少在当地，科比已经成为实打实的明星。有关他和球队发展方向的传言，已经流传了好一阵时间。举个例子：戴夫·罗森博格（Dave Rosenberg）比科比小一岁，从巴拉·辛维德中学毕业后，他原本考虑的不是下梅里昂高中，而是另一所学校。罗森博格的主项是橄榄球，也许他能在别处找到一个橄榄球方面更出众的学校。可他也爱篮球，有一天在雷明顿公园练投篮时，科比和他的表哥沙里夫·巴特勒出现了。

"我太激动了。"罗森博格说，"对一个 14 岁的孩子来说，高中校队里的任何人都算得上我人生中的第二大超级明星，仅次于'魔术师'约翰逊，更别提那个人还是科比。"

三个人打了一段时间的单挑，随后科比指着罚球线左侧的一个点说。"喂。"他对罗森博格说，"来防我，我想练点技术。"巴特勒那时还能单挑得赢科比，但两个人的差距越来越小，他离开后，科比和罗森博格又打了一个小时。"我就像一只快乐的小狗一样防守。"罗森博格说，"科比练了很多后仰跳投和快速突破的动作。"告诉父母自己要去下梅里昂高中上学的决定时，学业成绩优秀的罗森博格给出的原因是教学质量，以及另一个原因。"我告诉他们，我觉得自己几年内能入选校队，可以和这个名叫'科比'的家伙一起打球。"他说，"我告诉他们，他会成为非常优秀的球员。我记得他们对这两个目标都翻了白眼。"正如罗森博格的预测，他入选了高一队，这让他在高四那年有机会入选校队一队。现在，他成为校队成员，既能与科比互补，又能沾科比的光，和他并肩作战。

"但科比不是在犹太社区中心就是在他家车道上练习。"盖伊·斯图尔特说，"所以他总是在练，一直在练。你能看到一点点，你会觉得，'诶，他不一样了'。你能在纳伯斯夏季联赛和阿德莫尔夏季联赛看到他打球。你又会在其他地方看到他打球，你会看到他付出多大的努力改变自己的打法。现在他很轻松，不管是跳投、控球，还是垂直弹跳。从高一到高二，他完成的飞跃太夸张了。"对科比的朋友和教练来说，他们忘不掉的，是他对自己注定取得伟大成就的绝对信任感。他们永远也忘不了他身上散发出的那种气质。有一场比赛，当其中的一节就要打完时，他像投棒球一样，从对方罚球线把篮球扔向己方的篮筐，足足有 75~80 英尺（24.38 米）远。球进了。球场周围的观众屏住呼吸，随后爆发出一声长长的"喔"。科比只是走回队友中间，坐在道纳身边，好像他知道那球一定能进一样。"我敢保证，他一定那么觉得。"道纳说。"我是特别的。特别的人就能投进那样的球。"科比在那年夏天里最重要的一场比赛中，已经向他证明了这一点。

. . .

157 名球员参加了 1994 年的 ABCD 训练营，其中有四个全美最强的即将升入高三的球员：来自路易斯安那州巴图鲁日的莱斯特·厄尔（Lester Earl），来自新泽西州伊丽莎白市圣帕特里克高中的沙辛·霍勒威（Shaheen Holloway），还有蒂姆·托马斯和科比。四个人成为朋友，每个人都是 AAU 比赛的常客，每个人的球风各不相同，没有谁是另一个人的复制品。厄尔身高 6 英尺 9 英寸（2.06 米），是低位杀器；霍勒威是身高 5 英尺 10 英寸（1.78 米）的控卫，聪明，强硬，未来有做教练的潜力；托马斯什么位置都能打，打篮球就是他天生的能力，对他太过简单；而科比是得分手，是终结者，动力十足。四个人可以在同一支球队天衣无缝地配合，他们自己也是这么认为的。

全美最顶尖的高四球员，来自南卡罗来纳州马尔丁高中的凯文·加内特（Kevin Garnett）也参加了训练营，他受到了大量关注：身高 6 英尺 10 英寸（2.08 米）的他球风强硬，全身都是肌肉，他的身体毫无疑问可以承受 82 场 NBA 常规赛的消耗。美国最著名、最有影响力的大学篮球解说员迪克·维塔尔（Dick Vitale）坐在菲尔莱·狄金森大学的看台上，准备观看一些杂耍般的扣篮表演，见识一下这些"穿尿布的小家伙们"的球技，了解他们是否认真对待自己的动作、技术和头脑。他想知道，这些孩子是在认真对待比赛吗？观众席上还有肯塔基大学的里克·皮蒂诺、维拉诺瓦大学的史蒂夫·拉帕斯（Steve Lappas）、威斯康星大学的斯图·杰克逊（Stu Jackson）和其他几十名教练。

就像在特拉华锦标赛里一样，后来进入佐治亚理工学院打了一年，并且在 1996 年参加 NBA 选秀的史蒂芬·马布里当选了那次训练营的 MVP。因为牵扯到一场因种族歧视而起的黑白青少年的斗殴事件中，加内特在那年夏天转学到了芝加哥的法拉格特职业学院。不过斗殴事件和在 ABCD 训练营的表现，都没有影响到作为 1995 届高中毕业生的加内特认真考虑跳过大学、直接在高中毕业后参加 NBA 选秀的立场，而他确实有资格去考虑这个问题。自 1975 年的达雷尔·道金斯（Darryl Dawkins）和比尔·威洛比（Bill Willoughby）后，还没有球员从高中直跳进入 NBA。

然而，相比那些更受关注的球员，1994 年的 ABCD 训练营可能对科比和他的未来影响更大，在科比崛起的过程中也具有更重要的意义。在菲尔莱·狄

第九章　天　意

金森大学里，他没有被震惊，也不害怕，而是在训练营期间的批判性思维和体育心理学课堂上提出了有深度的问题，而且从头到尾打出了优异的表现，为自己在最后一天的高三球员全明星赛上赢得了一个名额。桑尼·瓦卡罗忍不住地摇头。这孩子没有加入一支全美有名的 AAU 球队。萨姆·莱恩斯的全明星队在费城地区确实很热门，也是支好球队，可他比不了加里·查尔斯的长岛黑豹队和吉米·萨尔蒙（Jimmy Salmon）的 Playaz——纽约和新泽西的球队总能获得全美各地的认可。这孩子来自一个没人听说过的郊区高中，在意大利生活了八年……他其实就是个外国人。看看他的表现……想想他的未来。

高三球员的全明星赛结束后，当球员们和前来观看比赛的纽约、新泽西、费城居民陆续离开菲尔莱·狄金森大学的罗斯曼中心时，布莱恩特一家、包括乔、帕姆、沙里亚、沙雅和科比，在场地上拦下了桑尼·瓦卡罗。乔拥抱了他，帕姆对他微笑，而科比……科比紧紧和他拥抱在一起，瓦卡罗的脸贴在他的左肩上。

"非常感谢，瓦卡罗先生。"科比说，"谢谢你让我参加训练营。我很抱歉。"

瓦卡罗轻轻推开他。"科比，你为什么要道歉？"他问。

"因为我明年还会来，我要赢下整个训练营的 MVP。"

"科比，如果上帝愿意。明年见。"

"Se Dio vuole。"科比说了这样一句话。

瓦卡罗很惊讶，他心里有种暖暖的感觉。他的大脑开始转动。"Se Dio vuole"是意大利语，意思是"如果上帝愿意"，这是瓦卡罗从小说到大的话。每次出门玩耍、惹出小男孩才会惹出的祸前，他都会在溜出门前说："妈妈，一会儿见。"而他妈妈的回答就是"Se Dio vuole"。这句话的意思不言而喻：你会回来的，你会出现在这里，会活下来，会好好的。而我，会在这里等着你。

我的队友需要看到我是一个在训练中从不偷懒、从不自满、绝不自以为是的人。我的姐姐们也不会允许我这样。

——科比·布莱恩特

第十章
好了，打球吧

在科比曾经的同伴眼中，他不是洛杉矶湖人球员，不是五次夺得 NBA 总冠军的人，更不是大胆地给自己起了"黑曼巴"这个绰号、并且打造出同名个人品牌的、具有超强好胜心的人。一天晚上开车回家的路上，埃文·蒙斯基一直在电话里强调这一点。那个科比不是他们的科比。那个科比？蒙斯基不知道那个科比和他们的科比有什么共同点。"从他 18 岁开始到他去世，人们都在拍这家伙的马屁。"他说，"那些马屁拍得太疯狂了。那不是正常的生活，也不是很多人珍视的生活。那样的生活感觉太可怕了。"那样的生活，对科比产生了什么影响？那样的生活怎么改变了他？那些在科比年轻时就认识他的人，对科比有一份特定的记忆。他还是当初那个人吗？

不管是蒙斯基还是在下梅里昂高中与科比产生过交集的人，也许都有些不想知道那些问题的答案。蒙斯基记忆中的科比是个孩子，只有 16 岁，他喜欢聊篮球，他不是最搞笑的人，但也能开玩笑，不管是自己的车、父母的车，还是坐满了篮球运动员的校车，每当过桥时他都会无比紧张。这是蒙斯基宝贵的记忆，并不是因为这些记忆很少。这些记忆之所以宝贵，是因为这些记忆一点也不少，因为那是关于一个还不是世界上最知名运动员的 16 岁孩子的记忆。那是属于一个和科比一起坐着下午和晚上的校车去参加比赛的记忆，他会看向窗外，他会大口吸进空气，吐出对桥下泛着银光的河水的恐惧。没人知道科比为什么害怕，不管怎么样，他也从来没向队友承认过自己害怕。可他们会拿这个话题调侃他，好像他和他们一样，其实在他们心里，他过去是、未来也永远是自己人，他会紧紧握着拳头，直到汽车安全抵达桥的另一边。

科比的高三赛季开始时，虽说格雷格·道纳已经能想象出球队赢得赛区甚至州冠军的样子，但他心里也越来越明白，如果球队真想达到这样的高度，他必须做出一些改变，他最好的球员需要帮手。通过科比自身的成熟，加上一些核心球员在1994—95学年回归，有些改变可以自然而然地发生，有些帮手可以自然而然地出现。下梅里昂高中前一个赛季取得的16胜6负，以及在赛区季后赛里输给后来打进州决赛的强队普利茅斯·怀特马什高中，坚定了道纳的信心，让他认为球队主力随着年龄增长进入高年级后，球队可以、也理应位列费城地区，乃至宾夕法尼亚州的强队行列。道纳经常和队员说起打进第一分区半决赛的目标，因为那些比赛每年都在佩尔斯特拉球馆进行，在佩尔斯特拉球馆打比赛，可以让球员拥有特别的经历，实现不一样的目标。可他也认识到，球队缺少一些或显性或隐性的重要成分，想在季后赛更进一步，想在总决赛中取胜，这些成分都是必需的。

其中一个成分，在1994年的秋天出现了，丹·潘格拉齐奥（Dan Pangrazio）跟随搬到主线的家人，进入下梅里昂高中就读高一。在康涅狄格州费尔菲尔德老家时，不到13岁的潘格拉齐奥就已经因为运动能力而声名远扬了。潘格拉齐奥年纪轻轻就已经是同龄人中的精英足球门将，九岁那年，他还在全国麋鹿慈善机构（Benevolent and Protective Order of Elks）举办的罚球大赛"麋鹿投篮大赛"中赢得了康涅狄格州和新英格兰地区的冠军，《纽约时报》甚至在1989年4月9日的报纸上专门刊登了一篇671字的报道。潘格拉齐奥一入队就成为首发得分后卫，他让球队的进攻变得更均衡，让对手不得不尊重他的远投及其他得分能力。虽说科比的存在是上天的一种恩赐，但道纳和球队也不能过于依赖他。万一他陷入犯规麻烦呢？万一他受伤了呢？道纳经常开玩笑地说：只要科比·布莱恩特扭一下脚踝，我就立刻会变成一个大傻瓜。

道纳当然欢迎潘格拉齐奥能在进攻上带给球队更多的提升，但他更迫切的任务是改善球队的防守。在1993—94赛季的最后八场比赛里，球队的场均丢分达到70分，这么高的失分让科比和他的队友在进攻上承受了过大的压力，迫使他们在面对实力更强的对手时不得不拼命得分。通过纳伯斯联赛，道纳认识了迈克·伊根（Mike Egan），后者是阿德莫尔本地人，刚在特拉华州纽卡斯尔的 NAIA（全国大学校级体育协会）的威尔明顿学院做完第二个赛季的助理教练。伊根住在费城的奥沃布鲁克地区，在新泽西州南部做保险代理，又在特拉华州北部做教练，即便对他这样一个没有什么家庭负担和牵挂的 29 岁单身男子来说，这样的日程也太过累人。在下梅里昂高中做教练可以减少他的通勤时间，也能让他与科比合作；伊根在纳伯斯夏季联赛看过科比打球，也在犹太社区中心和他交过手。"我心想，这孩子值得我回去做高中教练。"他表示。而且，道纳的提议很诱人："来做我的防守教练。从来没有一支半场防守差劲的球队赢得过冠军。每天晚上我会给你 20 分钟时间训练，让你构建防守体系。"伊根无法拒绝这个提议。

  道纳所需的第三个和最后一个成分，也许才是最重要、意义最深远的成分。下梅里昂高中如果想和区域内以及全州最优秀的球队竞争，乃至击败这些球队，他们就必须在季后赛开始前适应这些球队的风格。

  就这样，道纳开始加强球队与非同一赛区对手的比赛密度。他们仍然会参加中部赛区内部每年例行的 16 场比赛，但道纳尽其所能，用更高水平的对手填补空余的比赛日期：泽西城的圣安东尼高中，主教练是鲍勃·赫尔利（Bob Hurley），他是鲍比·赫尔利（Bobby Hurley）的父亲，历史上仅有三名高中教练入选过奈史密斯篮球名人堂，他就是其中一人；格伦·米尔斯是特拉华县的一个青少年拘留中心，但它的高中篮球队曾与宾夕法尼亚州的公立及私立高中打过比赛；还有科特斯维尔高中，队中有一个瘦瘦的高三球员，正在成为该地区最好的后卫之一，那人就是"里普"理查德·汉密尔顿（Richard Hamilton）。前一年夏天，道纳曾在哈里斯堡待过几天，在被认为是宾夕法尼亚州奥运会的基斯通大赛（Keystone Games）执教一支费城地区的全明星球队。他当时执教的孩子来自费城一些常年成绩出色的球队，还有一个不在费城市内、位于郊外的球队：切斯特高中快船队，该队属于第一分区球队，还是州卫冕冠军。这些球队与道纳新加入下梅里昂高中赛程的球队相似。那些孩子都有一股锐气，自带强硬，道纳希望自己的球员更多地接触这样的对手。科比天生具有这样的气质，但其他球员需要体验，需要触摸。尤其是切斯特高中，他们就是这种锐气、强硬和卓越的化身：1994年的冠军，是他们12年里赢下的第三个州冠军。道纳和科比已经把注意力放在切斯特高中了，两人都认为切斯特高中就是衡量他们的标准，他们都把切斯特高中视作实现目标的最大威胁。

安东尼·吉尔伯特（Anthony Gilbert）和科比·布莱恩特的友谊，源于安东尼·吉尔伯特与沙里亚·布莱恩特无伤大雅的调情。沙里亚是天普大学女排队伍的佼佼者，是个弹跳力出众的主攻手，继承了布莱恩特家族的弹跳天赋。她在比赛中一次又一次地扣杀得分，大学生涯总得分最终排在队史第五。她身高5英尺10英寸（1.78米），五官精致，但场下平易近人，脚踏实地。吉尔伯特在天普大学读大一，他也在学校的运动部门工作，并以此支付学费。接到为排球队处理数据和研究的工作时，吉尔伯特对这项运动一无所知。他身高5英尺8英寸（1.73米），这意味着他不仅仰慕沙里亚，实际上也需要仰望沙里亚。他被沙里亚深深打动，他也希望自己能给沙里亚留下深刻印象。

"你看，我是费城人，我打篮球。"有一天，他这样对她说。

她回答："小子，你连我弟弟都打不过。"

吉尔伯特没听说过科比。但他很快就会听到这个名字。和科比的篮球比赛一样，布莱恩特和考克斯家族的所有成员都会去现场观看沙里亚的排球比赛。由于排球比赛没什么观众，所以这一大家子的存在感比在观看科比的篮球赛时还要强。科比有时不和他们在一起，篮球占据了他太多时间。可在吉尔伯特与沙里亚私下交流后，科比出现在麦克格尼格尔球馆，来到现场观看姐姐的比赛。他拿起一个排球，像拍篮球一样拍着，用独一无二的方式向吉尔伯特做了自我介绍。

"我们现在就可以来一局。"他说。

"什么？"吉尔伯特心想，"你就是那个弟弟？你是谁啊？"

在1994年秋天那次与沙里亚和科比尴尬的初遇之后，吉尔伯特成为《扣篮》（SLAM）杂志的撰稿人，也成为科比和布莱恩特一家的朋友。他欣赏这一家人的团结和对彼此的忠诚，窥见了这一家人的生活，了解到只有少数人才知道的科比的独特性格。篮球场上的科比冷酷无情、运筹帷幄，并且刀枪不入。而篮球场外，科比则是一个彬彬有礼、单纯，甚至是被保护起来的年轻人。这两种截然不同的状态在他身上完美地分割开来。

"很多人不知道，他就是个大书呆子。"科比的朋友戴娜·塔尔博特说，"我们从不把他看成大明星，他就是科比。我们在他身边时没什么不一样，他在我们身边时也没什么不一样。你可以在家庭录像里看到他和家人玩闹，那就是真实的他。人们在球场上看到的'黑曼巴'，那是他在比赛。那是两回事。"

这种二分法，在科比的恋爱生活里表现得尤其明显。实际上，他没真正谈过恋爱。科比在一个家庭烧烤聚会上遇到了一个叫乔斯琳·埃布隆（Jocelyn Ebron）的女孩，这个女孩觉得他很安静，很有礼貌。在高中那些年里，这个女孩成为科比最接近女朋友的存在。那次烧烤聚会，科比似乎没展现出什么花言巧语的撩妹技巧，也不像是在寻找一个可以炫耀的女伴。来自全女子天主教高中的埃布隆，喜欢的正是他的这一点。大部分时间，他们都待在布莱恩特家。在那里，在最初相遇时希望科比不像她所认识的典型的美国男孩后，埃布隆了解到了他究竟是一个多么非典型的美国男孩。在那些所谓的"约会"里，埃布隆大部分时间做的事情，与科比在下梅里昂高中的朋友和队员们（比如盖伊·斯图尔特、马特·马特科夫、杰梅因·格里芬、埃文·蒙斯基等人）和他一起玩时做的事差不多。她会坐在科比旁边的沙发上，而科比坐在那里，看"魔术师"、乔丹和自己在意大利时的训练和比赛录像。不管他做出什么动作，不论浪漫与否，他的大多数动作都局限在篮球场上。埃布隆注意到，科比的衣服全由帕姆来洗，每天早上，帕姆都会给他准备同样的早餐：培根、鸡蛋和麦乳。"所有事几乎都围绕着他进行。"埃布隆在 2003 年接受《新闻周刊》（Newsweek）采访时表示，"他的两个姐姐似乎接受了那个现实。他是唯一的儿子，是那里的国王。"沙里亚和沙雅对科比充满保护欲，她们会自己考察、挡开任何想和自己的弟弟产生亲密关系的女孩。有这种想法的人很多。科比容易让人产生好感，这也不难理解，特别是在他感到不确定或寻找措辞时，他会习惯性地伸出舌头舔嘴唇，为他深邃的棕色眼睛和迷人的微笑增添了一丝脆弱和深情。可就算是埃布隆这样一个对科比有兴趣的漂亮女孩，即便她时常被允许进入布莱恩特家的小圈子，她也还是被这家人当成外人。沙里亚曾经对吉尔伯特说，她不认为埃布隆是科比正式的女朋友，这就意味着，科比也是这么想的。因为沙里亚住在天普大学里，所以她也主动承担责任，指导科比如何适应绿树成荫的韦恩伍德和篮球场外的世界。"她有这种母性本能。"吉尔伯特表示，"她学到了很多关于城市和城市内在的信息，我们是怎么说话的，我们穿什么衣服。她把这些信息传递给科比，翻译给科比。科比在很多事情上还很稚嫩，他就是一个在城市生活的黑人孩子。你说一些事情，他就会安静下来。可在篮球场上，好吧，这家伙太能说了。"

随着友谊的加深，在科比的"设计"下，他会让吉尔伯特多说些话。吉尔伯特会说："喂，想去南街玩吗？我们去找几个女孩吧。"但他已经知道答案是什么了：不去。吉尔伯特是费城西部人，所以他知道科比常去的、他真正喜欢的地方是什么，是雷明顿公园、阿德莫尔公园和塔斯汀运动场。开车去南部费城？科比明明有犹太社区中心的钥匙，他何必做这事？对科比来说，感受这座城市不等于去文身店和唱片店，也不是参加城市里最吸引人的社交活动。感受这座城市的意思就让吉尔伯特和他一起去犹太社区中心或者运动场，意味着科比投篮，吉尔伯特给他捡球传球。也意味着当科比练习投篮、突破、完善脚步动作时，吉尔伯特需要模仿他会在场上听到的那些垃圾话。

你还可以，但你不在公立学校联盟打球。

运球……运球……

你住在郊区。

转身……

你上的是一所白人学校。

投篮命中。

那里没什么竞争。

用力运球……用力运球……

你和我们不是一类人。

扣篮。

这就是科比的情绪护身符，面对"不够强硬、不够黑、不值得拥有和他同样肤色的球员的尊重"这样的批评，这就是他的防御策略。"他们一家不管去哪儿都被人喜欢。"吉尔伯特说，"他们没有架子。他们被人喜欢、受人尊重，是因为他们接纳所有人。科比没有我和我朋友经历过的'黑人体验'，但他从城里人那里得到的尊重，更多的是因为他生活的地方，而不是因为他的篮球水平。在城里，在公立学校联盟和夏季联赛打球的同年龄段的孩子会说，'听着，科比，你很不错，到处都是你的报道。但你不在公立学校联盟。你上的是白人学校，你住在郊区。我不在乎别人说什么，但你和我们不一样。'篮球是他证明自己的方法：'你知道吗？你说得对，我确实都不是。可到了场上，我会证明给你，谁是黑人谁不是黑人。'他知道他和其他人不一样，但他把这用成了自己的优势。如果有人喋喋不休，他会很安静，好像在说：'好了，说完了吗？我们要打球了。'这会让其他人措手不及。因为大多数人听到那些话都想打架，但科比只是说：'就这些吗？好了，打球吧。'"

更重要的是，科比用这种方法尊重并守卫了他父亲的声誉，是父亲将他引入篮球世界、守护着他对这项运动的热情。乔在不同球队流浪，因为那些球队不信任乔。乔始终没有证明自己拥有在 NBA 立足的实力。乔去了欧洲，被流放远方时才达到人生巅峰。科比下定决心，用正确的能力、态度和职业精神武装自己，以避免沦落到和父亲一样的命运。"我是什么人，该怎么对付我，我属于哪里，他们对这些问题不会再有疑问。我会特别努力，让他们永远不会忘记布莱恩特这个名字。"吉尔伯特说："他想和父亲一样，想为父亲完成救赎。那是对乔的致敬。"沿着这张为父亲救赎、让儿子伟大的路线图前进时，他不能浪费时间。科比曾经对吉尔伯特说，他有一些人生目标，而且他想在年轻时就实现这些目标。他想早早进入 NBA，想早早结婚，想早早生孩子。科比不想按照常理，慢慢地长大成人。"那是他的座右铭。"吉尔伯特说，"他做事总是这样，和其他人完全不在一个频道上。"什么事他都想早早完成，但首先，他必须为自己的高中及其蓬勃发展的篮球队做点什么：他需要赢得一个冠军。

科比升入高三那年，教练组通过任命他为队长，宣示了他在球队的地位和重要性。不是随便一个队长，而是绝对的队长。并不是所有队友都心平气和地接受了这个决定。蒙斯基原以为，作为高四学生，他和盖伊·斯图尔特会分享这个荣誉——他直率坦诚，斯图尔特以身作则。教练们跳过他俩选择了科比，这让他很受伤。这只是赛季初期几次紧张场面和傲慢情绪中的第一次。科比在接受《梅里昂报》记者斯黛西·莫斯科蒂（Stacy Moscotti）采访时有些得意忘形，夸口说球队很有机会赢得州冠军。他说："我看了其他球队，他们跟我们差远了。"在全队的最初几次训练中，伊根在活页本上用黑色签字笔记下了他对每名球员的印象。他对科比的评估，证明了这个新助教是个不留情面的人："进攻型球员，容易犯规；横向移动；需要提升出手选择能力……没有活力，必须抢更多的篮板，统治15英尺（4.57米）区域和禁区，三分手感自然就能找到。紧迫感决定了你的表现。不要懒散。"接下来，仿佛为了惩罚科比之前在校报上的言论，背负着外界更高期望的下梅里昂高中在赛季揭幕战上输给了太阳峡谷高中，他们在这场比赛里浪费了第四节的领先，科比得到了31分，丹·潘格拉齐奥得到16分，两人的得分占了总得分的78%。这样的得分分布表明，球队依然头重脚轻，过于依赖核心，过去两年来一直悬在道纳头顶、挥之不去的问题仍然没有得到解决——什么时候科比的戏份太多，什么时候科比的戏份又太少？赛季第二场比赛是下梅里昂高中在中部赛区联盟里的第一场比赛，对手是上达比高中。道纳和伊根在赛前找到科比，督促他更多地与队友交流，让队友更多地参与比赛。科比告诉他们，他会用表现展现自己的领导力。

之后的两个月，他的表现让人震惊。在接下来的三场比赛，科比场均得分超过30分，每场比赛球队赢球的分差都在14分以上。在那之后的一场比赛，也就是圣诞节前五天对阵马普尔·牛顿高中的比赛，科比知道自己的高中生涯总得分已经来到994分，距离1000分只差6分。前两球命中后，他开始紧张，连续投丢三分，又出现一次失误，即将到达里程碑的焦虑导致他过于紧张而失去冷静。终于，在第一节还剩三分半时，他在罚球线附近命中了一个跳投。下梅里昂高中以63比58赢下了比赛，科比的38分创造其高中生涯新高，而他在两天后就刷新了这个纪录。他在下梅里昂高中以13分分差战胜潘克莱斯特高中的比赛里得到了 40 分，可这场比赛值得注意的却不是他的得分，而是一些更黑暗的因素：那场比赛，标志着科比·布莱恩特在人生中第一次遭受记录在案的持久的公众批评，而说那些是"批评"，其实太轻描淡写了。

1986 年，NCAA 的 48 号法案生效。按照这条规则，想要进入 NCAA 一级联盟大学打球，高中球员的成绩和 SAT 分数必须达到一定标准。比方说，在满分 1600 分的 SAT 考试里，高中球员最少需要考到 700 分。很快，"48 号孩子"就成为侮辱篮球运动员（几乎总是黑人球员）的一种带有种族歧视色彩的刻板简称，这些孩子被贴上了蠢到上不了大学的标签。所以在比赛开始后不久，一群潘克莱斯特球迷，一群潘克莱斯特白人球迷，开始对科比高喊充满种族歧视色彩的外号："48 号！48 号！"

和往常一样，布莱恩特全家都在现场，他们坐在一起。可跳出来维护科比的，不是敏感的乔或脾气火爆的帕姆，他们没有表现出明显的愤怒或沮丧。反而是当时在读高四的沙雅，这个平时沉默寡言的家中老二，在下梅里昂高中的观赛区站起来，身高 6 英尺 2 英寸（1.88 米）的她大声回应。

"行啊，可我弟弟是优秀学生。你们有什么好说的？"

事实证明，那些人没什么可说的。他们不再喊叫。

然而，这个事件只是开始。科比的名气越来越大，每个牵扯其中的人面临着越来越大的风险，科比也不例外。由于科比的比赛逐渐成为全家生活的中心，连沙雅这个场均超过 13 分的校队女篮首发中锋，都会为了观看科比的比赛而放弃参加自己的比赛。有关科比天赋的传言像洪水一样席卷了费城及其郊区，从更衣室的八卦、教练的会议，到大学球探之间的信息交换，人们自然而然都在讨论他。杰雷米·特里特曼还在为《费城问询报》供稿，他仍然定期和乔交流，每周去看一次科比的情况，他会去现场观看下梅里昂高中的训练和比赛，可他还是无法说服编辑对科比进行大篇幅的报道，甚至无法让编辑更多地关注科比。不过很快，他就得到了能做这件事的其他媒介：他开始担任《问询报高中体育秀》(The Inquirer High School Sports Show)的制片人和记者，这是一档由《费城问询报》赞助的每周电视节目，关注的都是本地的运动员。等到地区季后赛开打，公众兴趣提高后，他就可以在那里讲述科比的故事。但在那之前，想要了解科比，你必须身在现场，去看比赛，或者看主线地区及特拉华县的当地日报和周报。不过，关于科比的一切已经开始口口相传。

在新年前的阿德莫尔轮转锦标赛的决赛里，下梅里昂高中半场落后马尔文预备校 6 分，第三节结束时落后 4 分。科比最初的状态很差，他前 15 次出手只命中 3 球，一群马尔文预备校的学生和球迷想用相比潘克莱斯特高中没那么恶毒的口号干扰他，他们高喊："被高估！被高估！"沉默是最好的回击。下梅里昂高中统治了第四节，他们以 71 比 64 反败为胜。尽管斯图尔特得到 19 分，潘格拉齐奥也贡献了 10 分，但改变了比赛的那个球员并不是这两人中的任何一人。科比在最后一节拿下 20 分，全场得到 36 分。在比赛中，他并不只是拿下惊人的进攻数据，或者只是为了娱乐自我而做出让人咋舌的动作。多少年来，他第一次让球队具有了如此强的实力，对道纳来说，除了让科比闭着眼睛、腿上绑着重物进行训练外，他很难想出什么办法来考验科比的真正实力。因为蒙斯基和斯图尔特这对后场搭档极有默契，所以科比经常出现在低位，背身单打个子更矮的对手。因此，道纳找到身体壮实、但主要在二队打球的 6 英尺 5 英寸（1.96 米）二年级球员布伦丹·佩蒂特（Brendan Pettit），不仅让他跟随一队训练，而且负责防守科比。佩蒂特自认为很强硬，面对任何人都不会退缩，为了抢篮板或者恐吓对手，他不介意肘击一两下。对待科比，他也是这个态度，两人也因为激烈的争抢差点打架。可除了佩蒂特，除了他的身材和强硬态度，没有其他队员能对科比做出真正的挑战。因此，为了激励队中最有天赋的球员，身为主教练的道纳觉得必须向科比证明自己的好胜心和职业精神。于是，他会主动参加每次训练结束后的三分比赛和花式投篮比赛，他还恳求伊根和潘格拉齐奥加入自己：二对二，教练对球员。"你能命中半场投篮吗？能在底线打板命中吗？"这些并非胡闹，也不是浪费时间。科比享受这些挑战，而道纳认为，他必须向科比展示，自己可以像对待其他队员一样用纪律和权威来执教他。在 HORSE 投篮游戏中击败他，偶尔像乔以前在布莱恩特家车道上那样挫挫他的锐气，是教练提醒科比谁才是老大最好的方式之一。"我需要挑战他。"道纳表示，"我不能把他当成小孩子。'如果你想实现那些目标，如果你想去 NBA，想做到我们说过的那些伟大事情，你就得让我认真指导你。我会对你很严格。我制定了标准,你需要遵守我的标准。'训练后的那些投篮,有助于我去执教他。"由于这些小比赛持续的时间很长,所以训练一结束,道纳、伊根和其他助教就会开始争论,商量谁有时间陪科比再练几个小时。"嘿,哥们,我还有工作……""是啊,但我 7 点要跟女朋友见面。"帕姆也开始给道纳和学校的新校长杰克·马赫(Jack Maher)打电话,抱怨他们把儿子留得太晚,但实际上的情况恰恰相反。

"那就是他和他父亲不一样的原因。"老乔·布莱恩特当年这样对一个记者说,"我记得乔是个很优秀的高中和大学球员,但是科比,现在做的都是乔大一时才开始做的事。"

下梅里昂高中在那个赛季一共与雷德利高中交手两次,在两队第一场比赛前,下梅里昂王牌队已经取得了八连胜,而雷德利高中的主教练约翰·迪格雷格里奥(John DiGregorio)又为科比提供了新的动力。迪格雷格里奥接受当地一份报纸的采访时说:"如果你能将科比限制到 15 分,你就能赢他们 30 分。"科比认为这种说法是在贬低自己的队友,当蒙斯基在比赛的第二节因为吃到四次犯规和一次技术犯规而不得不下场休息时,科比承担起控卫责任,开心地成为球队进攻的发起者。"丹跟我说他手感来了。"科比在赛后这样说,"所以我开始传球给他。"整晚都被双人包夹的科比突破到内线后会把球传给底角无人防守的潘格拉齐奥投三分,或者低手传给篮下的格里芬。《费城问询报》负责报道比赛的罗伯·诺克斯(Rob Knox)以前看过科比的比赛,但他从没看过这样的科比。"他不需要得分。"诺克斯回忆,"我敢肯定,只要他想,他就能得分,可那场比赛他真的相信队友。"在这一次与雷德利高中的对决中,下梅里昂高中再没遇到只剩四人打完比赛的尴尬。这场比赛没有心碎,没有绝杀,没有出现摧毁球队意志的关键犯规。这一次,潘格拉齐奥得到个人新高的 23 分,格里芬贡献了 10 分。科比只得到 15 分,但奇迹中的奇迹是,他收获了 17 次助攻。在这场 59 比 37 的大胜中,他一次又一次找到空位的队友,就是想让迪格雷格里奥丢人现眼。在那一周晚些时候 90 比 61 击溃河谷天堂高中的比赛里,科比恢复常规打法,交出了漂亮的数据:他 18 次出手命中 14 球,罚球 11 罚 10 中,全场得到 40 分、8 个篮板和 4 个盖帽……这些数据都是在他第四节没有上场的情况下打出来的，因为下梅里昂高中在最后一节开始前的领先优势已经高达 31 分。为了给对手留些面子，道纳选择让他休息，他不知道科比还能得多少分。"总有一天，他能得到 50 分。"道纳在那场比赛后这样说。不过最让科比自己满意的表现，是他投进了两个三分球。他已经有六场比赛没有投进过三分了，找回投篮手感让他松了一口气。"我需要那个三分。"他说。

然而，那些只是在中部赛区内部取得的胜利，尽管让人感到满足，却无法真正衡量科比和球队在宾夕法尼亚州内的实力，道纳安排的与赛区外对手的比赛才是衡量标杆，教练组从赛季开始前就在思考对付这些球队的策略，这甚至影响到了伊根设计的防守策略，也对科比的耐心和执拗提出了极大挑战。伊根的防守体系要求后卫和前锋对持球人施压，引诱持球人进入包夹或防守陷阱，这就要求处在内线的科比时刻绕前防守对位球员。起初，科比不理解伊根的想法，他认为自己应该从背后防守。他说："我会盖掉每个球。"在乔碰巧参加的一次季前训练里，他也提出了相同的疑问。伊根对两个人做出了解释。首先，防守的主要目的是让对手加快进攻速度，骚扰他们，让他们做出错误决定，迫使他们失误或者匆忙出手。为了实现这个目标，科比必须有快速来到侧翼或底线制造包夹的能力，如果在低位时总是在对手背后防守，他自然无法做到这一点。其次，面对中部赛区里那些运动能力一般的中锋和前锋，科比当然可以尝试封盖他们的出手。可面对实力更强的对手时，更高、运动能力更强、技术更好的内线球员会直接攻击他，这会让科比陷入犯规危机。伊根和布莱恩特父子的讨论持续了 10 分钟。"听起来很不错。"乔说，"我喜欢。"那是他最后一次对道纳或伊根提出质疑，而科比在防守时再也没有出现在对手身后。

11 胜 1 负的下梅里昂王牌队终于得到了检验自身成色的第一个机会：他们要在周六下午客场对阵理查德·汉密尔顿和 12 胜 3 负的考茨维尔高中。对他们来说说，比赛环境让他们感到陌生和不自在。相比主场舒适的球馆，这个客场体育馆就像路易斯安那超级穹顶体育馆一样庞大。这里甚至有一个记分牌，上面闪烁着场上球员的号码，还会追踪他们的得分和犯规，对于下梅里昂高中球员来说，这简直是难以置信的场景。两支球队近些年来没有交过手。两队原本在前一个赛季安排了比赛，但比赛因为暴风雪而取消，这意味着科比的大多数教练和队友完全不了解汉密尔顿。反过来，汉密尔顿的教练和队友也不了解科比。道纳告诉球队，考茨维尔的球星将是他们在这个赛季面对的最优秀的球员——他技术出众，速度极快，既能突破防守为队友制造机会，又能撕开防守后投进中距离跳投。同样，如果有人第一次告诉汉密尔顿，下梅里昂高中有一个后卫，和他同龄，身高体重相当，投篮范围更大，球风更华丽，汉密尔顿能做的他都能做，甚至还能做到汉密尔顿做不到的一些事，他一定觉得难以置信。汉密尔顿很少在考茨维尔以外的地方打球。他没有像科比一样得到呵护和细心指导，他甚至穿着无跟厚底鞋参加了高中校队的第一次试训。他无法相信，在和其他球员对比时，自己会是较差的那一个。"下梅里昂？我长大的地方没有来自那种地方的孩子。"汉密尔顿心想，"那里就像私立学校。他还是不如我，他打不过我。"

"你听了太多关于一个孩子多优秀的传言。"考茨维尔助教里克·希克斯（Rick Hicks）说，"而你觉得自己拥有整个地区里最好的球员。从技术层面你会觉得，'有人比他还强？我得看看'。那就是科比的气场，我不觉得那是傲慢。他好像在说，'我跟你说，我要抢断那球。我告诉你，我要做这事，而我一定会做到'。"

科比在那天下午的表现，正是这种精神的体现。考茨维尔红色突袭者队采用"一盯四联"防守科比，道纳在一次暂停时告诉其他球员："想要赢球，你们必须投进那些空位。"斯图尔特、潘格拉齐奥和杰梅因·格里芬做到了，三个人联手得到 43 分，每人都得分上双，下梅里昂高中在比赛常规时间还剩不到 10 秒时领先 2 分。但汉密尔顿在右翼做出一个优雅的转身动作，从科比身下突破，在比赛还剩 5 秒时上篮得手，将比赛送入加时。汉密尔顿在加时赛还剩 75 秒时犯满离场，他拿到 21 分，不过考茨维尔高中还是在他离场后取得了 4 分的领先。在 NBA，甚至在大学篮球里，比赛最后一分钟落后 4 分并非不可挽回。可在高中比赛里，最后一分钟落后 4 分几乎意味着球队无力回天。但也只是"几乎"。

25 年后，绰号"斯库奇"的吉姆·史密斯（Jim Smith）还能清晰地回忆起当年的情形，他仍然觉得痛苦，但又忍不住产生一种仰慕的感觉。和希克斯一样，史密斯那时也是考茨维尔高中的助教（他在随后那年成为主教练），当下梅里昂高中球员抢下防守篮板长传给大步向前的科比时，他站了起来。科比冲向右侧边线，四次运球后，他就过了半场。"最神奇的是，他过了半场后没有做大多数球员都会做的事。"史密斯说，"他没有单手直接投篮。他又运了一步半，最多运了两下球，然后跃起投篮。"

跃起并投出那个球时，科比就在史密斯、希克斯和考茨维尔高中的板凳席前，距离篮筐 25 英尺（1.62 米）。希克斯心想："那球绝对不可能进。"

球进了。

两队还差 1 分。下梅里昂高中主动犯规停表，然而考茨维尔高中的球员在前场出现了失误，科比得球后再次沿着右侧边线运球。这一次，他带球切向左侧，在罚球线附近躲过一个防守球员后进入禁区，在 6 英尺（1.83 米）处跳起投篮。皮球就像羽毛一样轻柔地划过篮网。比赛还剩 2 秒，下梅里昂 78 分，考茨维尔 77 分。那天晚上回到家后，汉密尔顿反复在脑海里回想比赛，将自己和科比对比，发现自己技不如人。"哥们，你没自己想得那么厉害。"

"那可能是我们拥有科比的那些年里打得最好的一场比赛。"伊根说。

下梅里昂高中的球员冲完澡、换好衣服后，背着包来到场地上，和等在那里的家人打招呼。蒙斯基全场比赛一分未得，沙雅·布莱恩特看着球馆里巨大的记分牌，上面还显示着最终的数据。蒙斯基的 31 号旁边显示的是"0"，科比的 33 号旁边则是"32"。沙雅没有放过这样调侃弟弟队友的机会。

"零分啊，小埃文。"她说，"你在搞笑吧。"

"沙雅。"蒙斯基说，"他们不显示助攻。"

尽管蒙斯基面无表情地怼了回去，但这番挖苦还是稍微刺痛了他的自尊心。先是科比被任命为队长，抢走了他的风头。现在沙雅又来挤兑他？蒙斯基到底还要被提醒多少次，他和科比根本不是同一个级别的球员？不过这种刺痛感并没有持续太久。那个月晚些时候的另一场比赛前，当球队队长在中场和裁判集合时，科比溜了出去，他跑回队友中间，拉住蒙斯基和斯图尔特。"快来。"他说，"我们要去中圈集合。"从那场比赛开始，直到赛季结束，蒙斯基和斯图尔特每场比赛前都会加入科比,一起和裁判协商。

"我一直忘不了那事。"蒙斯基后来表示,"做高中球队的队长,谁在乎啊?你就是和对方队长握个手,没什么别的。可对一个 17 岁的孩子来说,那很重要。他特意把我们叫过去,我真的很感激。我从来没跟他说过这事。"

开局五连胜的强势表现,暗示着拉萨尔大学或许正在重新成为费城篮球,乃至全美的大学篮球强队。然而,在 1995 年中西部大学篮球联盟锦标赛开始前,球队的胜率却停留在五成,只取得 13 胜 13 负。平庸的表现,正是拖累球队的各种状况和糟糕决策的缩影。学生和校友对来自伊利诺伊州和威斯康星州的对手缺乏兴致,因为这些对手既不是拉萨尔大学以及东海岸篮球的死敌,双方也不存在任何情感上的联系。市政中心球馆可以容纳一万名观众;运气好的时候,拉萨尔大学能吸引 2000 名球迷来到现场。其余时刻,观众席经常是空空荡荡的。

斯毕迪·莫里斯聘请乔·布莱恩特担任助理教练的决定,也没有带来任何实质性收益。球员们喜欢他——在个人层面,又有谁不喜欢乔呢?可与科比的比赛相比,他显然把教练职责和工作放在了次要位置。在一次训练中,球队正在练习一套进攻战术,乔参与其中,在挡拆时狠狠撞了球队的首发控卫、大四学生保罗·伯克(Paul Burke),伯克跌跌撞撞地摔倒在地。

"乔。"莫里斯说,"你到底在搞什么?"

随着每一场胜利以及科比的每一次优异表现,篮球不过是下梅里昂学生和周边社区用来打发时间的娱乐活动的这种观念日渐消散。学校的风气和文化正在重新调整,以前那种与体育相关的傲慢和吓人的负面印象正在消失,而科比正是引发这种转变的核心人物。丹·格罗斯(Dan Gross)是科比的同班同学,他后来成为《费城每日新闻》的八卦专栏作家。格罗斯是朋克音乐的狂热爱好者,他不关注学校的任何球队,周末时更喜欢和朋友一起去消防队、教堂地下室或者费城唐人街里历史悠久的特拉卡德罗剧院看演唱会。"但这事不一样。"他回忆道,"知道学校里有一个这么厉害的人,这种消息传得很快。看到科比打出那样的高水平，看到他打爆高中里的每一个人，就是这样的事让我们第一次开始关注篮球。"作为新任校长，马赫的第一个命令就是废除"新生日"以及戏弄新生的行为。作为当时学校里最有人气的运动项目，篮球队的主教练从来就不允许任何戏弄行为，而且球队最好的球员向来尊重老师和其他学生，从不参与这样的活动，这无疑能帮助马赫推行他的新政策。"出于一些原因，体育在下梅里昂高中有些没落了。"马赫表示，"我觉得篮球让学生重新喜欢上体育，让大家意识到试着练体育没什么不好的。你不需要去私立学校，留在下梅里昂高中也能打球。"一年一度的三对三篮球挑战赛即将开始，科比的球队已经连续三年夺冠。一天早上，马赫在校长办公室外遇到科比，他问科比是否继续参加这个比赛。"我不知道。"科比告诉他。马赫建议他，与其继续统治这个比赛、让其他学生因为这个不可避免的结果沮丧，不如去做裁判。科比同意了。"他知道自己究竟是什么人。"马赫说。

在篮球问题上，科比确实对自己少有怀疑。当初在"新生日"时曾经考虑过捉弄科比、但最终放弃的斯特林·卡罗尔那时已经成为学校田径队的队长，他曾经想把科比招募进田径队。"至少你可以练跳高。"卡罗尔对他说。但科比并不买账。"他是我见过的最专注的人。"卡罗尔说，"但他只专注于篮球。"一天下午，圣母大学的助理教练吉米·布莱克（Jimmy Black）前来观看训练，考察科比。训练结束后，他向科比做了自我介绍。科比的态度很友好，但也绝对算不上热情。那天晚上开车送科比回家时，伊根问他是否知道布莱克是什么人。"知道，圣母大学的助教。"瘫在副驾驶位置上的科比说。伊根指出，他不仅有这一个身份，布莱克还是 1982 年北卡夺得全美冠军时的首发控卫，他的队友之一就是乔丹。科比突然坐直了，他明显兴奋起来。"他和迈克一起打过球？"科比说，"妈呀！他现在在哪儿？我们能去跟他聊聊吗？"科比根本不在乎去全美最负盛名的天主教大学打球，在那里获得学位，真正打动他的是布莱克与乔丹的熟悉程度和亲近关系。"他对圣母大学和吉米·布莱克本人都没什么兴趣。"伊根表示。

在人生的其他问题上，不管是身份认同、见识还是社交生活，科比都还在学习和探索中。只在特定的环境和场合中，面对特定的人，他才会放松警惕，打开心扉。他的朋友和家人相信，这种心态源于他认为自己和其他青少年不一样，源于他意识到自己需要时间才能融入美国文化。"他从意大利回来的时候，我们之间的沟通方式与和其他本地同学间的沟通方式有很大的不同。"他的同学、朋友苏珊·弗里兰德说，"毕竟，我们是费城人。在意大利那种情况不常见。他还在学英语。他更安静。他给我们一种深思熟虑的感觉。"认为篮球是他唯一的追求未免过于简单，他对于这项运动的执着也并非占据了生活的全部。更准确的说法是，他将追求篮球上的伟大视为自己的目标，并时刻朝着这个目标前进。为了实现这个目标，他愿意调动一切可利用的资源和能力。放学后补几何课对他来说不是让人厌烦的琐事，而是一种挑战。伊根问他进行得怎么样，他会回答："很好，真的很好，这玩意太有意思了。"对他来说，在 SAT 考试中拿到 1080 分算不得什么里程碑，即便这个分数配上出色的运动能力，能让他获得杜克大学、圣母大学或者其他常春藤盟校的邀请函。相反，这更像是对他自身的一种映照，预示着他未来可能取得的成就。他可以去任何自己想去的大学，并且在那里取得成功。但大学并不是他的必选项。

"就像俗话所说，过犹不及，对吧？"科比表弟约翰·考克斯说，"对他来说没这回事，因为你知道那是他的激情所在。他很早就找到了自己热爱的事情，但他依然保持了全面发展。他爱读书，特别喜欢看书，而且什么都读。他尤其关注那些掌握了某项技艺的大师，他会去观察他们如何做事、如何取得成功，从中吸取精华。他在篮球上投入了很多精力，但篮球不是他的全部。他读书是为了让自己更加能言善道、更有学问。因为他没有为了出去参加派对而放弃学习，所以他还有时间放松，花时间和家人在一起。这能让他脚踏实地，让我们不会觉得他过度沉迷于篮球。他在篮球的问题上没有'过度'。他确实很努力，但仍然保持着平衡。"

只要有时间，科比就会参加"学生之声"的会议，他也会去图书馆找到这个学生组织的组织者卡特里娜·克里斯姆斯，询问接下来会讨论什么议题。参加会议时，他不会站出来主持会议掌控全局，但他会坐在课桌后，两条大长腿伸在过道上。他会举手发言，提出建议，他会开玩笑，会开怀大笑。即便那么专注于篮球，他也会留出时间参加这样的活动，克里斯姆斯很欣赏他这一点。

同为"学生之声"成员的迪德莉·鲍勃（Dierdre Bob）比科比小一岁，她注意到，总有至少一名女生跟着科比参加这些会议或者去上课。他喜欢被人关注，但他似乎不怎么张扬，鲍勃喜欢他的这种态度。克里斯姆斯还注意到其他事情：有些黑人男生，一些来自费城西部，还有一些出身阿德莫尔地区，他们不喜欢科比。这些人质疑他的种族认同感，认为他不够"纯正"。这种质疑如影随形，无论是在篮球场上还是在学校的走廊里，他都无法逃避。

"嫉妒，他们就是嫉妒。"克里斯姆斯说，"他们在说，'他根本就不懂怎么打球，因为他从来没在街头打过球'。他们把他打球和他们打街球区分开了。'在街头打球，你就不一样了。你会被推挤，会被撞倒。你会流血。'他们说他矫揉造作。我理解他们在说什么，可他们不了解他的内心。"

"身为黑人，进入不同的圈子，你就会遇到这种情况。你总觉得需要不断证明自己。我相信有些时候这会让他难过，这种事发生久了会让人心灰意冷，真的会。其他人只看表象，不管内在，这真的会让人难过。你需要竭尽全力向他们证明：'喂，我是和你们一样的人。'"

只不过，他碰巧是一个特立独行、享受自我、乐于与任何有着共同兴趣或特质的人建立联系的孩子。只要能将这些能量用在他最热爱的那件事上，他就心满意足。1995年2月，为了配合"黑人历史月"的庆祝活动，"学生之声"合唱团举行了一场音乐会，演唱了阿瑞莎·富兰克林、莉娜·霍恩和卡布·卡洛威的作品。听过鲍勃唱歌后，科比向她提议：她愿意在篮球比赛前演唱国歌吗？鲍勃起初不太情愿，可第一次唱过后，科比就坚持让她在下梅里昂高中的每一场比赛前都演唱国歌，不听到她的声音，他就不上场比赛。"气氛变得激情澎湃，所以我会确保自己参加每一场比赛，每一个客场比赛都去。"鲍勃说，"他会找到裁判说：'我在观众里认识一个女孩，她的声音特别好听。我想让她在球队入场前唱歌，为比赛揭幕。'我觉得非常荣幸。"每次唱国歌时，鲍勃全程闭眼，一直唱到最后一句才会睁开眼睛。她总是在这时找到篮球队，将视线聚焦在科比身上，看着他圆圆的脑袋，他也闭着眼睛。每次，只要她一唱完，"他会睁开眼睛，然后对我露出大大的微笑，对我竖起两个大拇指。"她说。他好像在说："好了，迪德莉，我准备好了。"

第十章 好了,打球吧

战胜考茨维尔高中的比赛,是下梅里昂高中取得的第 12 场连胜,他们的连胜又延续了 9 场,最终达到 21 连胜,这让球队进入了教练、球队和球迷并不熟悉的领域。切斯特高中仍然是整个地区实力最强的球队,他们确实输了 5 场比赛,可他们的赛程非常艰难,至少科比和道纳不会对他们的实力产生幻觉。不管怎么说,因为各种原因而不断赢球只会让球队越来越有自信。格里芬在连续两场比赛里分别得到 25 分和 24 分,球队在这两场比赛里分别以 11 分和 12 分的分差战胜格伦·米尔斯高中和哈夫弗德高中。而科比因为流感,在比赛的很多时间里都在对着纸袋呕吐,坐在板凳席上的他不停发抖,帕姆不得不把自己的红色大披肩披在他身上。但他还是得到了 36 分。潘格拉齐奥在第四节连续投进 8 个罚球,帮助球队战胜马尔普·牛顿高中。而在球队 76 比 70 战胜雷普利高中、拿到十多年来的第一个分区冠军的比赛中,科比创下了个人高中生涯新的单场得分纪录,他得到了 42 分。"我觉得这是属于我们的一年。"他说。戴夫·罗森博格的父母不是本地人,所以他对费城地区的高中篮球以及地区内球队的敌对情况知之甚少。所以看到道纳、伊根和其他队友赢下雷德利高中后就像赢得超级碗一样开心,他有些茫然,而他不是唯一有这种感觉的球员。

"雷德利是我们赛区里的球队。"罗森博格说,"而且科比说,'你想赢的不是雷德利'。"

下梅里昂高中常规赛的最后一场比赛,是在泽西城对阵圣安东尼高中,这绝非一般的季后赛前的热身赛。圣安东尼高中修士队常年在全美高中排名中位列前十,他们在那个赛季取得 19 胜 2 负的成绩,如果道纳希望通过在对手的地盘、在对对手有利的环境中比赛来评估自己球队的天赋和韧性,那么这场比赛对下梅里昂高中球员决心的考验,将远超他的想象。斯图尔特因为流感没有上场,比赛进行到第二节时,蒙斯基加速起跳,当他跳在空中准备打板上篮时,他和圣安东尼高中的一名球员相撞。摔倒的时候,他下意识地用手撑地缓冲了,结果导致左手腕挫伤,因此错过了剩余比赛。

赫尔利此前从未在现场看过科比的比赛;虽说他在篮球圈里有很多朋友、线人和跟班,但他只收到过一份关于科比的球探报告。赫尔利表示:"除了他是优秀的球员，我们没掌握多少信息。"赫尔利的球队只使用人盯人防守，为了激励球员，同时也为了让防守科比的任务显得没那么艰巨，赫尔利告诉球员："这些年里，我们在这里对付过很多比那家伙还要厉害的球员。"伊根无意间听到赫尔利的话，他认为这是对科比的侮辱，但圣安东尼高中还是决心证明自己教练说得没错。他们以 83 比 67 赢得比赛胜利，全场比赛他们从未落后，科比在他们的防守下只得到 22 分。对下梅里昂高中来说，他们在这场比赛里还付出了比结果更惨重的代价。蒙斯基的左臂戴上了夹板，为了保护受伤的手腕，他必须一直缠着泡沫塑料，而分区季后赛两天后就要开打。下梅里昂高中在常规赛取得 21 胜 3 负，在 32 支球队参加的锦标赛里仅次于切斯特高中，位列二号种子。但球队并非人手齐备，在面对他们最想击败的对手时，科比将要承受更大的压力。

我决定，把大部分自由时间——夜晚和周末，用来在球馆打篮球。做我自己。

——科比·布莱恩特

第十一章
竞技场

对于1994—95赛季的费城76人来说，每次客场之旅都很漫长。二月底结束西海岸的五天三赛后，疲惫又困惑的球队主教练兼总经理约翰·卢卡斯（John Lucas）从妻子黛比的口中听到了一个让他意外的说法。那个赛季的76人非常糟糕，糟糕到回头再看甚至有些搞笑的程度。他们在常规赛只打出24胜58负，在大西洋赛区的七支球队里排名第六。从很多角度看，球队的心态和文化出现了让人尴尬的倒退。有19名球员为76人队至少打过一场比赛。球队在1993年用二号签选下的肖恩·布拉德利（Shawn Bradley）因为练不出上肢力量而且无法增重，训练团队甚至会在训练时带芝士蛋糕给他吃。他会狼吞虎咽地吃下蛋糕，然后呕吐不止。

不管是从性格、执教哲学，还是从个人经历来看，卢卡斯也许都是最适合那支76人的教练。卢卡斯是一个改过自新的瘾君子和酒鬼，对毒品和酒精上瘾困扰着他，差点毁掉他长达14年的NBA球员生涯。但他却异常乐观，甚至乐观得有些天真，他坚信无论一个人犯下多大的错误，这个人总能获得救赎。他喜欢说："当你昏倒在厕所地板上，而你的孩子第二天早上不得不从你身上跨过去时，你就懂得什么叫谦卑。"他愿意从其他人以及球员身上看到别人可能看不见的东西——这当然是值得钦佩的品质，尽管他不会因此成为优秀的教练。76人在那次客场之旅输掉了全部的三场比赛，在丹佛的最后一场更是输给掘金30分。接连不断的失利正在消磨卢卡斯的意志，不过他的生活也不是毫无乐趣。回到费城地区，可以让他与自己在马里兰大学的后场搭档莫·霍华德加深友谊，霍华德在城市西边的一个优美社区安了家，那儿正好位于一个教学质量非常好的学区里。

约翰·卢卡斯和黛比十几岁时就在北卡罗来纳州的达勒姆陷入爱河，过去黛比一直说，卢卡斯是她见过的最好的高中球员。可这一次，当卢卡斯走进家门后，他却发现另有一人把自己挤下了妻子心目中的篮球金字塔的塔尖。

"我终于见到一个比你还厉害的高中球员。"她说。

尽管有一个微妙的暗示足以暴露真相——他们的女儿塔尔薇娅是下梅里昂高中的高三学生，但他还是不知道黛比说的是谁。

尽管季后赛经验相对不足，而且蒙斯基手腕骨折，下梅里昂高中还是轻松突破分区锦标赛的前两轮。在四分之一决赛中，他们以 75 比 70 战胜诺里斯顿高中，科比在首节未得分的情况下，全场拿到了 35 分——第二节 6 分，第三节 11 分，第四节 18 分。在那场比赛中，科比还拿下了 12 个篮板和 8 个盖帽。这场胜利确保了球队晋级宾夕法尼亚州季后赛……五天后，他们将要面对一个熟悉的对手：考茨维尔高中。尽管道纳设定了很多目标，尽管他多次向球队演讲，鼓励球员为赢得在神圣的佩尔斯特拉球馆进行的半决赛而努力，但大多数球员甚至不知道分区锦标赛是什么。他们只知道："赢了的话，明天还有训练。会有人记得带甜甜圈……这场比赛居然座无虚席？真棒。下一场比赛在哪儿打？佩尔斯特拉球馆？太棒了。"这是一种全新的感受，让人激动兴奋。科比的到来改变了所有人对下梅里昂篮球的看法——人们意识到球队可以怎样打球、应该怎样打球，球队能够取得什么样的成绩。布置战术时，道纳从微观层面感受到了这一点。

比如空中接力扣篮。放在过去，道纳不愿意设计这样的战术。一是因为他不确定自己的球员有跳起后在篮筐附近接到传球并且扣篮的能力，二是因为空接对时机和准确性的要求非常高，对高中球员的要求就更高了。"糟糕的空接传球会彻底破坏一次战术。"他说，"而这最为重要。"可有了科比后，只需要其他人挡住防守科比的球员，再把球传到距离篮筐两英尺（0.61 米）的位置，他们就能完成一次空接配合。科比会甩开防守人。他会接到球，即便只用一只手，他也能把球砸进篮筐。"我记得有一天，我在开车时心想，'对于这个孩子,没有水平差的空接传球一说'。"道纳表示,"有一次,他脑后接到传球后依然完成了扣篮。我慢慢开始理解,'这跟格兰特·希尔或者哈达威没有区别,怎么可能有区别?'当你的球队里有了格兰特·希尔或者'便士'哈达威……当你有了迈克尔·乔丹……有什么是不可能的呢?"

当然,这个问题的反面也让道纳感到恐惧:如果科比不在,那会发生什么?面对考茨维尔时,他知道了答案。

那场比赛之前的一晚,《费城问询报》的一个记者给罗马天主教高中主管教育的副校长威廉·达菲(William Duffy)打去一个电话。当时有流言称,科比会在高四学年转到这所学校,达菲本人也听说了这个流言。但任何学生的转学文件必须经由他办理,而布莱恩特一家还没联系过他。达菲对记者说:"我的理解是,这事不是真的。"科比与罗马天主教高中的流言让道纳有些担心。科比在桑尼·希尔联赛里的朋友和对手唐尼·卡尔上的就是罗马天主教高中,这让流言有了一些可信度,而且道纳对科比转学的流言一直很警惕,这甚至可以追溯到科比还在读八年级时。比方说,布莱恩特一家从意大利搬回韦恩伍德后不久,乔·布莱恩特就联系过蒙哥马利县颇有名气的预备校德国城学院的主教练吉姆·费内蒂(Jim Fenerty),了解他是否有兴趣接收科比。"我觉得他能立刻让我成为一个好教练。"费内蒂说。科比甚至还参加了他们的入学考试,取得了入学资格,可因为德国城学院不提供体育奖学金,而且学生只能根据个人需求获得资金资助,所以乔让科比去了下梅里昂高中。说实话,费内蒂觉得科比并不真心想去德国城学院,这孩子在当地公立学校上学打球也同样开心。而道纳也没有从科比身上感受到任何不安分的情绪。"他的姐姐们已经在高中站稳脚跟,这对他也有帮助。"道纳回忆,"如果放到现在,科比肯定坐上去IMG学院的飞机了。"可道纳当时不知道,他在两人第一次见面时就已经赢得了科比的信任。"即便还在读八年级,我就知道下梅里昂高中是适合我的地方。"科比曾这样说过,"我其实不是很了解道纳教练,但他在我八年级时就接收我,让我和他的球队一起训练,允许我在训练结束后留下来继续练自己的技术,就这一个简单的事实,我就知道没有其他地方更适合我了。那些流言从来

第十一章 竞技场

就不是真的。"

实际上,那天晚上比赛开始前的一番对话,对科比的未来产生了重大影响。当乔在寒冷的冬末走进佩尔斯特拉球馆大门,进入灰砖砌成的走道,在挤满人的球馆里穿行时,他遇到了和家人在一起的约翰·卢卡斯。黛比买了这场比赛的门票。

"你在这里做什么?"卢卡斯问乔。

"我儿子是下梅里昂高中的球员,你在这里做什么?"

"我妻子想让我看看一个叫科比的孩子。"

"那是我儿子。"乔说。

一场高中篮球比赛的时间为 32 分钟。在这场对阵考茨维尔高中的比赛,卢卡斯看科比打了 27 分 22 秒。他看到科比在那段时间里拿到 26 分,看到他在第三节单节得到 10 分,抹平了对手的 10 分领先优势。他看到蒙斯基的几次巧妙传球被科比转化为引爆全场的扣篮。他也看到,在比赛还剩 4 分 38 秒时,在下梅里昂落后一分时,科比犯满离场。

道纳无法使用空接扣篮战术了。"我们必须防守。"球员集合在一起时,无助的科比这样说道,而两个高四队长斯图尔特和蒙斯基在敦促队友抓住眼前的机会。每天早上看报纸时,他们都能看到科比的数据,看到报道里全是科比的名字,看到科比说的话和其他人对科比的评价。所以……他们究竟是不是一人球队?"我们必须在没有他的情况下赢球。"斯图尔特说,"这是我们展现球队不只是他一个人的时刻。"

接下来的两分半钟,他们防得考茨维尔高中一分未得,取得 5 分领先后,他们再也没让对手追近比分。当球队以 72 比 65 赢得比赛胜利后,科比高举双臂,在比赛中扭伤左脚踝的格里芬一瘸一拐地冲过去,和科比抱在一起。上半场得到 15 分的里普·汉密尔顿在下半场只得到 7 分;即便没有科比在低位绕前防守,伊根的高压防守策略也奏效了。道纳赛后对球队的坚韧提出了表扬。"那种级别的球员被罚下,很多球队会直接崩溃。"他说。乔也澄清了科比的转学流言。"那不是真的。"他说,"他在下梅里昂还有很多事要做。"比方说,48 小时后的周五晚上,在维拉诺瓦大学的杜邦球馆,他要战胜切斯特高中赢得赛区冠军。

这个时候的约翰·卢卡斯正在从佩尔斯特拉球馆回家,他知道自己不能去现场观看分区决赛。那天晚上,76人要在新泽西州的东卢瑟福市对阵新泽西篮网队。此外,这场比赛已经足以让他信服了。

切斯特市威廉·潘恩公租房区的中心,是一个篮球场。这块场地由水泥和沥青铺成,篮球场像个竞技场一样凹陷下去。从早上开始,男孩、十几岁的少年和成年男子就在这里打球,他们会一直打到夜幕降临。他们分队进行全场对抗,年长的球员会分享与这座城市篮球的历史与传承有关的故事。年轻球员因为跳投被责骂,他们说那是娘们儿的打法,打球软弱的人不配穿上切斯特高中橙黑队服,代表这所高中和这个城市打球。孩子们在这个竞技场中学到,体育就像跳动的心脏一样,对他们的生存和发展至关重要。在那个竞技场里,邪恶的枪声和令人不安的警笛声,这些生活中可怕的噪音会暂时变得静默无声。在竞技场里,没有什么是可怕的。在切斯特,这个竞技场是可以用来向上攀爬的地方。

20世纪50年代中期,切斯特还是特拉华河畔一个欣欣向荣的城市。当时,这座城市拥有接近七万人口,居民构成多元化,还有充满活力的主街以及由造船业、火车和机器工厂支撑起来的经济。然而,如今的切斯特已经沦为典型的后工业化衰落的城市。因为政治腐败,因为该地区的郊区化和随之而来的白人外逃、划红线政策、种族骚乱和哄抬房价等因素,这个小城变成了一个城市警示故事。切斯特的人口锐减至不到四万,其中80%是黑人。切斯特变成整个宾夕法尼亚州最贫穷的城市,也是全美第二危险的城市。作家克里斯托弗·米尔(Christopher Mele)写道,这里的公租房区就是"露天毒品市场",而在20世纪80年代,威廉·潘恩公租房区"成为可卡因和海洛因运输、销售和公开吸食的一站式场所"。简而言之,切斯特就是下梅里昂的对立面。

能将那里的人团结在一起,为这座城市提供一定程度的稳定性,让人们拥有一些社会资本和自豪感的,却是篮球,特别是高中校队。教练就像球员的父亲一样,那些长大后留在城市里的球员,则延续着球队成功的光荣传统。

第十一章　竞技场

1994—95 赛季，球队延续了这个传统。他们在分区锦标赛里四场胜利的比分分别为 90 比 44、70 比 43、74 比 38 和 71 比 49，这些分数意味着下梅里昂高中几乎没有取胜可能，也许他们面对 NBA 球队的胜率都会高于面对切斯特高中的。切斯特高中会一波一波地冲击对手，他们每场比赛使用八名、九名甚至十名球员，他们采用高压防守，引诱对手进入陷阱，迫使对手犹豫不决地传球和运球，从而获得上篮和扣篮的机会。球队的替补控卫、高三学生约翰·莱汉（John Linehan）是队中几个住在威廉·潘恩公租房区的球员之一，身高 5 英尺 10 英寸（1.78 米）的他融合了力量与速度，球风凶狠。他的速度快到可以独自一人完成全场紧逼，从球场一端追到另一端，迫使对方后卫只能把球高高传给队友。多年后，科比说他是自己遇到的最好的防守球员，而且因为不是高四学生，莱汉甚至没能成为切斯特高中的首发球员。"按照我们的打法，我们大概有两套或者两套半首发。"莱汉说，"我们球队的任何球员，去其他地方都能首发。"

莱汉曾经参加过桑尼·希尔联赛，科比正是在那样的比赛中磨炼了自己的球技，就是那些比赛让科比感到难堪和沮丧，但也正是这样的压力激励他不断练习和提高。考虑到科比的进步，他已经赢得了莱汉的尊重，但他并没进步到让莱汉和切斯特高中害怕的程度。为了准备与下梅里昂高中的比赛，主教练阿隆佐·刘易斯（Alonzo Lewis）让已经进入西弗吉尼亚大学的校友、身高 6 英尺 6 英寸（1.98 米）的扎因·肖（Zain Shaw）回来参加训练，"扮演"科比，模仿他的动作和球风。"没错，科比是很厉害，说不定他还是场上最好的球员。可那又怎样？我们会打爆他们。我们是切斯特高中。"肖参加训练，证明了切斯特篮球多年来积累的底蕴，也足以证明球员对球队的忠诚。更重要的是，切斯特高中的球员们坚信自己面对任何对手都掌握心理优势，更何况是那些围绕在科比身边、被金钱宠坏的孩子们。

"我们去其他地方，比赛甚至还没开始我们就赢了。"莱汉表示，"我们的球迷会去现场，我的意思是，城市里的人会跟着我们去任何地方。假如我去什么地方，我说我来自切斯特，人们看着我，会觉得我是个疯子。我们可以讨论这背后的种族问题，但这就是现实。媒体塑造了'来自切斯特的黑人孩子'形象,这让白人社区的孩子和其他人感到恐惧。再加上篮球,我们很凶狠,打球方式不一样,就会叠加更多色彩。"

不仅科比在夏季联赛里和一些切斯特高中的球员交过手,其中一些球员在基斯通大赛上和道纳的互动,也给他留下了深刻印象。随着越来越临近在杜邦球馆的比赛日,科比和往常一样充满自信,但道纳却开始紧张。道纳知道,科比什么也不怕,可来自切斯特的孩子也什么都不怕。在更衣室里,科比和球队能听到"王牌队加油"的呐喊,也能听到切斯特啦啦队震耳欲聋的跺脚声和歌声,还能感受到声音带来的震颤和墙体轻微的颤动。蒙斯基的手腕还没愈合,格里芬拄着拐杖不能上场,而且他们面对的是切斯特高中。可是……也许他们能赢。球员上场后,道纳慢慢冷静下来,他看着比赛场地。"天啊。"他心想,"这是好事。"赛前的入场仪式,切斯特高中的首发五人挨个和他握手,每个人对他说的都是同样的话:"教练,对于接下来要发生的事,我们很抱歉。"他们喜欢道纳,也尊重科比,但他们下定决心要碾压他们的球队。

他们也确实这样做了。上半场双方互有攻守,科比得到 14 分,下梅里昂高中使出浑身解数,应对切斯特高中疯狂的全场紧逼打法。在第一节里,已经获得福德汉姆大学全额篮球奖学金的前锋雷·卡罗尔(Ray Carroll)向篮下突破,蒙斯基站在他的前方,想制造进攻犯规。卡罗尔跳起出手,撞倒了蒙斯基。落地时,卡罗尔的脚带着全身的重量踩在了蒙斯基的脸上。他的一条胳膊已经戴着护具,现在一个眼眶又被踩成了黑紫色。蒙斯基坚持打到第三节,他和斯图尔特都在那一节被罚出场外。切斯特高中一波 12 比 2 的攻击波让道纳急得站了起来,他脱下外套扔向观众席,衣服正好落到他最好朋友的怀里。比赛局势正在失控。当第四节切斯特高中的领先优势达到 18 分时,道纳换下科比和剩余首发,换上了全替补阵容,那些孩子只有在比赛结局已定时才有出场时间。然后,他转身面对伊根。

"我们该怎么做?"他问。

"我不知道。"伊根回答。

最终 50 比 77 的比分并不出人意料,这反映了两队的实力差距。下梅里昂高中出现了惊人的 29 次失误,莱汉一个人就完成了 6 次抢断。"我们有伤病，而且也没准备好。"蒙斯基说，"我们从来没在那样的环境下打过比赛，切斯特高中可能都打过几百万次了。"即使是科比也无法扭转乾坤。他全场比赛得到 23 分，赛后筋疲力尽地走出体育馆。他深刻地认识到，如果想要在来年赢得赛区冠军，他和球队将会面对怎样的挑战。他说："他们拖垮了我们。"唯一能让他和队友，尤其是蒙斯基、斯图尔特和其他高四学生感到欣慰的是，不到一周后，宾夕法尼亚州的高中季后赛就要开打了。

下梅里昂高中输掉比赛的第二天，在 550 英里外的俄亥俄州代顿市，拉萨尔大学男篮的赛季，以及球队在中西部大学赛区的征程，也随着他们以 46 比 54 不敌威斯康星－绿湾大学而黯然收场。拉萨尔大学在那个赛季只取得 13 胜 14 负，他们又没能进入有 64 支球队参加的 NCAA 全国锦标赛。如果球队想要扭转颓势，下个赛季就是转折点。拉萨尔大学即将离开中西部大学赛区，加入更适合自己的大西洋 10 联盟，与天普大学、圣约瑟夫大学等地理位置更接近的大学成为同赛区球队。这样的变动完成后，球队的所有问题，似乎都能靠科比解决……前提是他真的决定进入这所大学。实际上，各个互不相关的力量已经开始运作，他们都想推动科比选择拉萨尔大学。

还有什么更能让人安心呢？对下梅里昂高中男篮的所有人，从道纳到伊根，到每一个球员，再到每一个球员的家长，还有什么比篮球在科比的手上更能让人安心呢？在这场在伯利恒市自由高中举行的宾夕法尼亚州 AAAA 级锦标赛第二轮的比赛里，双方打成 59 平。下梅里昂高中的对手哈泽尔顿高中来自宾州东北部，他们的球迷占据了体育馆的大部分看台，在人数和热情上可以和切斯特高中的观众群相媲美，但在其他方面却又截然不同。"他们的球迷并不支持少数族裔。"斯图尔特说。下梅里昂高中处在一个充满敌意的环境中，他们在第四节最后阶段的表现也非常糟糕。领先一分时，下梅里昂高中没有主动攻击，他们想要消耗时间，其中一名球员塔里克·威尔森（Tariq Wilson）单手把球夹在腰上。可他失误了……球掉了，而且滚出了边线。但是双方战平时，球来到了科比手上。尽管哈泽尔顿高中整场比赛都在包夹他，但他还是拿到了 32 分。比赛开始倒计时，10 秒、9 秒、8 秒，两名球员挡在他面前，挥舞着手臂。当科比持球，准备出手压哨制胜球时，他们希望自己能干扰科比的视线，甚至让他失误，好从他手里完成抢断。可那种失误是不可想象的，因为球在地球上最安全的地方……

直到不再如此……直到哈泽尔顿的一名球员从科比手里拨下了球。一阵混乱的拼抢后，哈泽尔顿后卫莱恩·利布（Ryan Leib）抓住球后拼命冲到篮下，不顾一切地想要完成压哨上篮……他冲到了篮下，并且把球抛在空中……而球没有进。

比赛进入加时。下梅里昂的替补席本该松一口气，为这个赛季没有结束而感到放松，放松的球队理应掌控比赛局面。但这一切都没有发生。也许是目睹了科比的失误，看到他在如此关键的时刻竟然犯错，这让他的队友们感到不安和迷失。哈泽尔顿高中继续包夹科比，他基本得不到出手机会。没人能收拾这个烂摊子。下梅里昂高中在五分钟的加时赛里一分也没得，在他们的最后一次进攻里，科比抢下篮板后全场运球……却进入了三名哈泽尔顿高中球员的包夹中。他丢了球，下梅里昂高中以 59 比 64 输掉了比赛。

比赛结束后，道纳看着更衣室里的球员。抽泣声是唯一的声响。"有人想说什么吗？"他问。

盖伊·斯图尔特和埃文·蒙斯基都发言了。两人都没说多少话，最多一分钟。"我们从小就在一起打球，这样的经历太酷了。想想我们都在什么样的烂队打过，现在，我们在坐满观众的球馆里打了州季后赛。我会想念篮球，但我会更想念你们。"

起初，科比没有说话。最后，他开始反复重复一句话：

"对不起。"

对于当年在场的人来说，在自由高中的更衣室里剩下的几分钟记忆，都变得模糊不清了。格雷格·道纳记得自己当时在想科比接下来会说什么，他不知道科比会不会继续这种伤感的基调。然后，他听到科比毫不留情地说出了下面这番话。"那些都是美好的故事，我们也会想念高四的队友，我要说对不起。但对这个房间里的每个球员，让我说清楚一件事：只要我在队里，就再也不会发生这样的事。"斯图尔特记得科比向全队道歉，记得他向那些即将毕业的老队员做出的承诺，他发誓要为他们复仇。布伦丹·佩蒂特记得他因为输球而震惊，记得他意识到下一年的球队将会面临多大的压力，他知道自己将会成为特别的团队一员。伊根只记得科比在哭，不记得他做出过那么坚定、振奋人心的发言。科比没有抗辩，他只是反反复复地说那句话："对不起。"或许，那才是最合乎情理的反应，也符合外界对当时的科比·布莱恩特的印象：那时距离他的 17 岁生日还有五个月，对他来说，没有什么比心目中自己的形象更重要的了。在惊艳的高三赛季，他交出了场均 31.1 分和 10.4 个篮板的数据。他将球队提升到了很多年来都没有达到过的高度。可如果他不是地区冠军，如果他拿不到州冠军，如果他不是最好的球员，那他又是谁？其他人又会觉得他会成为什么样的人？

"对不起。"

"对不起。"

"对不起。"

我这样一个 17 岁的孩子，那么相信自己，对自己的能力那么自信，我让自己处于这样一个独特的位置，可以在全国顶尖的大学和 NBA 之间做出选择。人们特意来告诉我，他们对这样的我是那么震惊。

——科比·布莱恩特

第十二章
传说与现实

拉萨尔大学女子排球队主教练约翰·昆泽尔（John Kunzier）觉得乔·布莱恩特是个"特别棒的人"，不管是在体育办公室、学校走廊还是在海曼大楼三层的体育馆里，任何时候和他聊天都很愉快。排球不是拉萨尔大学的顶尖运动项目。在昆泽尔执教的前三年里，他的球队只取得了可怜的17胜78负。即便学校即将转入大西洋10联盟，昆泽尔也不觉得学校会在他的球队上花钱。NCAA允许大学最多为12人提供排球奖学金，而拉萨尔大学的运动预算让昆泽尔只能送出四份奖学金。但昆泽尔拥有四份奖学金处置权的情况只维持到1994年晚秋，学校的运动主管鲍勃·穆伦（Bob Mullen）和女子项目高级主管凯西·麦克纳利（Kathy McNally）向他传达了他们心目中的好消息。

"你有了一个新的奖学金球员。"麦克纳利对昆泽尔说，"她是个身高6英尺2英寸（1.88米）的副攻，名叫沙雅。"

昆泽尔从没招募过沙雅·布莱恩特，也从来没有人和他讨论过沙雅在拉萨尔大学打排球的可能性。"预算里没钱。"他说，"什么也没有。但不知道怎么回事，我突然就得到了一个从来不在我计划中的球员。我甚至不知道她是谁。"沙雅打了一个赛季，一直到1995年秋天，她的拦网数据排名全队第一。但拉萨尔大学的成绩并没有提高多少，只是从前一个赛季的3胜30负变为4胜27负，沙雅也只在拉萨尔大学读了那一年。"沙雅是个可爱的年轻女士，"1995赛季后下课的昆泽尔说，"虽然不是我见过的最强硬的球员，但她的运动能力和天赋真的非常好。"不要误会昆泽尔：他很高兴沙雅是自己的球员，也乐意做她的教练。考虑到球队的糟糕成绩，他愿意接收任何拥有沙雅那些特质的球员。困扰他的，是这件事暴露出的赤裸裸的机会主义。

"我觉得，拉萨尔大学那时候为了得到科比，什么事都愿意做。"昆泽尔表示，"他们给乔发工资，愿意给科比全额奖学金，还给了沙雅全额奖学金。那是鲍勃·穆伦的一步棋。我在那里的时候很混乱，真成了大麻烦。我觉得鲍勃把科比看作救世主，他觉得科比能扭转学校的命运。"

沙雅·布莱恩特在拉萨尔大学读书的那一年，她的体育奖学金价值约为20000美元，其中包括学费、住宿费、伙食费、餐费计划和12学分的课程费用。可如果能把科比招进学校，穆伦愿意付出的代价并不限于此。1995年夏天，莫里斯手下两名助教乔·米哈利奇（Joe Mihalich）和乔·布莱恩特的薪水分别是34000美元和32000美元。有一天，穆伦对莫里斯说，他已经做出安排，乔·布莱恩特的薪水上调至50000美元。

"很好啊。"莫里斯对穆伦说，"可如果糖豆拿50000，米哈利奇就得拿52000。"

穆伦非常生气，露出一副不可思议的样子。"你疯了吗？你知不知道，如果得不到科比，你的位置就保不住了。"莫里斯不在乎。米哈利奇有三个孩子，而且他从1986年开始就是教练组成员。

"这是忠诚的问题。"莫里斯告诉穆伦，"乔·米哈利奇是我的头号助手。如果你不给他涨工资，乔·布莱恩特也不能涨。"

穆伦怒气冲冲地离开了莫里斯的办公室。第二天，他对莫里斯说，乔·米哈利奇的薪水涨到了52000美元。

但穆伦有理由相信，这些小恩小惠能够吸引科比，让他在满足一系列条件下考虑加入拉萨尔大学。科比对拉萨尔大学加入大西洋10联盟感兴趣，这个赛区里已经有天普大学和圣约瑟夫大学这样的宿敌学校。此外，科比对联手罗马天主教高中联盟中身高6英尺10英寸（2.08米）的中锋拉里·凯特纳（Lari Ketner）也很有兴趣。比科比高一年级的凯特纳已经口头承诺在那年春季加入拉萨尔大学，但他没有签署文件，也没有正式宣布自己的去向。一部分原因，在于他仍想保留选择的空间，而另一个让他迟迟没有完全同意加入莫里斯团队和拉萨尔大学的原因，就是他在等待科比的大学决定。在海曼大楼打球时，没有拉萨尔大学的球员能战胜联手的科比和凯特纳——科比随意就能突破进内线，空接传球给凯特纳扣篮，看着这些大学生的脸，科比意识到他们被两人可能为拉萨尔大学带来的潜力惊呆了。"如果你跟我说，你会去拉萨尔，我明天就签文件。"凯特纳对他说，"想象一下，我们一起改变学校的命运。"

但是，科比不能、也不会对凯特纳做出任何保证，不是因为他不想做出自己无法兑现的承诺，而是因为乔开出了空头支票。乔说，如果一切顺利，如果他能成功，他就保证科比一定会进入拉萨尔大学。不管是乔还是科比，都不能确定真能得到这个结果，但这个计划取决于一系列事件的发生，对乔来说，这些事件发生的可能性一天天增加。在校队历史上，拉萨尔大学第一次连续两个赛季胜率未过半，而且过去三年，球队的成绩一年比一年差。校友和学校管理层开始对莫里斯失去耐心，就像穆伦之前特意强调的那样。乔推断，再打出一个糟糕的赛季，莫里斯被炒鱿鱼就是板上钉钉，到时候学校别无选择，只能……聘请乔。这种说法已经开始流传，在一些圈子里已经变成公开的秘密，只是莫里斯还不知道。"人们真的在说乔会成为拉萨尔的主教练。"小萨姆·莱恩斯说，"显然，如果乔得到那份工作，科比就会去拉萨尔大学。"

要去拉萨尔大学的也不只是科比。通过自己的人脉，加上科比的 AAU 圈子，乔设想出了自己在拉萨尔大学的"密歇根五虎"（密歇根大学知名度极高的 1991 届新生，他们带领球队赢下了 1992 年和 1993 年的全国冠军）。乔的"五虎"包括：科比；理查德·汉密尔顿，他和科比成为朋友，而且加入了萨姆·莱恩斯全明星队；沙辛·霍勒威；莱斯特·厄尔；还有来自南卡罗来纳州奥克莱尔的杰梅因·奥尼尔（Jermaine O'Neal）。乔相信，就算不能说服全部四个人，他也能说服其中大部分和科比一起加入拉萨尔大学。他已经开始招募了，他跟莫里斯及米哈利奇都提过。他毫不怀疑，如果自己能对他们说"我会做你们的主教练"，他们会立刻加入拉萨尔大学。科比也是这么想的。他和这四个人做过队友，也做过对手，还在电话上讨论过这个想法。谁会不想为他爸爸打球呢？凯特纳最终撤回了对拉萨尔大学的口头承诺，北上去了马萨诸塞大学。但那四个人会因为在乔手下打球而开心，还有唐尼·卡尔，如果能让他加入岂不是更好？就算去的是只有破旧训练馆、过去几年一直在输球的拉萨尔大学也无妨。他们不会和"密歇根五虎"一样出色。他们会更好，而且他们只需要在大学打一年，就可以参加 NBA 选秀，科比也不必费力寻找一个愿意照顾他、培养他的大学教练。这样的教练就在他身后，他会有他的爸爸保驾护航。至于斯毕迪·莫里斯……斯毕迪·莫里斯真的能成为科比想要的那种教练吗？当乔建议拉萨尔大学从大专招募沙里夫·巴特勒时，斯毕迪·莫里斯的回答是："不，我们觉得他不够好。""这真的深深伤害了我们全家。"乔说，"那意味着他完全不了解那时的布莱恩特家。"斯毕迪·莫里斯甚至不认为科比有能力进入 NBA——他不是觉得科比不该去，而是觉得科比没能力去。用乔的话说："如果这家伙不认为科比足够优秀，我怎么能相信他会培养我儿子呢？"斯毕迪·莫里斯的脾气非常暴躁，一点就着。遇到愚蠢的失误或是糟糕的判罚时，他经常会气得无法控制自己，像得不到玩具的小孩子一样一个劲儿地踩脚，他的裤子有时都会被扯裂，尖锐刺耳的高音能传遍整个市政中心球馆。科比曾经在现场见证过几次这样的爆发。在乔进入拉萨尔大学担任教练的初期，有那么一段时间，他确实会因为科比有可能进入这所大学而高兴。但事实是，那永远是科比该做出的决定，而且科比觉得斯毕迪·莫里斯骂球员太多了。他把这些话告诉了乔和帕姆，而他们并不介意他这么说。

1995 年的春夏，科比·布莱恩特及其身边亲近之人自他还是婴儿时就追随和憧憬的蓝图和承诺终于全面展开。尽管他在下梅里昂高中的表现如此具有活力和统治力，尽管赢得州冠军这一目标时刻激励着他，但对他来说，高三赛季和他与初中高中朋友在雷明顿公园打的那些野球比赛没什么区别。对科比来说，只和那些球技远不如他的青少年较量，既不会产生创造性的碰撞，也不会带来挑战。"他从不活在当下。"桑尼·瓦卡罗说，"他的目光总是投向未来。"另外值得注意的是，科比加速自我训练，他越来越强烈地想要提高球技并且不断取得成功，这一切恰好与职业体育界的一个地震级事件发生在同一时间段。1995 年 3 月 19 日，下梅里昂高中在州季后赛里输给哈泽尔顿高中、结束那个赛季的四天后，结束了 17 个月退役 / 棒球生涯的迈克尔·乔丹在芝加哥公牛输给印第安纳步行者的比赛里得到了 19 分。乔丹回来了，而他的回归为科

第十二章 传说与现实

比提供了又一个长远目标，让他有了另一个需要冲刺的马拉松终点线。只有极少数局外人能够预见到科比的终极目标是什么。

比如那年春天，维拉诺瓦大学的助理教练保罗·休伊特（Paul Hewitt）有一天决定开车去下梅里昂看科比的训练。和他一起去的还有球队的首发控卫乔纳森·海恩斯（Jonathan Haynes），海恩斯对科比知之甚少，他从来没见过科比。休伊特一直在招募科比，希望他能成为强大的大一新生阵容中的一员，而这个阵容里还包括蒂姆·托马斯。与托马斯联手，在大东区所向披靡，这个想法对科比还是有一些吸引力的。理论上，维拉诺瓦的两大得分手，可能成为NBA乐透秀的后卫克里·基特尔斯（Kerry Kittles）和埃里克·埃伯兹（Eric Eberz）都会在科比入校前毕业，这就能为科比和托马斯里克腾出首发位置。"我和蒂姆这样的球员在同一支球队，大学篮球不在话下。"科比心想。因为他舅舅查比·考克斯在维拉诺瓦大学打过球，所以这所学校自然就会成为他的潜在目的地。

科比结束了日后被休伊特描述为"令人难以置信的训练"，又和教练及海恩斯聊了聊。离开时，休伊特信心满满，他相信科比会留在费城地区读大学。"这届新生真不得了。没有我们得不到的球员。"

只不过，海恩斯在笑他。

"什么这么好笑？"休伊特问他。

"教练。"海恩斯说，"你根本没机会得到这个人。"

"什么意思？"

"教练，这家伙不会上大学。他要直接去NBA。"

海恩斯对科比的看法，给了休伊特极大的启发。"一个大学球员能这样说一个高中球员，那时候我开始意识到，这家伙肯定有什么不同寻常的地方。"休伊特回忆，"科比和我经常交流。那时候我不怎么珍惜这样的机会，可他问我的都是和篮球有关的问题。他总是问和比赛有关的问题，他喜欢聊篮球，总想获得信息和知识。在那个时候，你只是觉得他这个17岁的孩子愿意交流是好事。后来我才明白，这孩子是在追求成为伟大球员。"

不是只有科比的同龄人，才能理解他的思维和人生轨迹。约翰·卢卡斯自从在佩尔斯特拉球馆看过下梅里昂对考茨维尔的季后赛后，就能以科比看待自己的方式看待科比：他看到的不是 16 岁的科比，而是 21、22 岁乃至更成熟的科比。为了确保 76 人球员在 NBA 休赛期时保持身体状态、维持 NBA 级别的对抗环境，卢卡斯鼓励球员定期在费城各个熟悉的地点和职业球员以及大学球员一起打野球。圣约瑟夫大学的球馆是 76 人的官方训练场地，卢卡斯指定自己的老朋友莫·霍华德负责监督训练：一天两次，分别在早上 9 点和晚上 7 点。卢卡斯给布莱恩特一家打去电话，邀请科比参加那些训练，他还给霍华德下了命令：我不在乎你怎么组队，但科比必须上场。只要科比能打，只要他愿意打，你就让他打。就这么简单。

高中赛季还没结束，科比就联系了第一年在圣约瑟夫大学做男篮主教练的菲尔·马尔特利（Phil Martelli），询问能否在学校的体育馆训练。马尔特利把科比的名字加入访客名单，这种情况从春季一直持续到九月新学年开始时。"假如他周二和周五在下梅里昂有比赛要打，他会在周一、周三和周四来我们球馆。"马尔特利表示。因此，接受卢卡斯的邀请，科比也不需要打乱自己安排得满满当当的日程：工作日期间有训练和力量练习，周末参加 AAU 比赛和全明星训练营。而且他还有机会在前往圣约瑟夫大学的 5~10 分钟车程里，和拼车的埃默里·达布尼（Emory Dabney）加深友谊。心思细腻而且敏感的达布尼比科比小两岁，他在费城西部的伍德林德学校读了一年级，这是一所为有学习差异和学习障碍的学生提供日间课程的学校。作为伍德林德学校篮球队的控卫，他和科比以及下梅里昂高中一起参加过夏季联赛，就是在那里，他认识了道纳。达布尼拒绝了几所私立学校开出的奖学金，选择转学到下梅里昂高中。在那些夏季比赛中，他也吸引到了卢卡斯的关注。因为特别喜欢他，所以卢卡斯为他提供了一个机会，在满是成年人的球馆中，他是年龄最小的球员。如果说让即将开始高四赛季的科比和职业球员以及经验丰富的大学球员一起训练已经很奇怪的话，那么让一个还有几周才到 15 岁的孩子也这么做，就显得有些荒唐了。不过，早在遇见卢卡斯和科比前，达布尼已经在篮球上找到了导师，这个导师在篮球界的地位比他们俩都高：达布尼在伍德林德学校最好的朋友是朱利叶斯·欧文的儿子科里·欧文（Cory Erving）。每次去欧文位于维拉诺瓦的家,"J 博士"都会和他单挑。"我们会随便打打。"达布尼说,"然后他会说,'好了,你想知道 NBA 总决赛里的防守是什么样吗?'我说'当然啊'。我根本打不动他。一年一年,随着我的水平越来越高,他会说:'你会在更多的观众面前打球,那会是这个样子'。我从来没想过自己能在很多人面前打球。"

19 岁的科里·欧文在 2000 年因车祸去世,两个挚友都在如此年轻时去世,达布尼至今没有从这样的伤痛中走出来。两人第一次一起训练时,科比开着自家白色的旧宝马车接了达布尼,后来他换成了新的浅绿色丰田陆地巡洋舰。在圣约瑟夫大学,两个人主要进行有氧训练,大部分时间在球馆里跑步。"科比就像我的大哥一样。"达布尼说,"他会给我建议。我在场下跟他在一起很长时间。他去过我家很多次,我也去过他家。他就想看你进步和成功,即便只是学习和成绩上的进步。他会在这方面督促你。在那个年龄,他就是一个特别好的人。现在回忆这些,我会很难过。在那个年龄,即便他自己只有十七八岁,但他会让你知道,人生成功需要付出什么。在他身边时,你就能感受到。"不过,等到 1995 年的 NBA 选秀在 6 月底结束后,那些训练的性质就发生了改变,从每天枯燥的冲刺和训练变成了一种至今仍被人津津乐道的篮球神话。

不管是在北卡的大学生涯期间,还是在 1995 年被 76 人队在第三顺位选中后,外界对杰里·斯塔克豪斯(Jerry Stackhouse)都存在一种成为"下一个迈克尔·乔丹"的期望。这种期望既让人受宠若惊,又有点儿荒谬,因为背负如此沉重的压力对这个年轻人来说实在太不公平。当然,能被拿来跟可能是篮球历史上最伟大的球员相提并论,这肯定能让他的自尊心得到极大满足。但是……做出这种对比的人应该知道乔丹是后卫,对吧?斯塔克豪斯不是。他在高中时打的是大前锋,在北卡时也是大前锋。他这辈子都没打过后卫,没有追着矮小的球员防守,没有挤过挡拆防守,也没有利用挡拆后跳投或突破过。他有一些控球能力,但低位单打是他的主要进攻手段,大部分时间,他都是持球背对篮筐。想要理解、练出能让他成为优秀后卫的技术和细微差别,他还有很长的路要走。而 76 人,正是要把他当成后卫使用。

人们自然而然地会对科比采取宽松的评价标准，倾向于提升或夸大他在圣约瑟夫大学、贝尔维尤球场和其他76人球员、费城职业球员、大学球员经常光顾的球馆里的事迹。这是因为当年的科比那么年轻，后来又取得了那么巨大的成就，而夸大这些事迹能让他的故事显得更具传奇色彩。每个人在分享科比参加那些比赛的轶事时，都会通过自己的兴趣和视角过滤那些记忆。约翰·卢卡斯认为自己发现了一颗隐藏的钻石。假设1996年6月他还是76人的主教练和总经理，他就会做出在选秀中选下科比的决定。

他只向自己最信任的篮球界人士透露了这个计划，能够成为"第一个发现科比潜力"的教练是一种强大而崇高的声望。莫·霍华德与卢卡斯和乔·布莱恩特都情同手足。杰里·斯塔克豪斯20年来不断听到这些故事，而每个故事都像针一般刺痛他的自尊心。因为隐含在这些故事背后的，是对他职业生涯和个人能力的一种轻视："科比一对一教训了你，科比统治了你。科比还没上高四，就打爆了三号秀，而那个三号秀就是你。"

你看……

威利·伯顿（Willie Burton）是一个在NBA多队流浪过的后卫，他曾在1994—95赛季效力于76人。12月时，他在光谱球馆里对阵迈阿密热火的比赛里得到了53分，创下这座球馆的单场得分纪录。解释自己这一神奇的单场表现时，他只是简单地说："打球而已。"有一次去圣约瑟夫大学打球，伯顿上场后对位的就是科比。伯顿第一次接球就成功得分，他对着科比说了几句话。在比赛剩余时间里，科比11次出手投进10次。伯顿只进了一个球。他怒气冲冲地离开球馆。之后那一年，他再没进过这座球馆，也没回到NBA。他和一支意大利球队签下合同，在那里度过了1995—96赛季。

你看……

76人训练结束后，卢卡斯会安排科比与其他球员一对一。有一次，他的对手是弗农·麦克斯韦尔（Vernon Maxwell），后者刚刚结束效力NBA的第七个赛季，还因为一些原因得到了"疯狂麦克斯"这个恰如其分的绰号。就在那年二月，因为冲进观众席拳打一个嘲笑辱骂他的球迷，NBA对他做出了禁赛10场的处罚。

第十二章 传说与现实

"他们打的是一局10分的单挑。"卢卡斯说,"两个人打到9比9。他们的对抗非常凶狠,我以为他们要打架了。我心里想,'我就想要打成9比9平时准备打架的球员'。"

你看……

鲍比·约翰逊(Bobby Johnson)曾是费城南部高中的球员,20世纪80年代时作为拉萨尔男篮成员曾连续三年赢得过赛区冠军,有时他会和前队友、绰号"L火车"的莱昂纳尔·西蒙斯(Lionel Simmons)一起去圣约瑟夫大学打球。西蒙斯当时是萨克拉门托国王队的球员,他和约翰逊、科比、76人前中锋里克·马洪(Rick Mahorn)以及费城本地的NBA前后卫"斯努普"保罗·格拉汉姆(Paul Graham)组队,对抗五名76人球员。先得10分者胜。

"打到9平时,我们拥有球权。"约翰逊说,"科比持球,弗农·麦克斯韦尔在右翼防守他。科比在运球,在那指挥NBA老将,让他们让开。'L火车'先去低位要球,科比让他离开那里,然后是'斯努普'。他不要马洪的挡拆掩护。看到这样的情境,我绝对不会靠近他。"

面对麦克斯韦尔的防守,科比胯下运球后晃过他,在16英尺(4.88米)处拔起跳投。"在麦克斯韦尔头上致命一击。"约翰逊说,"他表现自如得就好像经历过无数次这种场面一样。我惊讶得不敢相信。"

你看……

科比和76人前锋沙罗恩·莱特(Sharone Wright)玩P-I-G投篮挑战,后者是1994年的六号秀。两人的赌注是,如果科比赢了,莱特让他开自己的陆地巡洋舰。"我特别专注,所以我赢了他。"科比曾说,"本来我只能开5到10分钟,但我最后开了半个小时。"

你看……

每次训练,霍华德都在现场。有一场比赛,科比在罚球线起跳,试图隔扣76人身高7英尺6英寸(2.29米)的中锋肖恩·布拉德利。他没能扣进。"但没有一个职业球员这么做。"霍华德说,"他一点儿也不害怕,一点儿也不犹豫。他散发着领袖气质,那种主宰一切的强者气势呼之欲出。你可能会想,因为那些人年龄都比他大,他会谦虚一些。可他的心态永远是:我要成为球场上最好的球员。"有一天早上,圣约瑟夫大学球馆没有开放,所有球员和教练,包括卢卡斯的助教莫里斯·奇克斯在内,都走过城市大道去主教学院的球馆打球。斯塔克豪斯和科比彼此对位。"杰里是个非常优秀的球员。"霍华德回忆,"但科比给了他极大挑战。有一个球,我永远也忘不了。科比在防守杰里,他防得很凶,杰里有些生气,他用胯撞倒了科比。科比站起来后接到球,我发誓,他投进了一个 30 英尺(9.14 米)的跳投。他是打板进的,他知道自己在做什么。莫里斯看着我说,'如果杰里·斯塔克豪斯是三号秀,科比就该是 3A'。"

"你看……"

八月的一天早上,科比开车接上了埃默里·达布尼,在去圣约瑟夫大学的路上,他关上了车窗,把暖气开到最大。

"你干嘛?"达布尼问,"我受不了了,这里面有 90 度。"

"我要跟斯塔克豪斯交手。"科比说,"我得保持热身状态。"

"你看……"

杰雷米·特里特曼去现场看过几次训练和对抗赛,格雷格·道纳因为刚从西普利学校体育教师职位上离职、加入主教学院,因此也能轻松地去现场观看。科比的一个球,让特里特曼惊叹不已。他持球突破上篮,飞身越过马洪——马洪身高 6 英尺 10 英寸(2.08 米),体重 240 磅(109 公斤),他曾是底特律活塞队"坏孩子"时期的成员,完全有能力用前臂把科比撞翻,而且他也乐意这么做。科比在空中躲过马洪,手和球都超过篮筐,完成上篮得分。对特里特曼来说,那年七月和八月最能说明问题的细节是,布拉德利有时会开车送科比回家,然后每天晚上给他打电话,确认他第二天会来参加训练。这可不是小事,而是具有重大意义。这表明科比被 NBA 球员接纳了,他融入进去了。从长远看,这种归属感意味着一切。明尼苏达森林狼队刚刚用五号签选下了凯文·加内特,让他成为 20 年来第一个高中毕业后直接进入 NBA 的球员。"那让科比更想进入 NBA 了。"特里特曼说,"从小在意大利长大,和其他人不一样,大学篮球对他没那么重要。在那些训练里,他开始越来越认真地考虑

NBA。"

你看……

科比和 76 人球员一起训练到九月，在主教学院球馆训练的那一周里，卢卡斯邀请这所学校的一些球员加入，作为热身搭档。他们干的是做挡拆掩护、传球这些事，都是普通高中球员能做的事。对迈克尔·韦尔（Michael Weil）来说，参加这些训练简直是梦想成真。当时高二的他是学校的二队成员，身高 6 英尺（1.83 米），体重 145 磅（66 公斤），留着一头短短的金发，用他的话说，自己"白人得不能再白人了"，他从未如此接近过职业球员。但最吸引韦尔关注，让他最感兴趣的，却是科比。一个高四学生，全力以赴面对 76 人球员……韦尔无比惊叹。在场有那么多球员和名人，韦尔只要了科比的签名。他撕下笔记本上的一张纸交给科比，科比很高兴地签了名。科比很健谈，也很友好，他问韦尔："你练哪些项目？"韦尔心想："这家伙只比我大两岁。"这就让每天训练结束后韦尔所目睹的一切，变得更加令人难忘。

"科比和斯塔克豪斯在一个场地上打球。"韦尔说，"两个人直接交手。我不知道他们打的是多少分的球，也不知道最后的比分是多少。但你不需要是篮球专家也能看出，那两个正在单挑的人当时的能力不相上下。"

你看……

好了，不用看了。那段时间在球馆里的每个人，不都看到了杰里·斯塔克豪斯看到的一切吗？难道在场的每个人不记得他记得的事情吗？难道没有人注意到莱昂纳尔·西蒙斯和前天普大学球星埃迪·琼斯（Eddie Jones）和马克·梅康（Mark Macon）以及所有费城篮球界的老前辈们一遍又一遍地把科比拉到一边，对他说"你得传球"吗？

所以……不要再说了。没错，科比有些时候得分确实很高，因为他移动灵活，控球能力强，可他太"隧道视野"了，只想着自己。没人真正想跟科比一起打球。有时打野球赛时，都没人选他做队友。"对了，他一对一赢了斯塔克豪斯。"斯塔克豪斯比科比大三岁半。"你能想象一个 17 岁的孩子总能赢我吗？"斯塔克豪斯曾经这样说，"我会先让他受伤。真的。我会上身体——那种事永远不可能发生在我身上。我们一对一单挑了吗？我们单挑了。他赢了我吗？也许他赢过一次吗？没错。他真的在自己 17 岁时能连续赢 20 岁的杰里·斯塔克豪斯吗？绝，对，不，可，能。我要终结这个说法。他是不是天赋极高，每个人都看出他有巨大潜力？没错。可对于现在我们听到的那些科比·布莱恩特的传奇故事来说，如果你跟当时在现场的人交流，就会发现一些不同之处。"

如果身处如今的自媒体时代，那么每个人都会知道 1995 年在菲尔莱·狄金森大学参加阿迪达斯 ABCD 训练营的科比·布莱恩特是全美最优秀的高中球员，因为科比会这样告诉每个人，他会在推特和脸书发帖，在 Instagram 上分享自己的视频。可在 1995 年的 7 月，互联网对大多数美国人来说还是稀缺物，是一项尚未完全展现强大力量和影响力的新科技，这就使得桑尼·瓦卡罗可以继续让他重新控制运动鞋市场的策略处于保密状态。

那年夏天开始时，瓦卡罗其实并没有打算将阿迪达斯的未来押宝在一个高中生新星身上。瓦卡罗的使命是找到下一个迈克尔·乔丹，可签约一个 17 岁的孩子、让他背负一家公司重新称霸市场的全部希望，这个风险未免太大了。也许准备回到维拉诺瓦大学开始大四赛季的克里·基特尔斯是更安全的选择，毕竟他身高臂长、柔韧性好，而且球风与乔丹类似。"我原本有可能向阿迪达斯推荐他。"瓦卡罗回忆，"克里名气很大，他是个优秀的球员，拥有很好的职业生涯。他没什么不好的。但凯文推开了那扇门。"加内特也打开了瓦卡罗的思路。1972 年的"时髦丹"经典赛……流利的意大利语…… 1994 年 ABCD 训练营上的拥抱和道别……他与科比·布莱恩特及其家人有一种……难以言表的紧密联系。这种联系存在于科比的父亲乔·布莱恩特身上，他曾经被人遗忘；这种联系也存在于科比身上，他身上满是宝贵的潜力。经过这么多年，在那个时刻，他们找到了彼此。桑尼·瓦卡罗不相信巧合。

在 ABCD 训练营开始前的那些年月里，格雷格·道纳想要激励科比简直易如反掌。科比走进每个球馆时都坚信，而且骨子里知道自己就是全场最好的球员，而道纳找到了完美的激励方法。只需要看一眼大学招募排名，看一眼篮球杂志上的名单，道纳就能得到足够多的火力。这周谁排在科比前面？是戴通纳海滩大陆高中的文斯·卡特（Vince Carter）？还是蒂姆·托马斯？只需要提一两个名字，他就能刺激到科比。甚至在人生的最后几年，科比也会提起老教练的调侃，以及那些调侃对他的激励。"你过去常常告诉我，文斯·卡特或蒂姆·托马斯更厉害。"这话并不完全对——道纳总是明确指出，这两个人的排名比科比高，并非两个人比他更强。但他的激励达到了目标，他和科比都从中受益。

当道纳和哥哥德鲁（Drew Downer）以及迈克·伊根一同北上，来到哈肯萨克参加训练营时，他们很快意识到，将科比与其他优秀的高中球员对比会是一件毫无意义的事。道纳在1995—96赛季邀请德鲁加入教练团队，在奥兰多一家地板公司担任管理层的德鲁接受了邀请，他辞掉工作，放弃佛罗里达的阳光，只为有机会执教科比。在道纳的预测中，如果没有做好准备，争夺州冠军的压力有可能会压垮自己、科比和球队，而他最信任德鲁，他相信哥哥能够成为球队的情绪晴雨表，及时发现哪个队员需要鼓励或者严厉的教导。而德鲁几乎立刻明白，科比大概是他最不需要担心的人。没有哪个营员比他还要好胜。"我一直等着科比稍微松懈一些。"德鲁回忆，"但他始终没有放松。"实际上，当训练营开始时，科比明显矫枉过正了。"他打了一场比赛。"伊根说，"他……没在胡闹，但他有些用力过猛了。"科比过分努力地想要成为场上最好的球员，想让看台上的大学教练和职业球探感到惊艳。伊根在赛后找到他："喂，你在干什么？打出你自己的风格，做你平时做的事就行。""接下来的那场比赛，我不是说都是因为我，但有一个球，他急停、转身，投进了一个15英尺（4.57米）的打板跳投，我能看到每个教练都惊掉了下巴。"伊根说，"那是NBA级别的没法防守的动作。不管什么水平的球员，都没法阻挡一个6英尺6英寸（1.98米）的孩子投进那个球。那才是教练们想看的。他真的开始脱颖而出了。"

1994年10月，距离杜克大学在NCAA决赛中以4分之差输给阿肯色大学已经过去六个月，迈克·沙舍夫斯基接受了椎间盘手术，可在手术后的几个月里，他的背部还是疼痛无比，这让他怀疑出问题的可能不是椎间盘。他担心自己就像老朋友、北卡罗来纳州立大学前主教练吉姆·瓦尔瓦诺（Jim Valvano）一样得了癌症，即将离世。不过事实证明，他需要的只是时间和休息，椎间盘就能逐渐愈合。可在他养病期间，杜克蓝魔的状态却急剧下滑。常年担任助理教练的皮特·高德特（Pete Gaudet）在沙舍夫斯基养病期间暂行主教练职责，杜克大学在1994—95赛季只打出了13胜18负。球队的情况非常糟糕，更衣室关系紧张到前NBA主教练道格·科林斯（他和乔在76人做过队友）的儿子、当时是杜克球员的克里斯·科林斯在一场失利后冲进更衣室，怒喷高德特没能正确地使用"老K"教练的球员。那个赛季也是36年来杜克大学唯一没能进入NCAA全国锦标赛的赛季。沙舍夫斯基经过休养，到1995年秋天时终于可以重返岗位，他回到了一支迫切需要一个超级明星让球队恢复往昔辉煌的队伍。

确定科比就是那个"超级明星"后，沙舍夫斯基指派自己的首席助教汤米·阿玛克（Tommy Amaker）担任杜克大学与科比之间的主要联络人，而阿玛克在下梅里昂高中的主要联络人是迈克·伊根。阿玛克认为科比符合杜克大学的所有要求，不管是篮球还是其他方面。科比拥有多面性——他的聪明才智，他的多年意大利生活经历培养出的对不同人和文化的深刻理解和欣赏。但阿玛克大概把更多时间用在和伊根讨论科比在杜克的未来，而不是直接与科比本人交流。"科比非常注重隐私。"伊根表示，"我们也很尊重，那是他的决定，和我们无关。'喂，如果你想聊这事，那就跟我们说。'但他拥有非常出色的分块管理的能力。我们几乎从没和他讨论过那件事。"

不过科比本人倒是会直接和沙舍夫斯基电话交流，他立刻喜欢上了这个教练。在招募初期，两人聊的更多的是科比在国外和回到美国后最初几年的生活经历，篮球反而不是重点。科比欣赏沙舍夫斯基在那四年里对格兰特·希尔的培养，而沙舍夫斯基会给科比讲起希尔的故事和趣闻：比如他如何成为球队领袖，如何适应杜克大学获得的媒体关注。希尔在1994年选秀大会被活塞用三号签选中，他那时刚刚在底特律结束个人第一个NBA赛季，场均近20分的希尔入选东部全明星队，还当选了年度最佳新秀。科比完全可以想象出沙舍夫斯基会对自己产生同样的影响。高四赛季末期，他对亲近的人承认了自己开始明白的一件事：如果他决定上大学，毫无疑问，他会选择杜克大学。

只不过，ABCD训练营上没人知道他的这个心思。沙舍夫斯基不知道；斯毕迪·莫里斯不知道；里克·皮蒂诺不知道；锡拉丘兹大学的吉姆·鲍海姆（Jim Boeheim）也不知道，他的球队已经连续14年至少取得21胜，而队中的头号得分手、后卫劳伦斯·莫腾（Lawrence Moten）刚刚成为NBA的二轮秀；康涅狄格大学的吉姆·卡尔霍恩（Jim Calhoun）不知道，嗓门很尖的他带着新英格兰地区口音，对科比吹捧自己的执教胜率以及康涅狄格大学连续两年获得大东区冠军的成绩。训练营上的每个教练都有机会向科比推销自己和学校，而且每个教练都觉得自己必须做推销，因为没人知道科比的计划是什么。因此，当科比、格雷格·道纳和伊根走进罗斯曼中心球馆的电梯时，沙舍夫斯基也赶在电梯门关上前挤了进来。那是他第一次和科比见面。现在，"老K"教练可以进行字面意义上的"电梯推销"了。

他对科比说："在杜克大学，我们打磨钻石。我们知道他们很好，我们会让他们变得更好。"

"该死，这话说得真好。"伊根心想。

科比和理查德·汉密尔顿、莱斯特·厄尔、沙辛·霍勒威以及杰梅因·奥尼尔一起参加了训练营，他们五人还在商量共同加入拉萨尔大学的事，与此同时，科比兑现了一年前对桑尼·瓦卡罗做出的承诺。他当选训练营MVP，并获得了全美最佳高中球员的桂冠。作为见证了儿子加冕的父亲，乔·布莱恩特沉浸在人们对科比的关注之中。各地教练的电话像潮水般涌进布莱恩特家，让他们没法好好吃饭；虽说当年他在巴特拉姆高中时可没有这样的待遇，但他仍然为科比感到高兴。"你不敢相信有多少人过来跟我说，他们很喜欢看他打球。"乔在当年的训练营这样说。至于和科比选择哪所大学有关的问题？"我现在不想回答大学的问题。"乔说，"科比会有很多时间去挑选大学。现在重要的是享受当下，因为这是人生难得一见的经历。"此外，消息已经传开了。每个人都知道，或者说应该知道未来的球员排名是什么。每个人都知道，或者说应该知道王者是谁。很快，可怜的克里·基特尔斯就被瓦卡罗抛到了脑后。他认定，科比才是与阿迪达斯雄心壮志相匹配的球员。这件事必须要做得恰到好处，需要一位合适的经纪人和合作伙伴，这个人需要和布莱恩特一家一样，拥有费城背景。这个人需要和瓦卡罗一样，相信立志成为职业运动员的人有权按照自己的想法追求自己的职业生涯，大学不应是球员进入 NBA 前的必经之路。这个人需要和瓦卡罗一样，愿意把科比打造成篮球界的下一个"神之子"，并且拥有足够的影响力去操控局势并实现这一目标。那年夏天的晚些时候，瓦卡罗找到了阿恩·塔勒姆。

为了再次近距离观察科比，沙舍夫斯基决定前往费城郊区，观看他在普利茅斯·怀特马什夏季联赛的一场比赛。他选了一场好比赛：科比的对手是唐尼·卡尔和罗马天主教高中。在开赛整整 24 小时前就能激发出比赛激情的夏季联赛对决并不多见，但是……

比赛前一晚，卡尔正在家里和女朋友打电话聊天，他看到电话上的呼叫等待灯亮了起来。他接起了电话。

"你好。"

"喂，唐。你在干嘛？你在做什么？"

"没事，待着，你是？"

"是我，科比。你怎么样？"

"我在放松，跟女朋友聊天。"

"好吧，哥们。我有个小问题，明天的比赛，亚·戴维斯（Yah Davis）打吗？"

那时候有传言说，卡尔在罗马天主教高中的队友、有实力进入一级联盟大学的戴维斯准备转学到法兰克福高中。卡尔立刻警觉起来。"这家伙在钓鱼。"两个人年纪更小时，科比不会问他这种问题，那时候他问的都是费城南部的生活，问他和自己在郊区舒适的童年不一样的生活，问他存钱只为偶尔去快餐店奢侈一下是什么感觉。科比提出这个问题，并非他真的感兴趣，那是一种迂回的盘问，那是竞争对手在寻找优势。

"我不知道。"卡尔说，"怎么了？"

第十二章 传说与现实

"哥们。"科比回答,"如果亚来打比赛,就是你和亚对我,我们都会拿出全力。你和亚对我,那肯定是场好比赛。可如果只是你,哥们,我不知道还有没有必要去。"

卡尔把听筒举过头顶,狠狠砸在座机上,他忘了女朋友还在另一条线上。他的兄弟姐妹跑进房间。"你怎么了?我们听到了特别大的声音。"卡尔忍不了,科比居然敢拿起电话,拨出号码,跟他玩心理战。而这个瘦竹竿是卡尔和他的朋友过去嘲笑、欺负的对象。

"这个家伙刚给我打电话!"卡尔对家人大喊,"根本不尊重我!"

第二天的普利茅斯·怀特马什联赛,满身大汗坐在空气闷热的球馆的 20 多个人里,有约翰·卢卡斯、里克·皮蒂诺和坐在看台第九排的沙舍夫斯基。科比的队友戴夫·罗森博格瞟了一眼这些人。"天啊。"他心想,"这赛季开始动真格的了。"沙舍夫斯基能出现在比赛现场,这本身就让迈克·伊根大松了一口气。伊根是下梅里昂高中夏季联赛的主教练,他把球馆的位置告诉了沙舍夫斯基,可他一直担心这位传奇教练可能迷路,怕他去成了阿伦敦,而不是比赛所在地的蒙哥马利县。

在看到那些大学教练后,卡尔找到罗马天主教高中的一个助教。"我想防科比。"卡尔说,"我想让科比和其他人知道,我更强。"走上场地准备跳球时,两个人没有握手,也没有说话。当罗马天主教高中的球员传球给卡尔时,他回忆,科比摆出了一个"认真防守的姿势,就像乔丹在总决赛里防守'魔术师'那样",手腿伸长,就像大蜘蛛一样。他好像在说:"没错,我记得你们过去怎么对我,可现在是新世界了。"

卡尔用一个漂亮的脚步,轻快地突破了科比,冲向篮下。科比在篮筐附近跟上了他,在他身后起跳,想要盖掉他的出手。但是卡尔戏耍了科比,他把球传给了后面跟上的队友,后者完成了暴扣。上半场结束时,卡尔得到 25 分,科比只有 4 分。卡尔心里暗笑,他知道自己能随心所欲地在科比头上得分。"如果我左右晃动,灵活地移动,他就很难防住我,因为他的横移能力还没有后来那么好。"卡尔回忆。这场比赛和过去的桑尼·希尔联赛没什么不同,那时候卡尔可以像操控棋子一样戏耍科比,凭借纯粹的身材和力量优势,想怎么打他就怎么打他。

　　下半场开始了，第一次，两个人之间的对抗形势出现了变化。科比开始对卡尔严盯死守，他开始防卡尔接球，在卡尔少数能够接到球的情况下，科比会沉肩防守，拒绝让卡尔从身下突破。有一回合，罗马天主教高中的控卫想强行传球给卡尔。科比抢断了那个球，他把球拨到身前，然后追了上去。罗马天主教高中的一名球员也在追球，但科比抓住球后，先是绕到背后，再拉回身前，然后继续冲向篮下。另外两名罗马天主教高中的球员追上科比，这一次，他选择胯下运球，球从屁股后面弹到胯前，他给自己传了一个球。科比在罚球线内一步的位置抓住弹起的皮球，全速起跳，双手暴扣。落地后，他开始吼叫。"那是一种狂喜。"卡尔说，"他的表情好像在说，'我是场上最好的球员，你别忘了'。"

　　科比收手了吗？答案是否定的。在后面的比赛里，科比持球到右侧，他打量了一下卡尔，就像之前卡尔对他那样，一个假动作晃过对手，前后运球，甩掉他后跳投，他一直保持着投篮后的伴随姿势，好像一只大鸟站在高高的草丛中那样，和乔丹一模一样。卡尔听到乔·布莱恩特在观众席上大喊："没错，儿子，就像我跟你说的那样。"他永远忘不掉那一幕，父亲好像给儿子补上了一个感叹号一样。

　　上半场就得到 25 分的卡尔，打完全场后的数据是 29 分、9 个篮板和 9 次助攻。科比在下半场得到 32 分，全场得到 36 分。卡尔错失压哨出手、下梅里昂高中最终以 1 分险胜后，他倒在地上，是科比拉起了他。

　　"哥们，听着。"科比说，"这只是场夏季比赛。你激发出了最好的我。我们以后再见。"

　　"只是场夏季比赛。"几天后的决赛让这句话显得那么可笑。下梅里昂将要迎战一个熟悉的老对手——切斯特高中。切斯特的教练和球员一直坚信，不管是夏季还是冬季，下梅里昂高中都不是他们的对手。切斯特高中换了一个新主教练弗雷德·皮克特（Fred Pickett），他是学校的资深助教，而且向来以球队是宾夕法尼亚州篮球界的主导力量和最令人生畏的形象而自豪。皮克特和他的前任阿隆佐·刘易斯不一样，刘易斯不仅自己如此，而且也坚持让球员在评价对手时只说一些不痛不痒的片儿汤话。皮克特却不介意对当地记者说出自己的真实想法。这是一种策略，他是在重申对自己球员的信心。为了让球队在心理上不受干扰，皮克特宁愿惹怒其他教练。

半场落后 8 分的下梅里昂高中在下半场开始后率先进球，但是自愿承担计分任务的孩子却错误地把这两分记给了切斯特高中。切斯特高中本该领先 6 分，但记分牌却显示他们领先 10 分。伊根找到裁判。这就是场夏季联赛，没有官方数据统计。可这又是决赛，对手还是切斯特高中。

"等一下。"伊根对裁判说，"他们把比分搞错了。"

接着，伊根指着皮克特。

"弗雷德。"他说，"你知道分差是 8 分，而且我们刚刚得分。"

皮克特只是坐在那里，停着圆鼓鼓的肚子，双手抱在胸前。

"我不知道。"

"弗雷德！你搞什么！"

比分很快得到纠正，但下梅里昂高中还是输了。又是一场对阵切斯特高中的决赛，又是一场失利。在现场观战的道纳和伊根带着球队走到球馆外面的过道上。两个教练并不打算安慰球员，他们也没必要安慰球员。大多数人面对夏季联赛决赛失利只会有一种反应：好了，现在我们可以去游泳，或者去海边度假了。

但科比没有那样的反应。那是决赛，对手还是切斯特高中。他开口说话。说话时，他两手死死抓住自己湿透的 T 恤，一直攥到汗液渗出，滴答着从衣服上落到地上。

"你们这些家伙最好做好比赛准备。"他说，"我再也不想输给这个混蛋队了，太扯淡了。你们最好做好准备。"

1995 年 7 月 25 日，ABCD 训练营结束两周后，迈克·沙舍夫斯基用杜克大学的蓝色墨水，给迈克·伊根写了一封信，表达自己对科比的喜爱。

亲爱的迈克

战胜罗马天主教高中的那场比赛打得真漂亮！你的教练工作做得很好。孩子们打得很顽强，也很团结。迈克，谢谢你对我的帮助。我非常感谢。科比真的很特别，我想做他的教练！

永远祝福你

迈克

收到这封信让伊根感到很荣幸，然而，虽然他非常想知道科比的决定是什么，但他确实不知道内情。如今，这封信没有被伊根收在抽屉里，也没有被湮没到看不见的地方，他把这封信挂在位于宾夕法尼亚州宝利市的自家书房墙上的正中央，墙对面的书架上摆满了传记和厚厚的历史书。2020年九月初的一天，在距离伊根家14英里远的地方，一个印有杜克蓝魔队徽的蓝白条纹杜克大学篮球，静静地摆在乔·布莱恩特位于雷明顿路1224号的旧书房的书桌上。住在那栋房子里的理查德和凯特·拜耶尔夫妇，仍然不确定科比为什么会把篮球留下来。但和其他人一样，他们都能猜到原因。

76人的新救星很快就意识到，形势对他不利。1995年7月31日，选中斯塔克豪斯一个月后，76人的力量与体能教练乔·卡伯恩（Joe Carbone）看到一个高高瘦瘦的孩子走进圣约瑟夫大学的球馆，径直走向卢卡斯。两个人私下聊了一会儿，卢卡斯随后叫来卡伯恩，把科比介绍给了他。卡伯恩是个强壮结实、肌肉发达的人，身材看起来就像个消防栓。他曾是一名竞技健美运动员，在那个赛季加入76人之前，他一辈子都在纽约的罗克兰县生活和工作。他对费城高中篮球一无所知，根本不知道科比是谁。身高5英尺2英寸（1.57米）的他，抬头盯着这个6英尺6英寸（1.98米）的少年。

"你得跟着乔一起练。"卢卡斯告诉科比，"练壮一点儿。"

重塑科比·布莱恩特身体的工作立刻开始了。卡伯恩领着科比走向球馆角落一堆松散摆放的健身器材旁。圣约瑟夫大学的球馆里没有单独的力量训练房，只有一个配有两个长凳的深蹲架，几台可选重量、带有固定插销的器械，以及一些高低滑轮和拉力绳装置。"可如果你知道自己在做什么，"卡伯恩说，"那这些东西就够用了。你可以练所有需要练的项目。"由于76人队和其他球员早上9点开始训练，所以科比与卡伯恩的训练时间就定在早上7点，练完后，两个人会一起看其他人训练。卡伯恩后来承认，这个安排有些奇怪，因为谁都能看出哪个人才是真正的天选之子。

卡伯恩制作了一个表格，追踪科比的训练和进展。他一直留着这份记录，好在四分之一个世纪过去后可以让人们看到，科比和他进行的第一次力量训练要做四轮以下三种练习：10次65磅深蹲，20次仰卧卷腹做三组，10次105磅推举。到了8月3日的那个周四，在两人的第三次训练中，科比10次深蹲的重量达到了135磅。"他是个天生的耐力型球员。"卡伯恩表示，"他的肌肉生长是为了长时间运动，他不是爆发力型运动员。你看橄榄球跑卫，他们的大腿非常粗壮，卧推能达到400磅，深蹲能蹲到600磅。但科比不是那种身体类型，所以他增肌的过程非常艰难，一点儿也不轻松。但他确实做到了。"夏天结束时，科比的体重从185磅涨到200磅，增加的15磅全是肌肉和肌腱。菲尔·马尔特利偶尔会看见科比在角落里骑健身自行车，或者绑着降落伞负重冲刺，卡伯恩在一旁密切观察着他。马特利心想，这和我见过的所有费城的优秀球员都不一样。"他是去做准备的。"马尔特利说，"不是去玩的。"

如果"费城人"这个描述是一种头衔的话，那么华盛顿子弹队的总经理约翰·纳什（John Nash）从头到脚都是个费城人。他毕业于圣约瑟夫大学，曾在76人工作多年，他知道圈子里的秘密，对他来说，握手就代表着承诺。"不管约翰说什么，你都可以信他。"长期在犹他爵士队担任总裁和主教练的弗兰克·雷登（Frank Layden）这样评价他。20世纪70年代中期，纳什在费城"五巨头"学校联盟担任运营主管，他和乔·布莱恩特保持着友好的关系。两人同属一个圈子，纳什了解布莱恩特一家，知道他们是脚踏实地的一家人。

1995年的NBA选秀大会，在76人选下斯塔克豪斯后，纳什和子弹队在已经拥有克里斯·韦伯（Chris Webber）和朱万·霍华德（Juwan Howard）两个顶尖内线球员的情况下，还是选择了剩余球员中最有天赋的球员，尽管他还是一个内线。他们的选择是费城人拉希德·华莱士（Rasheed Wallace），他也是斯塔克豪斯在北卡罗来纳大学的队友。当然，作为一个真正的费城人，纳什知道斯塔克豪斯和子弹队的两个后卫道格·欧沃顿（Doug Overton）及蒂姆·莱格勒都会在夏季参加那些野球赛和训练，他也知道卢卡斯经常去现场看那些训练和比赛。所以每过一周左右，纳什都会打电话给卢卡斯，了解最新情况。这就是同行兼竞争对手之间友好地分享观察结果信息。

有一天，纳什问他："斯塔克豪斯现在怎么样？"

"哦。"卢卡斯回答，"他是球馆里排第二的后卫。"

纳什感到意外。76人认为斯塔克豪斯将会成为建队基石。参加那些训练的 NBA 后卫，不是只有欧沃顿和莱格勒吗？卢卡斯说的是这两个人吗？"斯塔克豪斯应该比他们都强。"纳什心想。

"谁比他更好？"纳什问道。

"哦，是科比。"卢卡斯说，"他是最亮眼的。"

"科比。"纳什心想，"如果有机会选他，我一定不会错过。"

对科比来说，夏天意味着萨姆·莱恩斯（Sam Rines）全明星队，意味着他要面对小萨姆·莱恩斯。七月晚些时候，在 ABCD 训练营结束后，萨姆·莱恩斯全明星队乘飞机前往拉斯维加斯，参加阿迪达斯的"大场面锦标赛"。参加这项赛事标志着莱恩斯一家打造 AAU 球队的理念开始出现转变，此前，他们一直将球队及比赛范围集中在费城及其周边地区。但是科比一直敦促小萨姆扩大范围，参加更多的全国性比赛。在飞往拉斯维加斯的航班上，小萨姆在一次私下谈话中明白了原因。科比告诉他，他计划参加 NBA 选秀。

"我们的关系变得紧密起来。"小萨姆表示，"我们开始认真了。"

科比最先向小萨姆坦白自己的计划，这种做法倒是合情合理。没错，两人确实爆发过冲突。小萨姆曾经纳闷，科比什么时候才能学会少点儿个人英雄主义；而科比也对小萨姆要求他多考虑队友的抱怨感到恼火。然而，尽管赢得州冠军很重要，尽管他和格雷格·道纳、迈克·伊根以及杰雷米·特里特曼的关系非常紧密，但科比还是将高中篮球和 AAU 篮球这两个世界分割开，他只在其中一个世界证明自己已经做好了转为职业球员的准备。在一月中旬面对中部联盟的球队拿下 40 分当然是好事；可在全国最优秀的高中球员面前，在数百名教练和球探的注视下，在一个和自己及家人友好的球鞋巨头主办的活动中、在美国篮球机器的重要人物的关注下表现出色，这才是最重要的。理查德·汉密尔顿没有跟随萨姆·莱恩斯全明星队一起参加比赛，球队也没有赢得这次锦标赛的冠军，但这些只是小插曲。科比的未来，正在逐渐变得清晰。在拉斯维加斯的其中一场比赛的最后时刻，科比甚至传球给了可以空位上篮的队友。队友错失上篮，萨姆·莱恩斯全明星队输掉比赛，这些事情都无关紧要。在那么多双眼睛的注视下，在人们评判的目光中，那个球证明科比终于开始听取小萨姆让他多传球的恳求。他在用全面的球技、而不是自大和傲慢，来代表自己。"因为那个球，他成为我最喜欢的球员。"小萨姆表示，"我甚至对他说，'你就该一直这么打。不管其他人怎么说，当你开始传球，打球不再自私，你就是最好的球员'。那个球之后，我开始尊重他了。"

那些教练和球探显然也是这么想的。可他们真的能看懂正在发生的事吗？他们真的知道科比为自己做了什么计划吗？他们是否明白自己对科比和乔来说只是实现目标的一种手段？这些教练和球探是否知道，布莱恩特一家虽然需要他们的认可，但这一家人的目光却已经越过他们，投向了科比未来的人生和职业生涯。他们已经品尝到了成功的滋味。在八月的基斯通大赛中，乔、老萨姆·莱恩斯和科比 AAU 队友贾斯汀·鲁博（Justin Luber）的父亲罗恩·鲁博（Ron Luber）观看了科比和理查德·汉密尔顿在对宾夕法尼亚全明星队的三场大胜。随后，他们从哈里斯堡搭乘航班赶往大西洋城，在特朗普广场酒店和赌场玩了一晚上的掷骰子和其他赌博游戏。身为医生的鲁博付了账，他们三人成了朋友。至于篮球？科比在那段时间非常开心，因为他在基斯通大赛决赛的对手球队中，有几个来自切斯特的球员，而他们的教练是……格雷格·道纳以及迈克·伊根。科比在那场决赛中砍下 47 分并带领球队战胜自己的高中教练，当那年秋天下梅里昂高中的赛季开始时，听到道纳和伊根说的话，科比就会用那场比赛和自己的表现调侃、回击他们。

"嘿，科比，我们准备在防守上做这些事……"

"行啊，基斯通大赛上我在你们头上拿到 47 分，这套策略有用吗？"

如今再去回想自己口中"著名的圣约瑟夫大学之夏"，已为人父的道纳可以理解当年的乔。科比与杰里·斯塔克豪斯、弗农·麦克斯韦尔旗鼓相当，桑尼·瓦卡罗开始在背后运作。"乔肯定在想，'不会发生了。'"道纳说，"'拉萨尔、维拉诺瓦、杜克，这些都没戏了'。"乔肯定是这么想的……因为科比就是这么想的。尤其是两人在拉萨尔大学相聚，重振乔的母校的想法。和"五巨头"学校有关的传言正在消散。小萨姆·莱恩斯在拉斯维加斯见到了莱斯特·厄尔，他提了个小问题："你要跟科比一起打球吗？"厄尔的回答很能说明问题："天啊，教练，我不知道。科比出手数很多，我能跟他做队友，但是在拉萨尔？我不知道。"密歇根大学主教练史蒂夫·费舍尔（Steve Fisher）在海曼大楼看了一次公开训练，以便考察科比。他看了看周围环境，然后对别人说："操，他们要在这里打球？"他们当然不会选择那所学校，但这不重要，因为真相正在慢慢揭示：指望拉萨尔大学能吸引科比，以及科比去了之后能改变学校命运，这个想法实在太不切实际了。对他来说，拉萨尔这个舞台太小了。最重要的是，科比本人对那些甜言蜜语和恭维不感兴趣。只不过，他还没有做好分享自己真正想法的准备。他还有很长的路要走，如果人们没有注意到，如果人们没有解开这个谜，那么错不在他。

"我根本不可能去拉萨尔大学。如果去，我早就做出承诺了，我还会让其他四个球员跟我一起去。因为我在初春那段时间没有公开表明自己会去那里，我以为所有人都能明白我的意思。有时候，人们的反应太慢了。"

那年夏天，约翰·考克斯在圣约瑟夫大学球馆的一个角落找到科比前，曾经一遍又一遍地警告自己的哥哥沙里夫·巴特勒。巴特勒已经有一段时间没在费城生活了。作为一个身高 6 英尺 5 英寸（1.96 米）的后卫，他正在沃斯堡的德克萨斯基督教大学、在主教练比利·塔布斯（Billy Tubbs）手下打球。他只是为了探亲才回到费城，只是为了再给他的小表弟科比一个下马威，为了好玩，为了开心。考克斯总是对他说："喂，你不会想做他的对手。你死定了，完蛋了。"可沙里夫·巴特勒是 NCAA 大 12 区的首发后卫，他也是个相当出色的球员。沙里夫·巴特勒不知道，正是因为他多年前的折磨，协助创造出了这样一个"怪物"。考克斯再次警告他："不要跟科比打球，他会打爆你的。"但巴特勒还是和科比单挑了，因为他离开的时间太久，因为他没有见证科比的转变。

两人的单挑，先得 16 分者胜。科比赢了。这么说其实不够准确，不能反映事情的全貌。科比赢了他，比分是 16 比 0。科比打爆了他。科比在他头上暴扣。科比对年长他三岁的亲戚连爆粗口，侮辱、质疑他的男子气概。彻底释放了过去几年输给巴特勒几百次积累下来的怒火。"他好像东西被偷了一样打爆了他。"考克斯说。单挑结束后，科比喝了口水。沮丧的巴特勒向考克斯走去。

"约翰。"巴特勒说，"他准备好了。他现在就能去 NBA。他的能力已经够了。"

第三部分

> 我喜欢保守秘密,假如你还没注意到的话。
> ——科比·布莱恩特

第十三章
秘密与鲨鱼

他高四了。在下梅里昂高中篮球生涯的最后一个赛季开始前,在深秋的黎明前,科比·布莱恩特会在黑暗和寂静中醒来,他会缩成一团坐在自己陆地巡洋舰的驾驶座上,然后开始两英里的路程,开车驶向他的高中。不管是超市还是贝果店,哪里都关着门。不管是路上还是路边,至少在一段时间里都不会有人。如果他让自己多睡几分钟,如果再晚点出门,也许开车时他就能看到另一辆车经过,或者用余光瞥到一两个步伐稳定得像节拍器一样的慢跑者,他们的呼吸在脸前的 10 英寸(25.4 厘米)处形成蒸汽,路灯柔和的光芒照在他们的反光背心上。如果看不到这些人,那么当他左转驶上哈弗福德大道,再右转进入阿盖尔路时,就不会有其他东西分散他的注意力。那里的房子密密麻麻地排列着,虽然住在那里的婴儿潮一代过着快节奏生活,但一切都会很安静,只有门廊灯或满月时的光亮,才会刺穿夜幕。

这一路上的限速都不超过每小时 35 英里,所以科比大概需要 7 分钟才能开完这段路程。也许他用不了 7 分钟,因为他还是个青少年,没多少耐心,他想尽快赶到学校,也许他踩油门的脚会稍微多一些力,让自己 SUV 的时速达到 45 英里。也许他的用时会超过 7 分钟,因为他是一个在主线上开车的黑人孩子,他需要小心一点儿,没人知道路上会不会突然出现警察,也没人知道警察在黎明前看到一个黑人孩子开车行驶在主线上会有什么想法。

他会关上车窗,打开暖气,所以车里有时会彻底安静下来。他会在脑中构想、计划当天的训练吗?他会构思那些步伐训练、三分球和中距离投篮吗?他会提前思考球队接下来的训练或比赛吗?他会想象自己在 NBA 赛场上,周围的观众热血沸腾，关键的制胜球由他来完成吗？有些时候，他不会一个人开车。有时，他会顺路去接罗比·施瓦茨（Robby Schwartz）。施瓦茨是个矮胖的高二后卫，也是球队里最健谈的孩子之一，他总是滔滔不绝地讲着俏皮话和有趣的故事。在校队为期两天的试训中，他拼尽全力，争抢每一个球，积极防守，每一次短跑冲刺都是他赢。"我这辈子从来没那么努力地训练过。"后来他这样说，"我必须入选球队。我知道会发生特别的事，我想参与其中。"

科比会把车停在教工停车场，学校有三个体育馆，他的车总是停在靠近其中一个入口的车位上。可以说，他本不该享有这样的特权。那年秋天，因为施工，学校的学生停车位从 79 个减少到 24 个。由于附近居民对汽车挤满他们满是树荫的社区很不满意，所以警察会对那些胆敢在校园附近街道停车的学生开出 40 美元的罚单。科比却可以随意停车，他以为自己是校长吗？但他却能找到理由，轻松地为自己找到合理的借口。他每天早上五点半之前就到学校了，比任何教职员工或学生都早。如果他要比其他人花更多的时间在这里磨炼自己的技术，如果他注定成名，注定走上不朽之路，他确信那就是自己的未来——那么为什么他们比他更应该得到那些停车位呢？看门人会放科比进学校，他和施瓦茨要么进入主馆，要么去名叫"阿德莫尔馆"的第三座体育馆。不管去哪个体育馆，开灯需要 5 分钟，馆内温度上升到室温需要半个小时，当施瓦茨穿着短裤在冰冷的球馆里瑟瑟发抖时（"我这辈子也没那么冷过"），他问自己，当科比问几个队友是否愿意和他一起练投篮时，为什么只有自己答应了。答案显而易见。

"我想了很多提高我们化学反应的方法，我以为那能让我得到更多上场时间，或者至少能让我上场。"他说，"结果，我只是给他捡了一小时球。我从没说过什么。他是我的队友，他比我大一岁。我在高中只是个非常渺小的存在。我不想冒失，再次重申，我只想参与到他的旅程中，无论那是什么样的旅程。'我就帮他捡几分钟的球，然后我们再做一些练习。'但其实，我只是给他做了一小时陪练。"

"好笑的是，现在回头再看，那是最有意思的一段经历，太美好了。人们愿意付出一切，就为了站在我的位置上，给他捡球。那时候我不这么想。现在，我无比珍惜和他、和球队在一起的每一秒。那绝对是我人生中最棒的一年。不管是赛前、赛后还是训练，我愿意付出一切代价，只为重新经历其中任何一个瞬间。"

高四学生散发着一种前所未有的自信和舒适感。第一个学期，他们可以主宰整个学校。第二个学期，当他们提交了大学申请，录取通知书塞满邮箱时，他们就可以惬意地度过那段时光。他们对未来有了更多的憧憬，夏天即将到来——他们即将高中毕业，他们即将满 18 岁，他们会成为成年人，新的自由近在咫尺。高四学生熟悉自己的日常生活环境，知道什么是酷，什么不被接受。他们拥有更大的储物柜，在餐厅占据最佳位置，还会被邀请参加各种派对。高四学生在学校里总是趾高气扬。

和大多数高四学生相比，科比·布莱恩特更有理由趾高气扬。那个害羞、不够自信的高一学生不见了，取而代之的是一个不仅能证明进入 NBA 的梦想现实可行、甚至唾口可得的 17 岁少年。这个信息解放了他。他知道自己在下梅里昂高中生态体系里的地位与责任。可他也做好了准备，总想打破界限——无论是别人的还是自己的，不管是在校内还是校外，他尝试各种情绪、形象和身份，就像在百货商店试穿衣服一样。当一个流浪汉在费城街头接近科比和马特·马特科夫，还找马特科夫要钱时，科比抓起他，把他扔了出去。马特科夫在阿德莫尔小屋与人打架，科比为朋友出头，虽然后面事态平息了，但他对马特科夫说："马特，你不能惹人生气，不能那样做。"一天晚上，一个餐馆的女服务员给他端上了一个小块的苹果派，他告诉她："女士，我身高 6 英尺 6 英寸（1.98 米），这一小块不够我吃。"他想成为全世界最强篮球运动员的欲望如此强烈，在他离世前，甚至连他的朋友们都无法理解这种欲望对他的影响。"他死后，这件事让我挣扎了很久。"罗比·施瓦茨回忆，"人们说了很多，我觉得他们说的不对。'哦，他是这个样子。'这些人互相都不认识。每个人都想讲他的故事，但没人知道他们说的对不对。我一直觉得，如果在想某件事情上实现伟大成就，你就必须执迷于那件事。一个 17 岁的孩子，你可以想象一下他的专注度和紧迫感。他就是极度专注于一个目标。那就是人们不理解的地方。他心里有一个目标,如果你不是那个目标的组成部分,如果你对实现那个目标没有作用……"

卡特里娜·克里斯姆斯在"学生之声"会议上遇到的科比,并非那么偏执狂热,克里斯姆斯认识的科比,偶尔会在早上去图书馆,找她聊天或者吐露心声。那个科比彬彬有礼,喜欢学习新东西,渴望得到卡特里娜的建议,甚至是关于他与异性(当时数量有限)互动和关系的建议。"他就像我儿子一样。"克里斯姆斯表示,"讨论到女孩时,我们讨论的是如何尊重她们,如何赢得她们的尊重。我会对他说:'你不想要那些裙子超短的女孩。'我是中年女性,他是个年轻男孩,我的观点是从中年女性的角度出发的。我们聊的都是生活,聊的都是怎么和其他人相处。我们的关系就是那样:我们聊的都是怎么和别人相处,其他人可能和你不一样。他一点儿也不傲慢。他和其他人一样,但也不一样。"

这是贯穿科比一生的悖论。他既能感同身受,又无法感同身受。他和学校的冰球队明星乔丹·科岑斯(Jordan Couzens)是同班同学,科比经常开车去普鲁士王镇观看冰球队比赛,支持乔丹。"我觉得科比知道他得到了所有关注。"他的一个同学说,"不过乔丹仍然保持着下梅里昂高中冰球队的各项纪录,他们俩之间有一种惺惺相惜的感觉。"在英语课上分析弗兰纳里·奥康纳(Flannery O'Connor)的短篇小说《上升的一切必将汇合》(*Everything That Rises Must Converge*)时,马特科夫想办法将讨论引回到科比身上。他说,故事中的主人公欺骗了自己,对自己不够诚实,这正是科比永远不会做的事。"很多人觉得他生活在一个泡泡里,活在自己的世界里。"马特科夫说,他朝科比点头说话时,马尾辫在脑后甩动着,"但我知道他不是。他和我心有灵犀,他和他自己心有灵犀,没有比他更真实的人了。"在那节课上,旁观者可能会因为马特科夫对偶像或者说死党的忠诚而钦佩他,也可能因为他的阿谀奉承而翻白眼。在家政课上,科比和朋友劳伦·罗德里克(Lauren Rodrick)分到了一组,劳伦之前在天主教学校读了六年,在科比高三时才转学到下梅里昂高中。她跟科比说过,作为新来的学生,她很不适应。科比告诉她,他能理解这种感受。现在,家政课老师给每组发了一个"椰菜娃娃"(Cabbage

Patch doll），让学生们用这个道具进行这项历史悠久的经典练习，让他们体验为人父母、照顾新生儿是什么感觉。科比看着娃娃深色的皮肤，随后问罗德里克："你确定这是你的孩子吗？"皮肤白皙的罗德里克听到这话，忍不住笑了出来。她觉得科比很聪明，喜欢开玩笑，和在人群中相比，他更喜欢一对一和人交流。罗德里克注意到，周围的人越多，科比越安静。高三时，科比告诉她，他确实会和两三个朋友出去玩，但他从来没去别人家参加过派对，从来没有在没有父母监督的情况下和一群高中孩子一起玩。这让罗德里克很意外。"科比，你都快上大学了。"罗德里克对他说，"不去参加个派对怎么行！"科比说出了"算了，我今晚要待在家，你们去玩吧"这样尝试婉拒罗德里克的话，但还是陪着她、她男朋友、沙雅和其他几个人一起去了在特拉华县的小城耶顿举办的一个派对。在那个周六的晚上，科比任凭音乐和从未谋面的女孩子们摆布。"他太抢手了。"罗德里克回忆，"科比在生活中戒心很强，但他享受女孩们不认识他是科比·布莱恩特的感觉。他只是派对上一个长相英俊的人。他在那个夜晚过得非常快乐，他庆幸自己来了。"

可在下梅里昂高中，科比已经不再享有那样的自由和相对无名的状态。1995年10月3日，学生们盯着走廊和大厅里的电视机，等待OJ·辛普森案的判决。关于辛普森的无罪判决撕裂了学校，黑人学生在欢呼，白人学生不敢相信这个结果，但不知怎的，这种紧张关系并未影响到科比。"我不知道人们更多地把他看成黑人还是白人，还是更多地只把他看作科比，一个高高在上的人物。"施瓦茨说，"他在我们中间，但某种程度上说，他比我们更伟大。"

科比越来越适应社交上的超然状态，自己也越发自洽。他经常在周末和格里芬外出，去城里和周边的俱乐部或其他场所玩乐。学校疯传一个流言，说科比开始和在电视剧《新鲜王子妙事多》(The Fresh Prince of Bel-Air) 里的明星塔提安娜·阿里（Tatyana Ali）约会。事实上，这个流言是科比自己传出去的。他开玩笑地跟朋友雷内·威廉姆斯（Rennae Williams）说，他会带阿里或是流行歌手、演员布兰迪中的一位参加毕业舞会。当《梅里昂报》(The Merionite) 的记者梅兰妮·阿玛托询问科比这个流言是否是真的时，他大笑，然后回答："无可奉告。"因为他的社会地位，科比与任何人的互动都会给对方留下深刻印象。那个学年刚开始不久,他的升学指导弗兰克·哈特维尔正在和一些新生见面,科比走进哈特维尔的办公室打断了谈话。"嗨,哈特维尔先生。"他说,"你的家人最近怎么样?"新生们倒吸一口气,都盯着他。"是科比·布莱恩特!我离他那么近!"

不过科比与哈特维尔的后来一次会面,却是另一种基调。1995年3月,学校董事会通过了一项修订后的反性骚扰政策,该政策要求在次年秋季为学校教职员工和学生举办培训研讨会。作为指导老师,哈特维尔需要将学生分成不同小组,回顾并教授该政策的指导方针,其中包括学习"规则、法律、安全以及保护个人权利之间的关系"以及"适当和不适当身体接触之间的区别"。

哈特维尔解释完课程的目的后,科比站起来朝门口走去。

"哈特维尔先生,我不需要上这个课。"他说,"我不需要。"

"科比,你需要上这个课。"哈特维尔说。

科比坐回座位,哈特维尔继续上课。

1995年深秋,在那年的试训和训练开始之前很久,格雷格·道纳就已经感受到了执教科比并力争拿下州冠军的沉甸甸的压力。他预见到,即将到来的赛季将是他执教下梅里昂高中的最后一个赛季。他已经接受了主教学院的邀请,准备去那所学校担任体育教师,不过他此时的脑海中有两个想法:第一,他将有机会完整执教科比的高四赛季;第二,赛季结束后,他会全身心投入到主教学院的教学中,即便永远无法担任学校篮球队的主教练,他也要去那里工作。但如果没赢得赛区冠军或者州冠军呢?如果这个赛季失败了呢?督促科比,也被科比督促,这种日复一日的挑战既让道纳感到振奋,却还是无法平息他内心的那些疑问。在科比加入下梅里昂高中前,道纳有时会在夜里辗转反侧,他担心的不是球队能不能赢下一场比赛,而是他们能不能得分。这听起来有些可笑,但却是现实。现在,如果不小心,他可能会被压力压垮,其他人也感受到了这种压力。在一次为橄榄球队举办的加油会上,科比加入了高四学生和高三学生的拔河比赛,双方各五人,比赛输赢关乎高年级学生的权威。学生们随意丢弃的书包散落了一地,让体育馆的地板变成了雷区。组织这次活动的老师是琳恩·弗里兰德,她还是科比朋友苏珊·弗里兰德的母亲。看到科比即将踩到书包时,她赶紧手忙脚乱地踢开并挪走那些书包,以免他受伤。"天啊。"她心想,"如果科比扭了脚踝,格雷格一定会杀了我。"学校运动办公室里的电话响个不停——那间原本是杂物室的房间,勉强能容下学校的运动部门主管汤姆·麦克格文和秘书玛丽·穆雷(Mary Murray)。那些电话来自教练、球探、媒体、家长和社区成员。麦克格文买了一个能录下100条留言的留言机。当麦克格文连续两天打开办公室的灯,发现留言机因为整夜的来电而录满之后,他干脆拔掉了电源插头。常规赛期间的球票供不应求,排队买票的队伍特别长,以至于麦克格文不得不将售票处移出运动办公室。因为办公室位于教学区,长队会在上课时间影响走廊的通行。到了比赛之夜,误以为可以在比赛开始前买到球票的人被挡在门外,人数多达几百人,他们离开时的车流堵塞了蒙哥马利大道,让小镇警察焦头烂额。"到了他的高三和高四学年,科比几乎占据了我的全部生活。"麦克格文表示。穆雷也是如此,但她就没那么开心了。在下梅里昂高中,玛丽·穆雷似乎是所有人中最不喜欢或者最不认可"科比体验"的人,相比如今喧嚣热闹、受人关注的学校,她好像更怀念过去篮球队平庸的时光。"他们都快要被这阵势搞得窒息了。"道纳说,"像玛丽·穆雷这样的人巴不得赛季快点结束。"

  尽管压力巨大,但道纳和球队都迫不及待地想要开始新赛季了。虽说球队仍以科比为核心,可因为盖伊·斯图尔特和埃文·蒙斯基毕业,球队的阵容和前一赛季相比还是略有不同。埃默里·达布尼成为控卫,科比、杰梅因·格里芬、丹·潘格拉齐奥和布伦丹·佩蒂特一起成为首发球员。两名新球员的加入,增加了球队板凳阵容的厚度:从大主教高中转学过来的前锋奥马尔·哈特切尔(Omar Hatcher),以及高一新生卡里姆·巴克斯戴尔(Kareem Barksdale)。和之前一个赛季一样,道纳把早期赛程排得满满当当:他们要在德雷克塞尔大学和唐尼·卡尔及罗马天主教高中交手一场;在圣约瑟夫大学再次面对圣安东尼高中;在南卡罗来纳州默特尔海滩举行的海滩篮球经典赛上打三场比赛,全国各地的顶尖球员和球队都会参加这项赛事,其中包括格伦·奥克斯高中和莱斯特·厄尔,南卡罗来纳欧克莱尔高中的杰梅因·奥尼尔，还有来自亚利桑那州的影山高中及其控卫、乔·布莱恩特前队友亨利·毕比的儿子迈克·毕比（Mike Bibby）。

最重要的是，为了球队，也为了保证自己心灵的平静，道纳迎来了两个新的助理教练，给他们分配了不同寻常的工作。第一个助教不是道纳找来的，而是自己找上门来的。26岁的吉米·基泽曼（Jimmy Kieserman）身高6英尺（1.83米），他和小萨姆莱恩斯一起长大，在莱德大学和迈阿密大学都打过首发控卫，当时他住在纳伯斯，做的是保险一行，一天晚上恰好在当地电视台上看到了一段关于科比的报道。作为天普大学传奇主教练哈利·利特瓦克（Harry Litwack）的外孙，基泽曼对自己提出了好教练或者说传奇教练的外孙会提出的问题：怎样能让这个孩子在高中变得更好？教练组有谁能帮助他？他给道纳打去电话，主动提出担任科比的专职训练师。基泽曼能扣篮，他在以色列的马卡比联赛和东部篮球联赛打过球，换手运球能力非常强，而且运动能力强，球风非常强悍。"我觉得自己是个成年人，他是个孩子，我能帮他提高技术，能打磨他。"基泽曼表示。道纳接受了他的自荐。

道纳补充的第二个助教是杰雷米·特里特曼，因为两人已经是朋友，而且特里特曼与道纳、科比和乔在一起的时间原本就很多，道纳此举只是让他有了正式头衔。不过道纳对特里特曼说，他不是真正的教练，而是媒体关系主管。因为执教科比而产生的所有责任中，道纳最讨厌的就是报纸和电视记者源源不断的采访请求。道纳在面对陌生人时性格内敛，公开讲话时总是谨慎措辞，他更喜欢专注于球队。而特里特曼不仅拥有处理媒体狂轰滥炸的专业人脉、经验和诀窍，而且他还因为有机会与科比密切接触、并扯下对下梅里昂高中任何客观中立的伪装感到兴奋。如果能成为下梅里昂高中的一员，他又何必做报道这支球队的记者呢？不得不说，道纳这种组建高中篮球队教练组的方式颇具创新性和现代感。迈克·伊根继续担任球队的防守专家。德鲁·道纳成为业余球员的心理辅导师。基泽曼将成为科比的陪练兼导师，而特里特曼的加入让道纳能够监督和协调整体的运作。

但在赛季之初，球队并非没有遭遇坎坷。伊根在季前赛笔记上写下了"四个月的比赛，一生的悔恨"这样的标题，毫无疑问，道纳和他将把在科比高三赛季时对球队的严厉的爱延续到高四。"科比——在禁区更有存在感，注意篮板，干扰对手，游弋保护禁区……杰梅因——终结，终结，终结，终结，终结，二次冲抢……丹——注意场上局势，更多持球，加速冲击……德鲁，考虑对他进行灵活性训练（脚步太慢）。"他们会尽力把科比当成球队的普通一员看待，即使他明显不是。实际上，在第一天的训练中，科比就被队友的懒散态度惊呆了，尤其是那些新加入的球员。达布尼迟到了，而且用他自己的话说，"因为贪玩，没有完成作业"，他因为成绩不合格被禁赛三场。哈特切尔和另一名替补"黄油"卡里·沃克（Cary Walker）也迟到了。"他们真的没有一点儿概念。"科比后来说，"他们参加了篮球队试训，但他们根本不知道要面对的是什么。他们不知道我们会经历怎样的情绪波动，不知道我们会面对多大的媒体关注和炒作。他们一点儿也不懂。他们在训练中就是敷衍了事。"他把自己在球队里关系最好的朋友格里芬拉到一边。

"杰梅因。"科比对他说，"我们可能只能靠自己了。我可能场均需要得 40 分，你可能要得 30 分。"

那个赛季还没开打，科比的个人能力和对胜利的强烈渴望就已经和队友拉开巨大差距，他们难以满足他的预期。在每次训练中，道纳会让球队进行一项篮板练习：一名球员争抢没进球后的篮板，另一名防守球员卡位，想办法阻止他抢篮板。只要进攻球员碰到了球，就算他没抢到篮板，防守球员也必须一直留在场上训练。整个高中生涯，科比从来没有输过任何一次队内对抗赛或对抗性训练。所以当他和潘格拉齐奥一起训练时，当两人为了抢球一起冲向一面水泥墙时，科比做了他认为必须要做的事。就在潘格拉齐奥的手要碰到篮球时，科比推了他的后腰。那面水泥墙的底部挂着一块金属板。潘格拉齐奥撞上水泥墙时，他的手肘撞上了金属板上的一颗螺丝，螺丝在他的手臂上划开了一道口子。科比一把就从潘格拉齐奥满是鲜血的手中抢走了篮球，带着胜利的喜悦大步走回球场中央，因为他保持了不败纪录。让人意外的是，尽管潘格拉齐奥立刻去医院缝了三针，但他对这件事并没有怨恨。"虽然人们可能觉得科比太狂热了。"后来他这样说，"但我们都爱他的竞争精神。我们意识到自己正在参与某件特别的事。科比激励我达到了前所未有的高度，他要求我们每个人为他做到这一点。"

对罗比·施瓦茨来说,折磨是不可避免的。每天早上的拼车并没有让他在科比面前得到任何优待。当球队进行全场对抗赛时,道纳经常安排他们六打五,并且指定身材矮小的施瓦茨和里奥·斯泰西(Leo Stacy)一起防守并激怒科比。"我总是在想,'总有一天,他会忍不住打我'。"施瓦茨回忆,"我们都贴在他身上了。我们不让他接球,如果他接到球,我们就会包夹、上手,会对他犯规。有时候气氛会变得很紧张。他会把我的手打到一边。他扣篮后,我的脸被球砸中过几次。"有一次,施瓦茨终于算是复仇成功。他在快攻时冲向科比,把球抛向篮板后上篮得分。科比为了骗取进攻犯规摔倒在地,而施瓦茨抓住从篮筐中落下的球,趁科比还躺在地板上时将球砸向了他。"太爽了,我刚刚在全国最厉害的球员身上得分了。"施瓦茨回防时心想,跑到中场附近还在挥拳庆祝,这时他看到队友都在指着自己。"我一转身,球直冲我的脸而来。"他说。科比把球砸向了他,就像棒球明星诺兰·莱恩(Nolan Ryan)投球那样。施瓦茨躲开了,球"嗖"的一声从他脑袋旁边飞过。然后,训练好像什么也没发生一样继续进行。

不过另一个和施瓦茨有关的故事,却早已融入科比·布莱恩特的传奇经历中,尽管随着时间流逝和无数次转述,这个故事的细节已经变得模糊不清,但其中的逸闻甚至可以当成民间传说来看待了。根据目击者的陈述,以下是这个事件的最准确版本。球队正在进行队内对抗赛,科比和施瓦茨在同一队。双方打成平手,因为科比不断吸引着对手的双人包夹乃至三人包夹,施瓦茨灵机一动,想到了利用科比作为诱饵的打法。科比在底角位置拍手要球,他大喊"罗伯!罗伯!"施瓦茨假装传球,但随后选择自己持球突破上篮。那是他在全场比赛的第一次出手。"我没投进。"施瓦茨回忆,"我想说我被犯规了,但训练赛不吹犯规。"

对手在得分后,赢下了对抗赛的胜利。那是科比四年高中生涯第一次输给队友。他狠狠地把球砸在地上。他怒骂施瓦茨:"那个球打得不聪明!你在想什么?"道纳说:"开始时像是在开玩笑,随后我们意识到,'他没在开玩笑'。"当施瓦茨小声嘟囔"哥们,放松点"后,科比愤怒了。

对施瓦茨来说，之后的时间仿佛停滞了一样。"操，我不该说那话。"科比朝他做了个动作，施瓦茨没等看清楚是什么，撒腿就跑。他飞奔出体育馆的双扇大门，冲到走廊的尽头。"我吓坏了。"他说，"我知道我对一个比我高大很多的人说了什么话。恐惧占据了上风，我跑了。回到体育馆后……别提多丢人了。"

至于科比到底有没有"追赶"施瓦茨，后来变成了传说。"科比没追他。"伊根说。特里特曼坚称，在剩余的75分钟训练里，科比一直盯着施瓦茨。那天晚上开车回家时，特里特曼忘不掉自己看到的一切，他忘不掉科比对一场所有人都觉得无关紧要的失利是那么的在意。他在红绿灯前停下车，猛地意识到那个瞬间的意义所在。正是这种事才让他如此伟大。正是这一点让他与众不同。

"我觉得有些孩子有点儿被吓到了。"特里特曼说。

也许，他们有理由害怕。如果科比的队友连他的这种好胜心都应付不了，他们又该如何面对罗马天主教高中？如何面对圣安东尼高中？如果打进地区和州季后赛，他们该怎么面对切斯特高中？如果出现相反的问题该怎么办？如果其他球员因为相信科比能拯救他们而变得过度自信呢？道纳觉得到处都是问题，甚至有一个问题源于球队预期的进步。球队整体天赋的提升，让马特·马特科夫的地位变得岌岌可危。道纳担心，如果教练组真心觉得马特科夫的实力无法留队，科比会有什么反应。

"我该怎么处理他？"道纳问伊根，"他的能力确实不够，可他是科比最好的朋友。"

"裁掉他。"伊根说，"两周时间里科比不会注意到。"

实际上，没等道纳裁掉他，马特科夫就离开了球队。两周过后，科比在训练时环视全场，然后问："马特科夫呢？"

在之前的两年里，乔·布莱恩特反复对斯毕迪·莫里斯说，如果科比上大学，他一定会去拉萨尔大学。乔这么说，只是为了安抚老板并保住自己的饭碗，但他们没有做出最终决定，对科比和乔来说，他们也不会给任何事情做出定论。莫里斯和乔的关系出现了一道裂痕，而莫里斯还没有完全意识到问题的严重性。

乔每周都会和杰雷米·特里特曼交流，他用办公室的电话小声聊天，以防莫里斯听到，他会把自己和桑尼·瓦卡罗的每一次交流内容都告诉特里特曼。乔觉得，想要完全平衡父母和招募者这两个角色让自己很挣扎。每当莫里斯问起科比的事，他那种质问的语气总是让他不满。"他是以一个招募者的语气问的那些问题。"乔曾经说，"我并不喜欢那样。"《费城每日新闻》在1995年10月5日刊登了一篇标题为《拉萨尔大学和NBA，位列科比·布莱恩特选项的榜首位置》的文章，科比对这个标题嗤之以鼻。他对帕姆说："妈，我绝不会去拉萨尔，绝对不可能。"他还告诉乔："爸，这事跟你没关系。我真的很不喜欢莫里斯教练。"

莫里斯对此一无所知，他确实有所怀疑，但也确实不知道实情。就是因为不了解实情，所以他抱有一线希望，觉得自己能赢得科比的欢心，能让他看到在拉萨尔大学成为超级巨星的好处。乔和科比同意在罗克斯伯勒的一家餐馆和他吃饭。科比坐在桌子一边，莫里斯坐在对面。科比说："我来了。"这虽然是口头承诺，但这个承诺没有任何强制性约束力。

第二天早上，乔走进莫里斯在拉萨尔大学的办公室，手里拿着一张纸。

"这是什么？"莫里斯问他。

"这是他正在考虑的学校。"乔回答。

莫里斯从乔手里接过那张纸，上面列出了15所学校。

"好吧，乔。"莫里斯说。"我们不会得到他了。"莫里斯心想。他撕碎那张纸，并将它扔进了垃圾桶。

那只是一张纸，上面只列出了15所学校。弗兰克·哈特维尔的办公室里有一个篮子，每周都会被来自全国各地的大学的信件塞得满满的。每个星期，哈特维尔都会像莫里斯处理科比那份名单一样处理掉篮子里的大部分信件：把它们扔进垃圾桶。对于体积较大的信封和包裹，他会转交给格雷格或者德鲁·道纳，他们会当着球队的面拆开，开玩笑地逐一展示："来自……肯塔基大学的联邦快递！科比·布莱恩特，快来领取！"但科比没有一点儿兴趣，这让哈特维尔感到意外，他原本以为大学生活的学术和社交因素能对科比产生一些吸引力，但现实却不是他想的那样。科比从未接受过招募、正式去学校参观；他和乔不想浪费自己的时间，也不想浪费学校的时间。"看起来他确实知道自己想要什么。"哈特维尔说，"看起来他从其他来源得到了鼓励和动力。"

他当然从其他来源获得了鼓励和动力，而科比的人生和科比的选择中，根深蒂固地存在着悖论。一方面，青少年时期他遵循传统，选择了老一派的篮球生涯。他没有转学到实力强劲的私立学校，也没有去那些招收全国最优秀青少年球员的贵族预科学校——这些学校会把球员吸引到加州或佛罗里达风景如画的校园里，组建一支全明星球队。他没有依赖不择手段的 AAU 教练或运动主管，在某个道德败坏的学校伪造成绩单或学分，让自己在学业上得到"合格"的成绩，再去某个顶级大学的篮球队混迹一年。他选择了最简单的做法：他加入本地学校，同一个社区的人们，还有他从八年级开始认识的同学及其父母们都可以密切关注他的动向，周五晚上只要开车五分钟就能看到他的比赛，他们可以真切地参与到他的成功中。他的一个同学和邻居安妮·施瓦茨（和可怜的罗比·施瓦茨没有亲戚关系）注意到，孩子们经常找科比要签名，他会抽出时间给每一个人签名。"没人区别对待他。"自家和科比家只相隔五栋房子的安妮表示，"他只是个普通的孩子。当然，他不是麦考利·卡尔金（Macaulay Culkin）⊖。"

可另一方面，科比又走在了一条革命性的道路上。他掌控着自己的形象和未来，就像日后的很多年轻运动员一样，只允许少数人窥探他的心态和想法。比方说，有一天在图书馆，卡特里娜·克里斯姆斯询问科比高中毕业后的打算。他准备上大学，还是如传言所说要进入职业联赛？克里斯姆斯的办公桌正对着一排电脑，科比坐在其中一张桌子旁时，在一张打印纸上画了些东西。他走过去，把纸放在她的桌子上，然后推向她。"这是答案。"他说。他画了一张自己穿着篮球服上篮的画，还在最下面签上了名字。克里斯姆斯至今仍然保存

⊖ 译者注：麦考利·卡尔金是《小鬼当家》主演，年少成名。

这张自画像。"哇哦。"她说,"所以你要去 NBA?"离开图书馆前,他没有做出回应。

至于媒体……他可以轻松地在媒体面前隐藏自己的真实想法,他只需要微笑,转移话题,再次提及他从父亲那里学到了很多,因为父亲知道这个过程多么有趣,提到自己在享受这个过程。虽说他改变主意的可能性微乎其微,但他还是愿意保留一切选项——"永远不要说永远不会,也许会去那里,度过人生中最美好的时光"。听他回答有关自由决定的问题时,仅从语气和语调就能辨认出,他享受这种猜测。对他来说,这就像一场游戏,吊着人们的胃口,让他们猜来猜去。他喜欢维拉诺瓦大学、密歇根大学和亚利桑那大学。维拉诺瓦?能在离家近的地方,和蒂姆·托马斯一起打球,那太棒了。密歇根?天啊,他爱杰伦·罗斯(Jalen Rose)和原版的"密歇根五虎"。亚利桑那?他和亚利桑那大学负责招募的史蒂夫·杰克逊(Stephen Jackson)成了朋友。但这些联系或原因都不足以说服他去任何一所学校,除了杜克大学和偶尔通过电话聊天的沙舍夫斯基教练外,就连那些篮球名校也只能踮着脚尖站在科比的窗户外,期望能引起他的注意。肯塔基大学?里克·皮蒂诺无法说服科比前往莱克星顿参观校园,于是他做了他认为次佳的选择:他邀请格雷格·道纳在一个周末去莱克星顿参观了校园。一直很欣赏皮蒂诺的道纳看了肯塔基野猫队的训练,参观了学校和小镇,但这对改变科比的想法于事无补。北卡呢?科比收到了迪恩·史密斯(Dean Smith)的招募信,他特别激动——那可是迪恩·史密斯!他甚至在英语课上、在老师还在上课时就拆开了那封信。可如果选择北卡,就意味着他选择了迈克尔·乔丹的母校。虽然他仰慕、模仿乔丹,可他怎么可能在那个地方打出自己的名声?此外,迪恩·史密斯的信写得也很直白:我们知道你要转入职业联赛,可如果你改变主意了,我们这儿有一份奖学金等着你。

"每个人都想知道他会选择哪所学校,还是他会直接进入 NBA。"科比的朋友安东尼·吉尔伯特表示,"科比洞若观火。他把一切视为试金石,他所做的一切都在评估和测试,'不行,大学不适合我。'迪恩·史密斯真的察觉到了,真的在说'不,朋友,你不会来'。北卡想要他,但他们也明确地说,'好吧,我们得不到你,显然你不准备上大学'。那可是迪恩·史密斯。"

尽管如此,他只对少数几个人明确表明自己准备跳过大学的意愿,其中包括马特科夫、格里芬和特里特曼。他相信这些人能够保守秘密,但这就大大增加了身为科比非正式公关顾问的特里特曼的工作难度。"我从来没跟格雷格讨论过这事。"特里特曼表示,"我没跟任何球员聊过,因为我被告知不能说。但我绝对知道这是件大事,将会成为重磅新闻。"

所以,为什么科比不对他们明说呢?

"我的注意力都集中在高中赛季。"科比说,"确保每个人步调一致,每个人都努力训练。否则,我就要督促他们。这就是当时的情况。赛季进行期间,我不想告诉任何人,因为那会让人分心。我想让自己和教练、队友们都保持专注,这样我们才能赢得该死的冠军……"

"就算我没有说,他们也一直都知道我们要做什么。实话告诉你,我觉得他们知道,因为他们知道我有多好胜,他们知道我一直想接受终极挑战。我一直需要那样的挑战。所以我觉得他们自然而然就会知道我的选择是什么。你懂我的意思吧?我觉得我的想法已经被他们理解了。"

以道纳为例。科比听取了道纳的建议,虽然他没有明确表示自己会立刻进入职业联赛,但道纳也不是瞎子。他能看出科比的倾向,能看出他优先考虑的是什么,他也向科比表达了自己的担忧:"我知道你最终会成为出色的 NBA 球员。可现在,世界在你的掌控之中。如果你进入 NBA 却无法打出好的表现,你就会失去这一切。如果去上大学,你就不用担心这些了。"但科比不在乎,他希望人们质疑他。"我不希望像沙奎尔·奥尼尔或者克里斯·韦伯那样,背负着所有人的期望。"他表示,"就算他们的表现很出色,但人们也会觉得不够好,因为他们永远达不到人们的预期。我只想慢慢来,然后出其不意让大家意外。到时候人们就会说,'哇,他真厉害'。我一直都想这样。我想慢慢接近其他人,就像鲨鱼那样。"

科比并非唯一一个保守秘密、悄悄接近目标的人。桑尼·瓦卡罗向科比和他的家人提供的种种暗示、线索和建议,构成了一个如此精妙和隐秘的计划，连英国间谍都会羡慕不已。首先，瓦卡罗说服阿迪达斯总裁彼得·摩尔（Peter Moore），让他相信自己的一套理论：想要用大合同签下明星球员，他必须在地理位置上靠近那些明星球员，而大部分这样的球员都住在距离纽约几个小时车程的地方。因此，阿迪达斯掏钱，让瓦卡罗和妻子帕姆在曼哈顿住了九个月。现在，瓦卡罗可以和好友加里·查尔斯一起干活了。他们开车去费城地区，借口去维拉诺瓦大学看克里·基特尔斯的比赛，实际上却是和乔一起吃午饭，或者在维拉诺瓦大学的球馆里聊天。反过来，乔也会开车去纽约或新泽西和他们见面。瓦卡罗表示，"如果我去布莱恩特家，其他人就会说，'桑尼·瓦卡罗要行动了'之类的话。"瓦卡罗从未去现场看过下梅里昂高中的比赛。他也不需要去，查尔斯就是他的耳目。"大概在圣诞节前后，我知道就是科比了。"瓦卡罗说，"没有其他人知道。没人知道他要进入职业联赛，费城的人都不知道。但我知道。"他已经联系好了经纪人阿恩·塔勒姆，所有正式安排都可以稍后敲定。科比将从他的合同中赚到百万美元，谁知道呢？也许乔和科比身边的其他一些人，比如下梅里昂高中篮球队也能得到一些好处。

当然，成箱的球衣、热身服和旅行装备已经被送到下梅里昂高中，都是阿迪达斯免费送给学校男子篮球队的。

在个人篮球生涯最璀璨的夜晚到来前的几个小时，唐尼·卡尔焦躁不安地坐在罗马天主教高中的一张课桌旁。他无法集中精神，汗水湿透了他的手掌。他满脑子想的都是当晚对阵下梅里昂高中的比赛，想的都是一直被他视为衡量自身篮球水平标杆的朋友和对手的科比。"我知道科比会拿出最好状态。我希望自己也能如此。所有人都会在现场。我希望自己不要滑倒。我希望自己不要表现糟糕。"

下梅里昂高中赢下了赛季揭幕战，他们以 12 分的优势战胜上达比高中，科比轻松拿下 18 分，拉开了新赛季的序幕。相比即将到来的比赛，这场与中央赛区对手的比赛简直就像表演赛。而下梅里昂高中与罗马天主教高中的这场比赛将在德雷克塞尔大学的体育运动中心举行，拉萨尔大学对这场比赛尤为关注。乔·布莱恩特一直在招募卡尔加入拉萨尔大学，因此，对于那些与拉萨尔大学有关的人来说，科比和唐尼这两个明星球员有可能在接下来一年联手，这个可能性太让人兴奋了，尽管那些不熟悉科比意图的人还不知道，这完全是痴人说梦。现场的1500名观众中（德雷克塞尔大学的球馆最多只能容纳2500人）有15人是来自费城南部的卡尔老家的年轻人，他们全都对卡尔能否对抗科比持怀疑态度。"他们其实不知道，科比和我一直都在交手。"他说，"他们都听说过科比的传闻，他们是来看我如何被打爆的。"

然而，他们看到的却是延续了费城篮球传统、贯穿职业、大学、高中和野球这一脉络的巅峰对决。科比单防卡尔，罗马天主教高中教练丹尼斯·斯内登（Dennis Sneddon）为了限制科比和丹·潘格拉齐奥制订了三二联防，科比上半场得到13分。卡尔拿下了19分，其中包括一系列扣篮和急停跳投。每次进球后，他的朋友都冲着科比大喊大叫，科比毫不示弱地回击。中场休息时，罗马天主教高中领先3分，卡尔像角斗士一样怒吼着冲向更衣室。经过记者和球探看台时，他和坐在旁边的乔·布莱恩特擦肩而过。

"喂，唐尼，淡定点。"乔说。

"我说，如果他能打职业，我也能打职业。"唐尼回应。

卡尔在下半场继续保持活力，全场得到36分，他一直让球队保持着舒适的领先优势，而且和科比的队友相比，他的队友也做出了更多贡献。格里芬得到了12分和12个篮板，但他是下梅里昂高中除科比外唯一得分上双的球员。罗马天主教高中的三二联防防死了潘格拉齐奥，他只得到7分。科比拿到30分，但这30分他拿得很艰难。他投了29球，最后6次出手5次偏出，而且防守时全场追赶卡尔，直到筋疲力尽。在罗马天主教高中67比61战胜下梅里昂高中这场比赛的最后，这两个朋友拥抱在一起，科比靠在卡尔耳边，小声对他说话。

"打得漂亮，哥们。"他说，"恭喜，你们配得上这场胜利。哥们，你猜怎么着？我们干嘛不一起去拉萨尔打球？咱俩联手，谁能阻挡我们？"

"可以啊。"卡尔说，但他不相信科比真的这么想。他觉得是乔让科比说这些话，用来招募他。当《费城每日新闻》长年跟踪报道高中体育的记者泰德·希拉里（Ted Silary）追问乔和科比未来的打算时，两人的回答都很谨慎。科比会和卡尔一起加入拉萨尔大学吗？"如果真发生的话，那就太牛了。"乔说。科比告诉希拉里，他不准备在赛季结束前公布自己的意向。他表示："可如果有一天我做了个梦，确定地知道自己要做什么时，我就会找到爸爸，对他说：'我准备好了，我要说出自己的想法'。"

第二天早上的《费城每日新闻》并没有刊登科比的重大声明。相反，报纸上登出了全市唯一黑人专栏作家约翰·斯莫尔伍德（John Smallwood）的一篇文章。在这篇标题为《布莱恩特还未做好进入 NBA 的准备》的文章里，斯莫尔伍德认为，如果科比真的在一年后有能力打职业联赛，"他理应比卡尔这个优秀的一级联盟潜力新人强得多……如果科比·布莱恩特现在进入 NBA，他最多只是首轮末新秀，也许很快就会变得默默无闻。"

科比对这篇文章不屑一顾，认为那不过是"那些对篮球一窍不通的人"的胡言乱语，"他们只会写文章。我可以接受批评，这只会让我更加努力，用事实证明他们错了。"他一点儿也不在乎斯莫尔伍德写了什么。"我不生气。"后来他说，"也没有感到受伤。我只是说，'我会证明你错了'。就这么简单。那些话从一个耳朵进来，进入我的记忆库，再进入我的动力库，最后从另一个耳朵出去。"

科比的母亲就没那么淡定了。当斯莫尔伍德第二天在新闻编辑室查看信息时，他发现帕姆·布莱恩特发来了一连串愤怒的留言。她愤怒的不是斯莫尔伍德认为科比不应该进入职业联赛，而是因为他在文章中加入了一句他认为无关紧要的描述性语句："……布莱恩特这样说道，假设他的成绩在这一学年没有大幅下滑，他就是一个符合 48 号法案的球员。"斯莫尔伍德回电话时，帕姆提醒他，科比成绩优秀，能说三种语言，SAT 考了 1080 分。而斯莫尔伍德只需要提出"48 号法案"这个说法，就相当于给她的儿子贴上了耻辱的标签，强化了黑人孩子没有篮球就不能上大学的刻板印象。

她告诉斯莫尔伍德："只要看到 48 号法案，人们就会觉得这个说法是在暗示那个人很蠢。"

一周后，斯莫尔伍德又写了一篇文章，他承认帕姆·布莱恩特说得对。但他并没有撤回对科比及其 NBA 前景的预测。

我下定决心，如果我们想赢下州冠军，我就必须成为合格的领袖，这意味着我要尊重权威，并且尽我所能地努力。

——科比·布莱恩特

第十四章
一种名叫"我"的癌症

在圣约瑟夫大学体育馆的看台上,全美最强高中篮球教练和最优秀的高中篮球运动员彼此抽出时间,讨论彼此的不足,谈论他们还能从自己身上挖掘出多少潜力。鲍勃·赫尔利的眼窝微微凹陷,但瞳孔仍是清澈的蓝色。人们对他很尊重,这足以吸引科比持续关注他。人们不仅尊重他在圣安东尼高中的执教经历,也尊重他曾经担任缓刑官员的经历。作为土生土长的泽西城人,他浓重的泽西城口音让他的经历和智慧更富权威色彩,他也愿意分享自己的经历和智慧。这不是小事。赫尔利的球队刚刚以 62 比 47 的绝对优势击败了科比的球队。然而,在这场失利后的几分钟里,科比暂时隐藏了自己的挫败感,主动找到赫尔利寻求指导。

"教练,我们能聊聊吗?"科比问他。

是的,科比需要一些建议和肯定。没错,赫尔利也会提供一些建议和肯定。一般来说,输给赫尔利和他的球队没什么可羞愧的,但这场失利的情况却有所不同。这场比赛原本应该在下梅里昂高中的体育馆举行,但因为预计观众数量庞大,道纳和身为圣约瑟夫大学校友的伊根联系了学校的体育总监唐·迪朱利亚(Don DiJulia),询问能否将比赛移到大学的体育馆举办。迪朱利亚不仅同意了,而且分文未收。比赛前一天,一场暴风雪导致泽西城的所有公立学校关门停课。圣安东尼高中最好的两名球员安东尼·佩里(Anthony Perry)和拉肖恩·波诺(Rashon Burno)原本以为自己的学校也会停课,所以两人都没去上学。虽然天气恶劣,但圣安东尼高中没有关门,作为两人没有上学的惩罚,赫尔利没有让他们上场比赛。不过两人还是跟随球队前往比赛现场,当科比在赛前找到他们时，两个人解释了自己没有上场的原因。和夏天遇上唐尼·卡尔那次不一样，这一次，科比知道就算不跟他们交手，他也不会表现出不屑一顾的态度。

科比得到了 28 分，21 次出手命中了 10 球。在比赛还剩 4 分 9 秒时，科比达成了个人高中生涯的一个里程碑，他得到了个人的第 2000 分。在这场比赛中，科比用很少的出手得到了这么多的分，其中大部分都是 15 英尺（4.57 米）及以上的跳投，这尤其令人印象深刻。考虑到圣安东尼高中几乎没有把注意力放在他的队友身上，这一点就更难能可贵了，他没有一个队友的得分超过 7 分。"我们可以放掉他们，专心协防他。"赫尔利说，"他很优秀，但他没从其他球员那里得到帮助。"

不管怎么说，两人一起坐在看台时，赫尔利还是指出，科比还有可以继续提高的地方，比如他对场上局势的感知，还有他的行为举止。就在中场休息前，圣安东尼高中包夹科比，从他手中抢断后得分，将分差变为 4 分。科比垂头丧气地走向更衣室，下巴紧紧贴着上胸膛，失望之情显而易见。赫尔利当时认为，科比在第三节最初几分钟表现消极，但他本可以尝试主宰比赛并扭转局势。

"我跟他讲了他对那个错误的反应，告诉他为了消除那个错误的影响，他在下半场开始时的表现才是关键。"在圣安东尼高中执教了 39 年的赫尔利回忆道，"他完全理解，非常感谢我的建议，然后我们就分开了。他很早熟。这么多年来，我们和很多不可思议的球员交过手，他是我们见过的最好的那个。"

然而，科比从赫尔利那里赢得的赞许对自己的球队却没什么作用。他们的成绩只有 4 胜 2 负。在 11 天里，他们连续两次面对分区和州季后赛级别的对手，而且在面对罗马天主教高中和圣安东尼高中的两场比赛里，科比是下梅里昂高中唯一经受住了考验的球员。问题并非出在科比身边缺少有能力的队友，拖累球队的是其他无形的因素。迈克·伊根和哥哥汤姆一起离开圣约瑟夫大学的球馆时，后者对他说："我不敢相信，你应该更生气的。"

"汤姆。"伊根说，"我们需要输几场比赛，才能调整孩子们的心理。"

"那是全国排名第一的球队。"汤姆·伊根说，他还在寻找积极因素，"你

第十四章 一种名叫"我"的癌症

们原本可以击败他们。"

"是的，我们原本可以。"

默特尔海滩南部的沼泽狐狸旅馆就在大西洋海边，位于海洋大道的这个旅馆有着淡蓝色的招牌，停车场周围散布着尖尖的棕榈树，在1995年的最后一周，旅馆的住客们看到了如下温馨的信息：缅因龙虾11美元，牛肉大虾烧烤，欢迎参加海滩篮球经典赛。这个有八支球队参加的锦标赛从1981年开始就是小镇的标志性活动，这项冬季赛事专门为凝聚社区而设计，希望能吸引游客来到小镇适宜冲浪的海滩和十多个高尔夫球场，享受小镇的夜生活。就在一年前，当地花费2300万美元扩建了默特尔海滩会议中心，使之能够容纳7500到8000人。锦标赛的赞助商支付了教练和球员们的大部分开支，包括机票、住宿、交通费用和每日的两餐费用，以此换取像科比、杰梅因·奥印尼、莱斯特·厄尔和迈克·毕比这样的明星球员来到这个舞台展示个人能力。对大多数高中篮球队来说，甚至包括下梅里昂高中，这都算是一场盛事。现场有更多的观众和球探，氛围就像大学比赛一样，还有摄像机和媒体暂停环节。

科比和教练们把默特尔海滩之旅的三场比赛看作期中考试，以此检验球队的实力，确定自己是否真的有赢得州冠军的实力。在费城国际机场搭乘全美航空公司的航班前往南卡罗来纳时，下梅里昂高中排成一列，道纳走在最前面，伊根走在最后，确保没人掉队。科比悠闲地走在靠后的位置，他戴着耳机，挎着运动包，行人纷纷回头看他。"他就是有那种特别的感觉，有一种气场。"伊根表示，"所有人都在盯着科比。"可其他球员却把这次比赛当成度假，有几个人之前从没坐过飞机。

由于马特·马特科夫不再是球队成员，所以科比询问道纳，能否让他在这五个晚上和杰雷米·特里特曼住一个套房。这个提议既让特里特曼受宠若惊，也引起了他的注意。"他想知道彻底的独立是什么感觉。"特里特曼回忆，"他知道我是他的朋友。如果他想出去玩，我是五个教练里唯一一个不会阻止他的人。"两人的房间里色调柔和，窗户很多，里面有两个房间：进门后较小的房间内有一台电视和一张床，大房间带阳台，能看到海景，还有一张更大的床。办理入住拿到钥匙后，特里特曼把自己的行李放在了大房间里。这时，科比·布莱恩特走进门来。为了宣示地盘，他示意特里特曼带着行李搬到更小的房间去。

"你干嘛不把东西放到这边？"他说，"到时候我就能跟你一起休息聊天。"

"我就能跟你一起休息聊天。"科比从没这样跟他说过话。特里特曼心想，他这是在对我施展魅力呢。

"好吧。"特里特曼说，"我想因为你我们才能打这个比赛。如果你想让我住那个房间，我就住那个房间。"

和科比做室友的那一周里，特里特曼神经质的性格暴露无遗，他总是在淡定和紧张之间摇摆不定。套房里只有一个浴室，特里特曼洗完澡后总会在地板上留下一滩水。因为担心科比因此滑倒受伤，进而让他成为毁掉"下一个迈克尔·乔丹"的罪人，所以特里特曼总会多铺一块浴垫。每天上午和下午，科比都在比赛或训练，训练之余的时间他会用来睡觉，但到了晚上，他总是溜出去和奥尼尔及格里芬见面，特里特曼给他们的房间打过几次电话找科比，他在电话里总能听到年轻女孩的笑声。球队抵达小镇的第一个晚上，科比出去时，他房间里的电话响了。特里特曼接起电话，但这一次，听筒里传来的女性声音并没有笑。

"科比能接电话吗？"帕姆·布莱恩特问。

"不行。"特里特曼说，"他在睡觉。"

她挂了电话，不想吵醒自己的宝贝。特里特曼心想，"天啊，我对帕姆·布莱恩特说谎了，我真是个混蛋。"

尽管如此，通过保护科比，尽管只是类似和女孩子闲聊这样鸡毛蒜皮的小事，特里特曼赢得了他的信任。因此，科比对他透露了一个秘密。

"你知道啊，杰梅因和我一直在聊，杰梅因也准备打职业了。"

特里特曼不太确定自己听到了什么。杰梅因·格里芬确实是非常优秀的高中球员，可他要打职业联赛？而且是高中毕业后直接打？特里特曼终于打断了科比的话。

"科比，我知道他是你最好的朋友。"他说，"我也不想伤害任何人的感情。

但杰梅因·格里芬？你在说什么？"

"不是！"科比回答，"是杰梅因·奥尼尔！"

这就合理多了。但这同样意味着，特里特曼对科比的决定再无疑虑。就算有，科比在默特尔海滩的五天之旅也会彻底打消他的怀疑。

在锦标赛的第一场比赛里，下梅里昂高中的对手是来自俄亥俄州斯普林菲尔德的中部天主教高中，这支球队拥有绝对身高优势，他们的大前锋乔恩·鲍威尔（Jon Powell）身高 6 英尺 6 英寸（1.98 米），中锋杰森·科利尔（Jason Collier）更是身高 7 英尺（2.13 米），后来他也进入了 NBA。科利尔封盖了科比在比赛开始后的第一次出手，现场观众惊呼不已。道纳立刻叫了个暂停，集合时，科比向队友提出了一个要求。

"把球给我，我要干爆他。"

暂停结束后的第一次进攻，队友满足了他的要求，尽管比科利尔矮 6 英寸，但科比还是选择背身单打他，他转向篮筐，完成了一个凶狠的暴扣，还造成了科利尔的犯规。坐在板凳上的德鲁·道纳惊异于科比的这个球。科比不仅做到了他说自己要做的事，而且他是在暂停回来的第一个回合就做到了。虽说如此，虽说科比在同龄人和竞争对手面前的优势日益明显，可他的队友却很难真正理解他的非凡能力，也想象不到他未来可能达到怎样的高度。比方说，布伦丹·佩蒂特直到去卫斯理大学打了 NCAA 三级联盟的比赛后，才能从更宏观的层面理解科比。"你从小是看着'飞人'乔丹的录像长大的，你忘了他也是凡人。"佩蒂特说，"有科比做同学、做队友，你会知道他是凡人。不过这其实也很有意思。等我上了大学，在那里继续篮球生涯后，我才意识到科比有多特别。什么样的扣篮、进球和得分都不会让我惊艳了。"科比在这项赛事中的表现，改变了奥马尔·哈特切尔对待篮球的态度。"我们看到了科比在面对全国顶级球队时的表现不断提升。"他说，"他向我展示了优秀球员的表现能够'旅行'，绝不会受制于某个地方或者环境。"

科比的表现能够"旅行"，但下梅里昂高中其他球员却做不到。科比又一次接受了防守对方最强得分手的任务，这一次他要防守的是"巨人"科利尔，而且他也又一次成为全队唯一的进攻选择。比赛进行到第三节，下梅里昂高中落后 5 分。为了消除身高劣势，道纳将防守策略换成全场紧逼。这个策略限制了中部天主教高中，导致他们在比赛最后 6 分钟一球未进。下梅里昂高中后来居上，以 65 比 60 赢得比赛胜利。科比得到 43 分，27 次出手命中 18 球，三分球 5 投 3 中，还抢下 16 个篮板。丹·潘格拉齐奥得到 12 分；戴夫·罗森博格凭借强硬和拼搏赢得了更多上场时间，和其他球员相撞或者扑在地上抢球时，他的胳膊有时会脱臼，但他会把胳膊摁回去，就是为了留在场上。可即便取得了 5 胜 2 负的成绩，并且打进了经典赛半决赛，下梅里昂高中却不像一个和谐的整体，而更像是令人惊叹的独角戏，他们这支伴奏乐队时而不协调，时而漫不经心。第二天晚上，他们的不协调将会更加明显地暴露出来。

科比的父母和姐姐及时赶到默特尔海滩，看到了下梅里昂高中和来自俄克拉荷马的詹克斯高中的比赛。乔和帕姆一起坐在观众席，他戴着一顶有着拉萨尔大学标志的棒球帽，韦斯利·吉布森（Wesley Gibson）看到了他。吉布森在费城南部距离乔的老家只有几个街区的地方长大，他加入了美国国民警卫队和空军，平时在费城和南卡罗来纳州之间奔波。吉布森 13 岁的儿子贾利德住在南卡罗来纳，吉布森当时和他一起在现场看比赛。

"嘿，乔，我还记得你以前的样子。"韦斯利·吉布森说，"你来这里是帮别人考察谁吗？"

"不是。"乔说，"我是来看我儿子打球的。"

韦斯利·吉布森从没听说过科比·布莱恩特，但贾利德知道科比是谁。贾利德喜欢看《扣篮》杂志，他看过有关全国最强高中的杂志和球探报告，对科比在 ABCD 训练营上的出色表现了如指掌。贾利德的母亲纳森妮·吉布森（Nathene Gibson）在 1988 年自杀身亡后，贾利德和韦斯利之间最牢固的纽带，也许就是他们对篮球共同的热爱。整个赛事期间，贾利德就像小狗一样一直追着科比。现在，因为家乡的联系，他又多了一个在剩余比赛中待在科比身边的理由。贾利德从科比和"乔先生"那里得到了签名，还和科比聊了聊他们在费城和主线上最喜欢的芝士牛排店。"我是吉姆家的忠实顾客。"贾里德回忆道,"而他喜欢拉里家的。"随后,贾利德和韦斯利一起观看了那场彻底改变了下梅里昂高中那个赛季的一切的比赛。

詹克斯高中的在校生总数超过 2400 人,是下梅里昂高中的两倍。可在比赛的前 8 分钟,他们的表现却远差于下梅里昂高中。第一节结束时,下梅里昂高中以 18 比 6 领先;第四节开始时,尽管科比身背 4 次犯规,而且队友还是没有提供太多帮助,但球队还是保持着 7 分的领先优势。当下梅里昂高中领先 9 分时,科比做出了一个在他的湖人生涯中屡见不鲜的举动。他如此笃信自己的能力,以至于突破了自信和自我陶醉之间的界线。在独自面对三个詹克斯高中的防守队员时,他撞倒其中一人,最终被吹罚了进攻犯规。他打了 30 分钟,得到 31 分和 14 个篮板,现在却犯满离场。

特里特曼回忆:"我们彻底崩盘了。"

站在技术和在球队扮演的角色的层面考虑,没有其他人比潘格拉齐奥更能辅助科比。也许科比的内心相比其他球员更有激情,但全队没有谁的弦绷得比潘格拉齐奥更紧了。他曾是精英级别的青少年足球守门员,他的外线投篮能力对球队起到的平衡作用,来自父母、格雷格以及他施加给自己的压力,这些因素通常推动他不断取得优秀的表现。可这一次,由于科比被罚出场带来的额外压力,却让他陷入崩溃。关键时刻,他连续错失罚球,最终 6 罚 0 中。"丹从来没投丢过罚球。"戴夫·罗森博格说,在他替换科比上场后,他也投丢了两个罚球。致命一击发生在常规时间还剩 0.4 秒时,当时下梅里昂高中仍然以 61 比 59 领先。詹克斯高中的迈克·贝(Mike Bay)站上罚球线。他命中了第一个罚球,第二罚却投丢了……然而,王牌队却出现了提前进线违例,让贝得到了再次罚球的机会。这一次,他投进罚球,将比赛拖入加时。在加时赛里,下梅里昂高中崩溃了。罗森博格一开始就投了一个三不沾的三分球。詹克斯高中在加时赛碾压了下梅里昂高中,他们打出了 17 比 2 的攻击波,最终以 78 比 63 赢下比赛。科比一直在重复一句话,他的嘟囔声大到坐在旁边的特里特曼能清楚地听到他在说什么。

"没有独立性,一点儿独立性也没有……"

在更衣室里,伊根依旧抱有球队能够重整旗鼓、能够兑现潜力的希望。

"各位，你们只是没自己想得那么强。"他说，"你们每个人都需要振作起来。"同样生气且心烦意乱的格雷格·道纳没说太多，他只是问："有人有话要说吗？"科比有话要说："你们得去对抗！面对任何人你们都不能退缩！"而这正是下梅里昂高中做的事，没有科比，他们退缩了。

"那是我见他最生气的一次。"伊根回忆。

输给詹克斯高中以及科比的反应暴露了下梅里昂高中最大的问题：科比的存在本身，就制造了一种两难局面。科比让队友望而生畏，他们过分地顺从他，以至于无法发挥自己的能力去帮助他。可如果科比不在场上，球队就根本没有赢的希望。他们苦于和他一起打球，可他们又不能没有他。大巴车把所有人送回沼泽狐狸旅馆的大堂后，道纳对全部球员和教练大喊："107号房间，10分钟后都过来。"球队成员聚集在那里时，房间里弥漫着一种令人不安的紧张气氛。"我觉得我们有点儿自以为是和傲慢。"道纳回忆，"我很生气。"队员担心主教练会斥责他们。队里唯一的新生卡里姆·巴克斯戴尔因为特别害怕道纳可能说的话，甚至浑身发抖地坐在座位上。

随后，道纳站起来，手里拿着一张纸。

"我们队有个问题。"他说，"如果体内有癌细胞，它就会攻击你的身体。慢慢地，你的身体就会被拖垮。我们就有癌症，一种名叫'我'的癌症。只要有这种癌症，我们就无法实现想要实现的目标。"

他举起手上的纸，然后用笔在上面戳出一个一个的洞。

"每个人都必须站出来。不要担心T恤合不合身，不要担心我们要去哪里吃晚饭，不要再去想今晚谁买冰激凌。我们要狠一些。我们要去苦练。因为5胜3负，我们即将面临的是跌到五成的胜率。你们有些人期望科比大包大揽。我们骄傲过头了，我们没媒体吹捧得那么好。"

科比点头认同。道纳转向埃默里·达布尼。

道纳告诉达布尼："如果你的表现再没有好转，我们就会下放你去二队。"这个威胁让达布尼非常害怕。他心想："我绝对不去二队。"

科比不停地点头。道纳不停地用笔在纸上戳出洞来。他转向了布伦丹·佩蒂特。

"你真的不懂。你就是个混蛋。你的态度需要更严肃,你需要更专注。你的身体语言和态度必须改变,而且必须快速改变。"

科比继续点头。道纳转向了巴克斯戴尔。

"你的贡献是什么?"

科比继续点头。道纳指着戴夫·罗森博格,终于做出了一个表扬。

"如果我让罗森博格冲向砖墙,他会说:'好的,教练,医院在哪里?'"

科比不停地点头,看着道纳挨个批评球员,指出他们的缺点和提高办法。教练手里的那张纸如今被戳成了一缕一缕的细纸条。

"你现在有什么?卡里姆,你现在有什么?"

眼睛瞪大、极度害怕的巴克斯戴尔脱口而出:"有一张中间有个大洞的纸!"

道纳强忍住没有笑出来。他心想:"完了,这个演讲算是废了。"但房间里还是一片沉默,球员们都盯着他。

"你不能在上面写字了,这张纸没用了。我们就是这样。如果每个人不能齐心协力,我们就碎了,我们就会被撕裂。"

他弯下腰,拿起自己返回费城的机票。

"如果想回去,那就回去。有谁想回去,现在就可以走。"

最后,他转向了科比。科比不再点头。

"你是科比·布莱恩特。你是全国最好的球员。可你必须尊重队友。你的攻击性不能那么强,你不能一个人单挑每一个球队。这些人在尽全力做好自己该做的事。你得让他们舒服些。想要成功,每个人都要扮演好自己的角色。"

他一边看着其他球员,一边指着科比。

"你们不知道这家伙承受着多大的压力。你们必须明白,他究竟有多努力。如果你们跟不上他的紧迫度,我们就没有机会。如果我们重新去努力,如果我们把球队放在第一位,如果我们不担心最后的结果,不担心功劳记在谁身上,结果自然而然就能出现。看看这个房间里的人。我们可以是一支强队。先生们,我们今年要争夺州冠军。这就是我们来南卡罗来纳的原因,这就是我们和鲍勃·赫尔利、和圣安东尼高中交手的原因,这就是我们为什么要和罗马天主教高中打比赛。但我们必须快速做出改变。"

道纳说完了，轮到特里特曼发言了。

"20个人来到这里。我是20个人里最不重要的人，但我要跟你们说一些话。我觉得我的责任很重要。三月时，我希望自己能成为历史的一部分。如果你们不明白自己能成为历史的一部分，如果你们不明白道纳教练和科比·布莱恩特带给我们的机会，如果你们不认同，你们就不该出现在这里。"

房间安静了一会儿。科比打破了沉默，他开始有节奏地鼓掌。队友们加入了他，随后，所有人鱼贯而出。

在球员心中，道纳的话被视为那个赛季的基石，是整个赛季的转折点。"那就像空气彻底清新了一样，帮助球队放松下来。"德鲁·道纳回忆道，"所有的紧张感都消散了。把问题都摊开来说，反而让人松了口气。"

然而，有一名球员需要更多时间去消化压力，放下负罪感。当德鲁和格雷格聊完天回到酒店房间时，他那一周的室友不在房间，德鲁也不知道丹·潘格拉齐奥究竟去哪里了。在酒店和夜幕降临的海边找了几分钟后，越来越担心的德鲁和其他教练终于找到了他。潘格拉齐奥独自一人坐在沙滩上，他还穿着下梅里昂高中的队服，潮水持续不断地拍打着海岸。

汤姆·佩蒂特（Tom Pettit）已经习惯了。科比……又一次成为最后一个离开更衣室的人。科比总是最后一个离开更衣室。作为球队经理和布伦丹的弟弟，汤姆·佩蒂特的任务就是在每场比赛后留在科比身边，在他走向球队大巴、给球迷签名握手时帮他拿包。汤姆·佩蒂特是高二学生，又矮又瘦，一头金发乱糟糟的，就像烟斗清洁棒。他和科比形成了鲜明的对比。虽然佩蒂特是科比的球童，两人也经常在一起，但两个人从没进行过长篇对话。直到现在。

在经典赛第三场，下梅里昂高中对阵肯塔基州的莱克星顿高中的比赛中，科比的右手和右前臂好像木乃伊一样，绑着厚厚的绷带。在前两场比赛的某个时候，他的大拇指受伤。但他还抱怨右手腕酸痛，但在其他人看来，这都是因为他太受欢迎了，握了太多手，签了太多名。抽时间与球迷见面和签名，对他来说根本不算什么。"如果你为一件事努力，如果你设定了一个目标——我的目标就是成为伟大的篮球运动员和名人,这都是能预期到的。"他在高四末段这样表示,"当你总是出现在电视上时,人们自然会找到你,找你要签名。所以我接受这个现实。"可在这次锦标赛结束时,他开始用左手在篮球、比赛手册或者纸片上签名。但在 12 月 30 日周六这天,也就是经典赛的最后一天,为了整个赛季,也为了迎合经典赛的"表演"本质,他已经做好忍受一些疼痛的准备。

那天下午,科比在球队 76 比 70 战胜莱克星顿高中的比赛里得到 43 分。下梅里昂高中重回正轨,科比赢得锦标赛 MVP,三场比赛总得分 117 分,是赛季历史上的第二高,仅次于迈克·毕比的 118 分。科比还得签名,还要接受采访,但负责开车送下梅里昂高中球员回到沼泽狐狸旅馆的司机等不及了。他开车走了,把科比和佩蒂特留在了比赛现场。幸运的是,下梅里昂高中的一个接待家庭(他们属于默特尔海滩居民志愿者团队,负责让球队住得舒心)主动提出开车送科比和佩蒂特回酒店。两个高中生坐上 SUV 的后座,在 12 分钟的车程里,佩蒂特第一次、也是唯一一次和科比聊起天。他喜欢做球队经理吗?他平时听哪种音乐?他喜欢的电视节目和运动项目是什么?

佩蒂特对第三个问题做出了最详细的回答。他告诉科比,尽管很喜欢篮球,但他最关注的还是冰球。

"我爱冰球。"科比说,"我爱韦恩·格雷茨基(Wayne Gretzky)。"

"你懂冰球?"佩蒂特问他。

是的,科比回答,尤其是格雷茨基。"他是最强的冰球运动员。"

那时的佩蒂特觉得科比的回答太过明显,甚至有些傻。那是 1995 年的冬天。当然,格雷茨基的实力依旧很强,可他已经进入职业生涯末期,马上就要 35 岁,他不再是 NHL 的绝对统治者了。更年轻的球员取代了他的位置,那些人才是联盟更新、更真实的代表人物,就连一些业余冰球迷都知道他们。佩蒂特认为科比只是说了一个冰球界名气最大的名字,就像有人说自己因为喜欢贝多芬而成为古典音乐迷一样。

"我心想,'是哦,科比,你可真懂冰球啊'。"佩蒂特回忆,"可现在回想,我会觉得,'哇,他已经有那种我要成为最强之人的心态了'。他就是那个意思。他当然说的是历史上最伟大的球员。"

"他是一个特别又与众不同的人。那是一段特别的时光,现在回忆起来只会觉得更特别。"

在海滩篮球经典赛中,最让球员和观众津津乐道的活动,是周六晚上的扣篮大赛。科比决心参加比赛,尽管队友、教练甚至家人都因为担心他会进一步受伤而劝他不要参加。沙里亚和沙雅敲开科比和特里特曼套间的房门,恳求她们的弟弟,甚至都要哭出来了:"拜托,别参加。"特里特曼说:"她们就是担心,而且我觉得他父母也不想让他参加。但科比说:'我没问题,我没问题'。"

坦白地说,特里特曼和所有与下梅里昂高中有关联的人都承认,他们对科比在扣篮比赛里的表现有些好奇,这种好奇心与他手臂的疼痛是否会加剧无关。他们见过科比在比赛中完成标准的扣篮:强劲有力,高中球员能完成那样的动作让人难以置信,只是他的创造力和运动能力会受篮球规则和运动风度所限而无法完全施展。但如果给他助跑的空间,给他道具,并且没有限制,他可以做到什么呢?穿着白色的下梅里昂高中队服,在人头攒动的市政中心球馆,手臂仍然绑着绷带的科比在第一次尝试中将球抛向篮筐,球高高弹起后,他在空中接球后完成暴扣。现场观众对这一球的反应有所保留;三个裁判在满分10分的情况下都给了他9分。他左侧底角用力拍了几下球,似乎在思考下一个动作。然后,他沿底线助跑起跳,左手抓球,在腾空的同时将球从两腿之间拉到右手完成灌篮。这一记扣篮赢得了观众和评委的喝彩:三个10分和一阵持续的欢呼声随之而来。

当科比和他的朋友莱斯特·厄尔都在思考最后一个扣篮动作时,他听到一个小男孩在大喊:"科比!科比!"他右手持球,从罚球线起跳,空中换球到左手,接着完成扣篮。厄尔凭借一个满分扣篮追平科比,两人因此加赛一轮。厄尔意识到,为了获胜,他必须发挥想象力。于是,他推着一个装有九个篮球的球筐来到场地,把球筐放置在球场右侧底线和罚球线中间的位置。他在场地右侧运球两次,轻松跳过球筐,用左手将球扣进。这个动作让全场观众兴奋不已。他再次得到三个10分。格伦·奥克斯高中的球员全都跑上场和厄尔拥抱。

第十四章 一种名叫"我"的癌症

科比现在只能想办法追平厄尔,这会是一个不小的挑战。

只靠自己,他无法完成这个扣篮。他抓着三个队友的衣服,把他们拉到篮下。他把队友们排成一个三角形,距离篮筐 5 英尺(1.52 米)远,然后让每个人弯腰低头。科比走到半场,胯下运球一次,然后转身面对队友和篮筐。

右手运球……他来到中线附近……

左手运球……他到了三分线……

左手运球……他到了罚球线……

就在罚球线内,就在马上要撞上队友时,科比起跳了。他从队友上方飞过,不仅没撞到他们,甚至没碰到他们的身体。他用受伤的右手抓着球,然后狠狠地砸进篮筐。

观众发出了震耳欲聋的欢呼,每个人都站了起来或原地跳跃,鼓掌、欢呼和呐喊。站在半场附近的厄尔摊开双手,做了一个"没办法"的手势。他和科比在半场握手拥抱。比赛被判为平局,但在场的所有人都知道,谁才是真正的胜利者。

"那给人一种摇滚巨星诞生的感觉。"道纳表示,"雪球正在越滚越大。"

特里特曼和德鲁·道纳一起走回了沼泽狐狸旅馆,两人聊着科比的表现,依旧觉得不可思议。他们认识他四年了,可两人都没见过类似当晚的表现。球馆里的孩子们真的明白他们目睹了多么难得的景象吗?教练们、他们这些经历丰富的成年人,他们能理解吗?内心深处,他们真的懂科比吗?他带着一条伤臂,无视家人的劝阻,在观众越来越大的欢呼声中飞翔于球场。如果这是现在的科比,那么未来的他将会是什么样呢?

两人在特里特曼的房间门口停了下来。

"他住在这里。"特里特曼说。

两个人都笑了。

进入马里兰大学读书的最初几周里,埃文·蒙斯基总是听到自己的舍友、来自新泽西州卡姆登的新生对他说,蒂姆·托马斯是"全世界最了不起的人"。蒙斯基不得不承认,在开启 13 年 NBA 生涯前先进入维拉诺瓦大学的托马斯,确实是一个很了不起的高中球员。"可那就是个孩子在胡扯。"蒙斯基后来说，"他什么都不懂。我告诉他，'我老家有个人，相信我，他绝对不一样'。"

为了参加马里兰秋季学期初期的一个AAU比赛，科比和理查德·汉密尔顿、约翰·莱汉以及萨姆·莱恩斯全明星队一起，来到了马里兰大学的科尔球馆。科比和莱汉住在一个房间，对他来说，这又是一次典型的AAU之旅，除了比赛本身之外，他几乎不出酒店房间。"我想逛商场，想出去玩，想去打游戏。"莱汉回忆，"晚上差不多八点或者八点半，房间的灯就关了。我说：'怎么回事啊科比？'他回答：'明天我们还有比赛。'年纪那么小，谁会那样做啊？那时候我就知道，他肯定会不一样的。他的比赛态度和我以及我认识的人都不一样呀。"在科尔球馆的一场比赛后，蒙斯基找机会和科比聊了一会儿。他问科比是否考虑加入马里兰大学。"不。"科比回答，"我不喜欢这里的篮筐。"

时间进入1996年的1月初，马里兰大学处于寒假期间，而下梅里昂高中篮球队从默特尔海滩返回后回归常规状态，进入赛季竞争强度不那么大的阶段。蒙斯基和很多大一新生一样，在寒假回到高中母校看望老朋友，稍稍享受一些进入人生下一个阶段的快乐。训练开始前，他在一个篮架下方和科比聊天，不远处的特里特曼一直在听他们讲话，其他球员在投篮或者热身。

"科比，你到底怎么决定的？"蒙斯基说，"你要去哪个学校？拉萨尔？我听说是杜克。"蒙斯基从高四开始就是这样猜测的：科比会去大学打上一年，然后进入职业联赛。他会成为一个不错的第六人，会在各队间流浪，会是一个效力于NBA的优秀球员。对他来说，那将是多么美好的人生。

"埃文，我在考虑进入联盟。"科比说。

"不是，我是认真的。"蒙斯基说，"你到底要去拉萨尔还是杜克？"

"不，是真的。我要进入联盟。"

道纳吹响哨子，让球员在中场集合，准备开始训练。科比慢跑过去，留下蒙斯基一人，思考他对朋友的期望和科比轻松而又让人意外的坦承之间的落差。"后卫不能直接进入NBA。凯文·加内特是去了，可他不是后卫。这不可能，而且像科比成绩那么好的孩子肯定不会这么做。你干嘛要那样做？大学多有意思啊！"

　　与此同时，特里特曼听到了科比的话。他本能地环视四周，看看现场是否有记者。反应过来没有记者后，他松了一口气。他还没有做好协助科比公开意愿的准备，而且在媒体圈待了好几年，特别是在电视行业，他明白正式公开需要一些必要的元素——场景、铺垫和戏剧性，才能让正式公开的瞬间令人难忘。更重要的是，尽管刚刚告诉了蒙斯基，但科比比特里特曼更理解铺垫的重要性。

　　海滩篮球经典赛结束的几周后，贾利德·吉布森打开父亲的康柏电脑，他想给科比·布莱恩特写一封信。他写了整整13张纸，而且没有空行。写完后，他让父亲帮忙过目。韦斯利·吉布森对儿子说："我来帮你浓缩一下吧。"

　　几个月后，以壁炉跳动的火苗为背景，科比坐在自家地板上，准备接受一个长时间的电视采访，其中的15分钟将在ESPN上播出。科比讲到了自己在意大利的童年生活，讲到教育的重要性，还提到他想听到人们口中的"科比，你是个好人"这样的话。他还没宣布自己究竟是去大学还是NBA。"在做出决定前，我会认真思考。"他在采访中这样说，一副还没做出决定的样子。

　　节目进行时，ESPN在屏幕上展示了海滩篮球经典赛的比赛手册，科比的一张投篮照片占据了画面下方三分之二的空间。

　　"所以，你在哪里见到的这个年轻人？"画面切回到科比时记者问他。

　　"南卡罗来纳。"科比说，"默特尔海滩。"

　　"他叫什么？"

　　"贾利德·吉布森。"

　　"是你的球迷？"

　　"是的。"

　　"你在一个锦标赛上见到了他，之后他给你写了一封信。"

　　"一封优美的信。"

　　"信上写了什么？"

　　科比低头看着信纸，念出以下文字。

亲爱的科比，

最近过得怎么样？我真心希望这封信最终能到身体健康的你的手上。我写这封信，是为了感谢你在海滩篮球经典赛上展现出的优异表现和高尚品格。我叫贾利德·吉布森，就是从费城开始一直跟在你身边的那个小个子。

科比，我只是想让你知道，在你出现在我人生中的短暂时光里，不管作为球员还是一个人，你对我的人生产生了怎样重大的影响。你真心实意、平易近人，愿意为球迷付出时间。但我最欣赏的，是你在 SAT 考试中得到了 1000 分，以及你和你父亲之间特别的关系。不管是名气还是金钱都买不来这些。生活这场牌局，给你发出了完美的一手牌。你那么聪明，有一个爱你的家庭，你还是个天赋极高的篮球运动员。生命就像彩虹，成功就像彩虹尽头的宝藏。奋力向前追求吧，但请记住以下三件事。第一，永远感谢上帝和你的家人。第二，努力会让你成功，也会让你一直成功。第三，永远不要忘记我们这些见证了你走上崛起之路的小人物。

正如你激励了我，让我立志成为某个人一样，未来还会有成千上万的人被你影响。保持谦逊。保持专注。保持真实。

贾利德·吉布森和他父亲一样，后来加入了美国空军。自从在默特尔海滩与科比相遇后，他就一直和科比保持着联系——他们写了更多的信，科比每隔几周会给他打电话聊几分钟，他还给身在南卡罗来纳的吉布森寄去了签名篮球、明信片和湖人球衣。"如果我能成为某个人，我希望像他一样。"贾利德说。两人的联系一直持续到 2001 年初，也就是科比在湖人赢得第一个总冠军之后。"当他成为'黑曼巴'后，我们就失去了联系。"吉布森说。科比已经蜕变为全新的人，他变得更成熟，也变得与过去截然不同，他决定不再将那段关系带进自己的未来。而这，并不是他唯一舍弃的过往。

有人说我做不到什么，我就要专门做出来，而且要用让人感到不可思议的方式做出来。

——科比·布莱恩特

第十五章
放松，有我呢

坐在大巴最后一排的科比·布莱恩特，和坐在教室第一排的科比·布莱恩特，对比太过强烈了。前往客场比赛的路上，球队大巴里总是响起低沉的嗡嗡声，人们轻声交谈着赛前策略，夹杂着车辆刹车的嘶嘶声和柴油引擎的隆隆声。和其他球员一样，科比也很严肃：他戴着耳机，脸上毫无表情，曾经让他害怕的过桥，如今已不会再让他感到一丝紧张。他们有一场比赛要赢，所以脑子里不该想别的事情。可当他们在客场踢馆成功，球队就会在坐车回韦恩伍德的路上放松下来，重新做回真正的自己。吉米·基泽曼喜欢坐在司机旁边，他可能会讲起在大东区打后卫的感觉，或者聊聊在迈阿密参加真正的兄弟会派对是什么样的。但科比和杰梅因·格里芬这两个球队的绝对核心却总是坐在最后一排，戴夫·罗森博格曾说："科比和丹·潘格拉齐奥是明星，杰梅因是灵魂。"布伦丹·佩蒂特和罗比·施瓦茨是队里的谐星。奥拉尔·威廉姆斯（Oral Williams）的绰号是"中士"。戴夫·拉斯曼气质从容，像个好莱坞明星。卡里姆·巴克斯戴尔每次赢球后都会在场上做后空翻庆祝。罗森博格和菲尔·梅勒特（Phil Mellet）学业成绩优秀，也是永不放弃、充满拼劲的替补球员。科比、格里芬和其他黑人球员，包括埃默里·达布尼、奥马尔·哈特切尔、威廉姆斯、加里·沃克（Cary Walker）和巴克斯戴尔则会进行说唱比赛，在流浪者组合（Fugees）在 1996 年二月中旬发行了《得分》（The Score）这张专辑后，威廉姆斯就会拎着他带有 CD 播放器的音箱登上球队大巴。这张融合了雷鬼和饶舌元素、歌词狂妄不羁的专辑，立刻成为整支球队的主打专辑。

第十五章　放松，有我呢

我们曾是第十
现在我们永远第一

那段时间球队的状态火热，让人感觉他们会一直处于巅峰，无人能敌。在沼泽狐狸旅馆挨了道纳的一顿训斥后，球队重新专注起来，赢下了常规赛的最后 15 场比赛，球队成为费城篮球界的主要看点之一。"你开始在全国范围内听到议论。"在 1995—96 赛季为雷德利高中篮球队效力的杰克·麦克格罗恩（Jack McGlone）回忆道，"你会听说其他中部赛区球队和科比交手时，球馆会座无虚席。你也会在报纸和《扣篮》杂志上看到有关他的文章。"雷德利高中那个赛季第一次在下梅里昂高中和他们交手前，麦克格罗恩惊讶地听到球队的一个助教对他们说：孩子们，记住，当科比扣篮、观众疯狂时，那也只是个两分球而已。"实际上他是让我们在心理上做好准备，科比的扣篮只是时间问题，随时都有可能到来。"麦克格罗恩表示，"高中生通常不会让人这样担心。"在对阵雷德利高中的两场比赛里，科比分别得到 29 分和 27 分，他的球队也取得了 16 分和 15 分的大胜。但给麦克格罗恩和雷德利高中球员留下更深印象的却是与科比同场竞技的纯粹体验（其实那个赛季每一支和下梅里昂高中交手的球队都有这样的感受）。尽管郊区和社区之间的篮球竞争一直很激烈，但这些都不能和科比来到现场时的氛围和刺激感相提并论。他们就站在中心舞台上，打的是重要的比赛，每一回合观众都会站起来，就算一个简单的上篮动作都会引起疯狂的欢呼。当科比走出更衣室时，孩子、甚至一些成年人都排队索要签名，那种感觉令人难以忘怀。"如果你打过比赛，那就是你梦想中的场景，而且我经历了两次。"麦克格罗恩说，"那可比有他名字的新闻报道强多了。"

然而，对那些球员和球队来说，实现上述梦想只能带来些许安慰，因为科比和他的球队就像一只年轻的篮球怪兽，一路碾压所有对手。在他们的 15 连胜中，有 14 场的分差在 10 分以上，其中有 7 场甚至赢了 28 分以上。在下梅里昂高中 95 比 64 战胜马尔普·牛顿高中的比赛里，科比在第四节还剩 4 分钟时已经得到 48 分。格雷格·道纳叫了暂停，他对科比说："听着，再进一个球就够了。"50 分，那会是非常华丽的数据。到时道纳就会换他下场，给对手留点面子……只不过，科比连续送出五次完美的传球，助攻队友连进五球。他这么做，只是因为他有这个能力，而这迫使道纳又叫了一个暂停。"你已经得了 48 分了！"教练对自己的明星球员大吼。下梅里昂高中再次进攻时，科比上篮成功，终于被换下场。"有时候他太固执了。"道纳后来回忆。

没错，科比确实会很固执，可当地区和州季后赛开始时，他一点儿也不担心自己球队的前景，甚至可谓信心十足。然而，道纳却不能像科比那样无忧无虑地对待任何比赛和结果。情人节那天，他个人的职业前途变得岌岌可危，主教学院的校长詹姆斯·克劳福德（James Crawford）叫他来开会时告诉他，由于执教科比和下梅里昂高中篮球队占据了道纳大量时间，导致他无法履行对这所学校的职责，因此他将在学年结束后被解雇。"你在说什么？"道纳回应，"我跟你说过我会执教到科比毕业，我从第一天就跟你这样说过。"克劳福德后来表示，他不记得两人有过这样的对话。如果道纳在 1996 年不能赢得地区/州冠军，谁能想象这会对他剩余的篮球教练生涯带来怎样的打击？科比在他手下打了四年，他却无法取得成绩？但科比无法理解这种想法。"放松，教练。"他对道纳说，"有我呢。"他也会对队友说这样的话。我们还在读高中，我们都很年轻，整个世界还在前方等着我们。愉快地度过这段时间就行了，好好打球。我们是强队。"我想告诉他，'埃默里、奥马尔、巴特，你们知道我们有多厉害吗？笑笑啊！开心点！别担心，有我呢'。"科比曾经这样说，"我会跟他们开玩笑。他们赛前会感到紧张，我就会说：'放松，有我呢'。他们挺好的，慢慢就能放松下来。在训练中，我们的对抗强度会越来越大。大家都会放松下来。我们都说：'我们可以赢下冠军。'"如果有人故态复萌，表现出球队去默特尔海滩时的松懈的表现状态，科比也有办法对付他们。达布尼当时臀部受伤，一跑步，疼痛感就会像打火机打出火花一样闪现，但科比并不同情他，还说忍痛坚持比赛是他的责任，他必须全力以赴，直到跑不动为止。所以达布尼照做了。"放松，有我呢。"

拉萨尔大学在大西洋 10 赛区的第一个赛季可谓步履艰难，在 2 月 12 日面对全美排名前列的维拉诺瓦大学前，他们输掉了 22 场比赛中的 17 场。斯毕迪·莫里斯的合同还剩一年，外界还是认为，地球上只有一个人能阻止他被解雇，那个人就是科比·布莱恩特。对阵维拉诺瓦大学那场比赛的一个多小时前，在光谱球馆里，莫里斯遇到了长年在《费城问询报》担任体育专栏作家的比尔·莱昂（Bill Lyon）。

"你怎么样？"莱昂问他。

"吊着呢。"莫里斯说。

"字面意思上的吗？"

"没错。"莫里斯说着拉开自己的衣领，"看到绳子的勒痕了吗？"

那天晚上，维拉诺瓦以 90 比 50 战胜了拉萨尔，那也是莫里斯执教生涯中最惨赛季里的最惨失利。在媒体间看完比赛的莱昂认为，支持一个人的正确时机并非在顺境，而应该是在洪水快要漫到他脚边的时候。于是，他写了一篇1012 字的专栏文章。他在文中表示，尽管有莫里斯可能被解雇的议论和传言，但拉萨尔大学应该宽宏大量地继续支持他。

"人们普遍认为，斯毕迪·莫里斯的未来系于科比·布莱恩特的决定。"莱昂这样写道，"这正是教练这份职业中无情且让人痛苦的部分。一个 17 岁的男人 / 孩子，能够掌控你和你家人的命运。"

第二天早上，当这篇文章出现在《费城问询报》体育版的头版时，莱昂家的电话响了。打来电话的是莫里斯的妻子咪咪。她泣不成声。

"谢谢你。"她说。

坐在教室前排的科比，没有球场上或者队友间的那个科比那么自信。他找到珍妮·马斯特里亚诺，想选修她春季开设的"演讲艺术"课程。这门课为期一个学期，学生将学习、撰写和朗诵演讲稿与戏剧独白，然后互相点评。马斯特里亚诺表示，开设这门课的目的是让学生"了解观众，知道如何打动观众，明确演讲目标并能灵活运用方法"。科比报名了这门课，不仅是因为这样的训练将来可能有用，更因为他现在就需要。来自 ESPN 和费城有线电视台 PRISM 的摄像团队全天跟踪他拍摄纪录片，记录这个美国最著名的高中篮球新星的日常生活。当马斯特里亚诺的班级去观看托扎克·尚格

（Ntozake Shange）的戏剧作品《给考虑自杀的有色人种女孩 / 当彩虹足够》（*For Colored Girls Who Have Considered Suicide/When The Rainbow is Enuf*）时，她和学生们坐在剧院里，当灯光调暗、幕布升起时，他们发现，观众席上的所有人都把头从舞台上转开，只想一睹科比的风采。这是马斯特里亚诺第一次感觉到人们如此着迷她的这个得意门生。"真正让我明白这一点的是离开剧院的时候。"她后来说，"我没办法把他弄上巴士。他被人团团围住，无法脱身。"

科比已经习惯了这样的关注。但"演讲艺术"这门课，却让他进入了一个更为脆弱的状态：他需要在安静的房间里，站在同学面前，每个人都会批评他、评价他，而在这样的环境里，他不一定是最有天赋、经验最丰富的表演者。在一次个人演讲作业中，他大步走到黑板旁边，双手插在宽大白色羊毛衫下的深蓝色运动长裤的口袋里。他开始介绍自己，持续了四分半钟。每隔几秒钟，他都会停下来寻找下一组恰当的词语，演讲过程中没有出现"嗯……"或者"啊……"之类的口头语。但他的紧张情绪通过身体动作表现了出来：他的身体重心不断从一只脚换到另一只脚，身体前后微微晃动，不时将舌头伸向嘴唇两侧。

"我叫科比·布莱恩特，我 17 岁了。我非常幸运，不仅在美国的不同地方生活过，也在欧洲生活过。"

他告诉班上同学，刚到下梅里昂高中时，他觉得自己被孤立了，他靠打篮球打发时间。

"我觉得，那是我身上发生的最好的事。就是因为在独自一人在体育馆里的那些时光。我发现了自己内心中的饥渴、动力和欲望。我要尽自己所能，成为最好的篮球运动员。今天，在这里……未来，我有一个重大决定要做。那就是要不要去上大学，还是直接去 NBA。"

关于这个决定，最让他困扰的是那些陌生人，比如在街上或商场里遇到他时，人们会停下来告诉他应该怎么做。但他明白，这种不请自来的建议是无法避免的。

"我欣赏很多人：'魔术师'约翰逊、迈克尔·乔丹、埃米特·史密斯

（Emmitt Smith），还有迈克尔·约翰逊和珍妮特·杰克逊（Janet Jackson）这些娱乐明星。但有两个人是我最欣赏的，那就是我的妈妈和爸爸。"

说完后，他坐回自己的课桌，看向其中一个摄像机，半开玩笑半认真地摸了摸自己的眉毛，吹了下口哨。其他学生开始发表意见。他们不介意他晃动身体，认为他很有激情，但指出他脸部在抽搐。他尴尬地笑了一下，就像人们为了避免尴尬的沉默而发出的笑声一样。演讲开始后一分钟，科比描述了父亲决定从 NBA 退役、前往意大利打球的决定："第八个赛季之后，他决定离开……把他的天赋带到别的地方是最好的选择。"房间里没有人对这句话做出任何反应，或者似乎根本没在意这句话的措辞。

. . .

随着季后赛临近，下梅里昂高中不仅是有机会赢得第一赛区冠军的热门球队，也同时成为宾夕法尼亚州 AAAA 级联赛州冠军的有力竞争者，格雷格·道纳希望自己的球员都能动力十足地面对接下来的比赛。道纳从不担心科比，他知道科比不会轻视任何比赛。但有些孩子……他就没那么确定了。下梅里昂高中自 1943 年以来再未赢得过州冠军……他想到了一个办法。

维拉诺瓦大学同意开放学校的球馆供下梅里昂高中训练，他们的球馆也将再次成为地区决赛的比赛场地。训练的前一天，道纳给杰雷米·特里特曼布置了一个任务：特里特曼需要录下自己为一场模拟冠军赛进行实况转播的录音，这场模拟比赛的双方是下梅里昂高中和一支来自宾夕法尼亚州西部的球队。道纳想让球队知道参加并且赢得州冠军是什么感觉。"我觉得这些孩子们不知道我们要做的事情是什么。"他对特里特曼说。

那天晚上，特里特曼做了道纳要他做的事。他拿出一个小磁带录音机，就是他在《费城问询报》工作时采访用的那个录音机。他选择了一个能让下梅里昂球员产生共鸣的球队：威廉姆斯波特高中，前一年，这支球队打进了州冠军赛。然后他开始说了："大家好，欢迎来到好时球馆……"

这场完全由特里特曼想象出来的比赛持续了一个小时。下梅里昂高中的每个球员都得到了上场机会，科比在最后时刻命中跳投，为球队赢下胜利。

第二天，在维拉诺瓦大学，道纳在中场集合球队，让球员坐在地板上，又让特里特曼播放了整盘录音带。大多数球员都在笑，在欢呼。特里特曼低头，看到科比一脸沉默，呆坐在那里。"我觉得录音带对其他人的效果更明显。"特里特曼后来说，"因为他们没有像科比那样梦想过。"

录音播完后，道纳听着球员的欢呼声越来越小，直到彻底消失。

"现在，让我们去比赛吧。"他说。

录音带并非道纳唯一的激励手段。他让球员把 27 和 53 这两个数字固定在热身服的后背位置上。这两个数字的意义很明显：前一年，他们在赛区决赛中输给了切斯特高中 27 分，而且球队已经有 53 年没有赢过州冠军了。"我们只想向每个人发出一个信息。"科比说，"向切斯特高中发出信息，告诉他们：'喂，我们来了。去年是去年，今年是新的一年。所以你们最好做好准备，付出全力。否则，我们就会打爆你们'。那个信息是，我们不会被吓到，也不允许你们恐吓我们。"然而，作为赛区一号种子的切斯特高中只是下梅里昂高中夺取州冠军之路上的威胁之一。考茨维尔高中整个赛季只输了一场比赛，他们是二号种子。下梅里昂高中是三号种子。

特里特曼知道大比分输给切斯特高中的那场比赛仍然刺痛着科比，所以他在一次赛前投篮练习中抓住机会，决定拿这件事刺激他。宾夕法尼亚州的分区锦标赛和州锦标赛是不同的两个赛事，球队需要打进分区锦标赛的四分之一决赛，才能获得参加州锦标赛的资格。因此，下梅里昂高中有可能先在分区锦标赛击败切斯特高中和考茨维尔高中赢得冠军，接着又在州锦标赛输给其中一支球队。考虑到科比和切斯特高中的约翰·莱汉以及考茨维尔高中的理查德·汉密尔顿之间的亦敌亦友的关系，这种情况肯定会让科比备受煎熬。所以，特里特曼想知道，在季后赛面对如此强大的对手、甚至可能不止一次遭遇他们时，科比究竟有着怎样的心态。

"莱汉和那些人很厉害啊。"特里特曼说。

"我不怕那些黑鬼。"科比说。

这话让特里特曼心里一紧。也许他有点天真了，可他之前从没听科比说过"黑鬼"这个词。他不知道该怎么回应。

第十五章　放松，有我呢

"考茨维尔呢？"他说。

"我也不怕那些黑鬼。"

有什么可怕的呢？下梅里昂高中在分区季后赛的前两场比赛分别都赢了对手 27 分，科比在第二场对阵帕克学院的比赛里再次得到 50 分，而且投进 7 个三分球，他的表现引起了《纽约时报》体育专栏作家艾拉·伯考（Ira Berkow）的兴趣，后者专门来到费城郊区，想亲眼看看这个少年天才。在四分之一决赛面对诺里斯顿高中的比赛里，面对既有身高、速度又快的对手，科比在伯考面前打出了他高四赛季唯一一场糟糕的比赛，他 24 次出手只进了 5 球。道纳后来说，那是他见过的科比投篮表现最糟糕的一场比赛，他还在比赛还剩 1 分 10 秒时被罚出场。糟糕的表现让科比在接下来的几天里都非常懊恼，但懊恼的原因更多地在于他认为这给了诺里斯顿高中球员错误的印象，好像是他们防住了他，实际上问题全出在他自己身上。"我不想让他们觉得，'耶，我们防死了科比·布莱恩特'。"他表示，"等州锦标赛开始，我希望他们一直赢球，这样我们就可以再次交手，我要得 50 分、60 分。我要告诉他们，'不是你们防住的，是我自己的问题'。"

对下梅里昂高中来说，对阵诺里斯顿高中的那场比赛可能是最糟糕情况下的最好结果：科比表现糟糕，但他们还是赢了。丹·潘格拉齐奥早已走出了默特尔海滩的噩梦，他在第四节投进了四个三分球，帮助球队最终以 60 比 55 艰难取胜。如果真有一场比赛他们可能会输，那就是这一场，但他们撑下来了。四个晚上后，下梅里昂高中将与考茨维尔高中交手，切斯特高中将在另一场半决赛里对阵普利茅斯·怀特马什高中。在冲澡、换掉球衣前，科比意识到球队将再次前往佩尔斯特拉球馆参加比赛，他哭了。"赛季开始时，我们的路看起来阴云密布。"他说，"我不知道该有什么期望。"整理好情绪离开更衣室时，科比简单地对伯考说了一句话："我们继续向前。"伯考跟在他身边，匆忙写着笔记。后来，他说科比"即便在手感糟糕的夜晚，这个年轻人仍然对自己的天赋充满信心，也享受着生活的乐趣"。伯考看看科比和乔拥抱，然后把包挎在肩上，跑着加入队友，吵吵闹闹地坐上大巴返回韦恩伍德。

"他那么自信。"特里特曼后来说，"我个人觉得他的自信有点儿失控了。

我从他身上学到了太多,因为我不是那样生活的。他是我见过的最自信的人,在任何领域都极度自信,直到现在我都这么认为。"

忘掉赛场,忘掉教室。如果想看到青少年时期的科比·布莱恩特最不知所措的样子,那就让他和一个他认为漂亮的女孩在一起。在她和自己的女性朋友相处的过程中,他的态度可以在哥们般的嬉闹和彬彬有礼的绅士风度之间摇摆。他知道名气和帅气的外貌让自己很受欢迎,但他拒绝像典型的高中体育明星那样利用这些优势。随着毕业舞会日渐临近,科比找到克里斯蒂娜·克里斯姆斯,征求她对约会对象的建议。他提出了一些女同学的名字,并询问克里斯姆斯的想法。"你觉得她可以吗?你觉得我该邀请她吗?"他的"女友"乔斯琳·埃布隆似乎是最合逻辑的选择。然而……

"然后,我介绍他认识了克里斯汀·克莱门特(Kristen Clement)。"特里特曼说。

不夸张地说,克里斯汀·克莱门特就是费城地区女子篮球界的科比·布莱恩特:她是特拉华县奥哈拉红衣主教高中的后卫/前锋,那所学校距离下梅里昂高中只有8英里远。克莱门特的高中生涯总得分超过2000分,她带领球队三次夺得费城天主教高中联盟的冠军。后来,她进入田纳西大学,为帕特·萨米特(Pat Summit)教练效力。克莱门特的绰号是"王牌",据说她和NHL费城飞人队的明星球员埃里克·林德罗斯(Eirc Lindros)谈过恋爱——这不过是当地的小道消息,虽然没能让她像科比那样声名远扬,但也让她比普通高中运动员知名度更高了一些。特里特曼在《费城问询报》高中体育节目中报道过克莱门特,所以他向科比提起了她的名字:奥哈拉高中有个漂亮的女孩,是个非常优秀的球员。

有一天,科比说:"杰雷米,我们去看王牌比赛吧。她下一场比赛是什么时候?"

"是我生日那天,2月11日。"特里特曼说。

于是,在30岁生日的那天下午,特里特曼出现在了奥哈拉红衣主教高中球馆的看台上,坐在他旁边的是科比。"比赛结束后,克里斯汀转过身,吃了

第十五章　放松，有我呢

一惊。"特里特曼回忆，"'哦，嗨。'我看到他们交换了电话号码，我以为两个人只是普通朋友。随后，不管我们去哪里，他都会用公共电话给克里斯汀·克莱门特打电话。从那以后，她来看了我们所有的比赛。他们从下车开始就一直挽着胳膊。"

这对小情侣刚刚萌芽的恋情，遇到了公众人物所要面对的特有挑战。一天晚上，下梅里昂高中打完了一个客场比赛，克莱门特也去了现场，科比走下球队大巴并悄悄溜到罗比·施瓦茨身边。当天晚上科比原本要在阿德莫尔的一家餐厅跟克莱门特见面，她还会带一个朋友一起去。

"想去吗？"科比问施瓦茨。

"当然！"施瓦茨说。

抵达餐馆后没多久，施瓦茨就明白科比为什么邀请他参加这个四人约会了。"我记得环顾四周，所有人都在看我们的位置。"施瓦茨回忆，"整个晚上我说的话应该不超过十个字。我的出现绝对是科比为了'一起来，我们就不孤单'那回事。"他不怪科比想找个人陪伴，否则，他还有什么办法能在社交生活中保持一点儿正常状态呢？"篮球占据了他99%的生活，可作为全国最好的球员，他已经尽全力让自己过正常的生活了。"施瓦茨表示，"人们在他身边的行为举止总是不一样。假设别人要介绍一个人，比如说我——'嘿，那边有个在下梅里昂高中打篮球的人'。你就会走过来跟我打招呼，一切都很自然。可人们在见到他时的行为绝对不正常。他们会说傻话，总是忘了在他身边怎么才能像个正常人一样。我想说，过来打招呼啊！他就是个普通人！"

正常情况下，一个普通人会在即将到来的春天，像个普通人一样参加他那普通的高中毕业舞会。

2月27日，比尔·莱昂在《费城问询报》发表那篇维护斯毕迪·莫里斯的文章两周零一天后，拉萨尔大学召开新闻发布会，宣布续约莫里斯两年，他的新合同到1999年到期。"我可以肯定，没有那篇文章，我就拿不到续约。"莫里斯回忆。

没人在新闻发布会上提到科比·布莱恩特。那天晚上，他将在佩尔斯特拉球馆进行的第一赛区半决赛中对阵考茨维尔高中。

我肯定想在未来和他坐在一起,跟他聊天,希望他能给我一些建议……这样,我就能打破他的所有纪录。

——1996 年,科比·布莱恩特提到迈克尔·乔丹

第十六章
隧　道

　　理查德·汉密尔顿的机会来了，这也许是他证明自己比科比更强的最后机会。当时还是高四学生的他，在踏上佩尔斯塔拉球馆参加又一场第一赛区半决赛时，怎么会知道他和这位既是朋友又是对手的人，未来将会有怎样的人生经历？汉密尔顿爱科比，尊重科比，但又有一些畏惧科比。球馆里震耳欲聋，观众甚至挤在过道上。曾任费城76人主教练、现任球员人事主管的吉恩·舒（Gene Shue）就在现场，他坐在离场地很近的地方观看了这场下梅里昂高中和考茨维尔高中的对决。现场人山人海，足有9000人甚至更多，甚至连科比都在赛后表示，两队球员都"震惊了"。汉密尔顿大概是需要几分钟来适应这种环境的人之一，不过随着他篮球生涯的继续，这样的环境对他来说将会变得司空见惯。就在两周前，他口头承诺将为康涅狄格大学的吉姆·卡尔霍恩效力，卡尔霍恩也在佩尔斯塔拉球馆，他想看看这个新招募的球员在高中篮球所能面对的最大压力下将会打出什么样的表现，想看看汉密尔顿能否走出科比在他职业生涯大部分时间里投下的阴影。是的，在康涅狄格大学的三个赛季和14年NBA生涯中，汉密尔顿确实在某些方面超越了科比。汉密尔顿拥有一个NCAA全国冠军——科比没有机会赢得这个荣誉，但汉密尔顿通过选择康涅狄格大学获得了这样的机会，并且在1999年成功夺冠。汉密尔顿也有一个NBA总冠军——没错，科比有五个总冠军，但没有一个是击败汉密尔顿所在的球队获得的。当两人在2004年总决赛正面交锋时，汉密尔顿和底特律活塞队通过五场比赛击败了湖人队，他的表现与科比不相上下，甚至比科比更好。汉密尔顿的投篮命中率更高，三分命中率更高，篮板和助攻的平均数据也更多，他终于从与科比的竞争中获得了一些满足感。

那天晚上，汉密尔顿曾经占据了上风。他一度压过科比一头。第三节结束时，下梅里昂高中领先 10 分，他们的进攻不是给科比空接，就是传球给他后其他四人分散站在半场的四个角落，让他一对一单挑任何前来防守他的考茨维尔高中球员。科比后来说，那天和汉密尔顿的交手，就像是"一场个人决斗"。"很多人说他能匹敌我，能让我出点汗费点力。当人们这么说时，我只是笑笑，心里却在想，'哥们，我能轻松打爆他'。"然而，考茨维尔高中在第四节的前三分钟里抹平了分差。当汉密尔顿的队友约翰·亨德森（John Henderson）成功完成上篮后，考茨维尔高中在比赛还剩不到 3 分钟时领先了 6 分。两人第一次交手时，科比投进了 25 英尺（7.62 米）的三分球和那个 6 英尺（1.83 米）的压哨绝杀，汉密尔顿没能赢他。两人第二次交手时，科比犯满离场，汉密尔顿还是没能赢他。现在，机会来了。这次一定不会出错。

但事实并非如此。埃默里·达布尼先是命中一记三分，紧接着抢断成功，上篮得分，将分差缩小至 1 分。科比在考茨维尔高中的防守中找到了进攻空间——在场的所有球员中，居然是最被严防死守的他找到了得分机会。在比赛还剩 1 分 43 秒时，科比用一记扣篮帮助球队重新夺回领先。杰梅因·格里芬在比赛最后一分钟里得到了 4 分。"没有什么能比得上在佩尔斯塔拉球馆打比赛的感觉，这是人生难得的机会。"科比在球队以 70 比 65 取得胜利后这样表示，他在这场比赛里得到 29 分，并限制汉密尔顿只得到 16 分。下梅里昂高中打进了分区决赛，他们的对手又将是切斯特高中。

汉密尔顿不需要别人告诉他。第一次与科比交手后他就明白，过去他从未遇到过和自己打同一个位置，在比赛中不仅得分比他高，而且还能赢他的球员。而科比又一次做到了，他第三次做到了。

"为什么每次跟你打比赛，我似乎总是输球的那个？"赛后，汉密尔顿这样问科比。

科比大笑。"我也不知道啊。"他说。直到八年后的 2004 年 NBA 总决赛，汉密尔顿才让自己和科比在某种程度上势均力敌。可对考茨维尔高中红色突袭者队来说，这样的势均力敌晚到了八年。

第十六章　隧　道

下梅里昂和考茨维尔的比赛，是两场连续进行的半决赛中的第一场。在第二场比赛里，切斯特高中轻而易举地以 65 比 45 大胜普利茅斯·怀特马什高中。

切斯特高中的主教练弗雷德·皮克特表示："我们很高兴科比得到了那些荣誉。我们很高兴他入选了全美最佳阵容。但我们会防死他。就这么简单。"

切斯特高中的前锋格雷格·霍尔曼（Greg Hollman）表示："他是个了不起的球员，但和我们一样，他穿裤子也得一条腿一条腿地穿。"

切斯特高中的后卫布拉辛·帕尔（Brahin Pharr）说："我们会直接面对他，我们会挡在他的面前。"

战胜考茨维尔高中后，在决赛再次对阵切斯特高中前，下梅里昂高中还有两天的课和一次训练。在这 48 小时里，围绕科比和球队的炒作与需求将会不断升温。学校运动部门主管汤姆·麦克格文每天的午餐时间也就是他在餐厅监督学生行为的时间，正好和科比吃午饭的时间重合，他的注意力经常被不同以往的喧闹吸引。学校的餐厅位于一层，高大的镶板窗户外，在距离窗户仅有 25 英尺（7.62 米）远的学校棒球场上，挤满了记者、摄像师和摄影师。麦克格文已经不再允许媒体成员进入学校的教学区域，可他们知道科比必须吃饭。因此，他们就等在那里，摄影、拍照、观察着，仿佛科比是个动物，而他们正在窥探他在自然栖息地里的样子。"我们有一张运动员专用的餐桌。"麦克格文说，"有时他会坐在那里，但不是每次都去。他也会跟那些认识他的同学坐在一起。他在那个年纪表现出来的镇定让人震惊。摄影机拍摄的时候，他根本不去理会。"

训练场就是他的庇护所。即便那时还是高中生，远在他爱上篮球之旅，并且让"活在当下"成为"曼巴精神"的信条之前，科比就已经爱上一切必需的准备工作。在与切斯特高中比赛前一天晚上的训练中，在球队训练师玛塞拉·肖蒂（Marcella Shorty）的办公室里，她帮助科比绑上了三个冰袋：每个膝盖各一个冰袋，右手一个。科比没有受伤，这不过是他为了保持身体状态而采取的预防措施。仿佛为了重申自己已经为对阵切斯特高中做好了准备，科比在训练开始后等了一个小时，趁着训练间隙，他拿过篮球，利落地运了几下球，伴随着一声巨响，他将球狠狠扣进篮筐。在场的每一个人，包括格雷格·道纳和其他教练，都发出了"哦哦"的惊呼。之后的一个练习结束后，科比清了清嗓子，开始对队友讲话。随着年龄增长，他的声音越来越低沉，如今已经变成了浑厚的男中音。科比说，他的目标是带领队友和他一起进入"心流"隧道，就像心理学家说的那样，这个状态里没有杂念，没有噪声，只有极度沉浸式的专注，以至于生活中的其他一切事情都显得微不足道、毫无必要，那些只会分散注意力的事情，就应该像玫瑰枝上凋零的落叶般被甩在身后。

"别练完就忘了。"科比说，"今晚回家后，思考一下。思考一下明晚的比赛自己要做什么。想象自己是如何做的。"

科比需要这条隧道。他需要这条隧道，是因为即便在下梅里昂高中战胜考茨维尔高中前，他也可以每天打电话给约翰·莱汉，互相拿对方开玩笑。他需要这条隧道，是因为隧道能保护他，让他保持镇定、自傲与专注，让他确定自己能够带领球队夺得分区冠军和州冠军。他需要这条隧道，是因为记者和摄像机不会消失，紧张氛围不会消散。如果球队能打进州锦标赛的决赛，他们的赛季将会再持续三周。在那之后某个时间，科比还有一个决定要宣布——任何了解他的人知道，他早就做出这个决定了。学校运动办公室里的电话还在不断响起：人们在提问，有人想采访球员，还有人想要球票。并不是每个人都像科比一样喜欢外界的关注以及带来的影响。特里特曼不止一次地听到学校行政人员小声讨论："这事到底什么时候才能结束？"学校的摔跤队在那个赛季的表现同样强势，而麦克格文不得不听摔跤队教练抱怨，说科比和篮球队的成功抢走了全部关注。摔跤队使用体育馆的时间在篮球队之前，麦克格文经常不得不帮助道纳把摔跤队留在场地上的垫子拖走，才能让科比和其他球员训练——这些四处摆放的垫子，就是一种消极抵抗的象征。有一天，运动办公室接到帕姆·布莱恩特打电话留下的一条信息，她想确保自己、乔和布莱恩特全家都能得到某场季后赛的门票。可他们还没付钱，而且截止时间马上就要到了。当玛丽·穆雷准备打电话告诉帕姆：为时已晚、很遗憾、她拿不到票去看科比高中生涯最重要的比赛时，德鲁·道纳恰好在办公室里。"德鲁是所有人的大哥。"科比

第十六章 隧 道

说,"每个人都很尊敬他。他让每个人都能情绪高昂。道纳教练是激励者,如果你搞砸了,他会是那个惩罚你的人。而德鲁像个大哥哥,当你做得不好时他虽然会拍一下你,但他也会在你刚被他弟弟惩罚后鼓励你。"所以说,当运动部门的秘书不可理喻时,他也会为你和你的家人挺身而出。德鲁用手按住电话。"这可是帕姆·布莱恩特。"他对穆雷说,"你不能这么做。"后来,科比的舅舅查比·考克斯付钱并且取走了球票。

在那个冬末的周五晚上,坐落于维拉诺瓦大学东侧的约翰·E·杜邦球馆看起来不像是一场高中篮球比赛的举办地,倒像是政治集会或斯普林斯汀演唱会的现场。球馆周围的停车场停满了汽车。黄色警戒线将一条从体育馆入口到兰开斯特大道的四分之一英里长的路段围了起来。那些已经买到宾夕法尼亚州第一赛区 AAAA 级锦标赛决赛门票、并且等待进入场馆的人,不得不排成一条长队,这个队伍停滞不前的状态,不逊于斯库尔基尔高速公路上的堵车。那些没有提前计划的人,只能偷偷摸摸地找到黄牛党,然后花 30~60 美元(甚至更多)买一张票。当琳恩·弗里兰德和丈夫迈克尔到达球馆时,迈克尔让手上拿着票的琳恩先下车排队,自己再去停车。等他走过去找妻子时,一个陌生人提出用 100 美元买下他的球票。他拒绝了。

球馆内人头攒动,色彩缤纷,声音震耳欲聋。学生们和家长们、篮球迷、球探和媒体人员齐聚一堂。身穿褐红色队服的下梅里昂高中和身穿橙黑两色条纹的白色队服的切斯特高中严阵以待,啦啦队在高声呐喊,踢踏舞队卖力表演。看台上充斥着挑衅,甚至还有威胁的叫嚣声。切斯特高中的球迷对下梅里昂高中的球迷和球员大喊大叫,说他们是"垃圾",说他们"不敢来街区""害怕和街球小子比赛";下梅里昂高中校报的一名学生记者仔细记录下了每一句侮辱性言辞。我们可以公平地推测,下梅里昂高中的球迷也做出了相应的回应,但这种充满争议的氛围不能简单地归结为黑人城市学校和白人郊区学校之间的冲突。这既关乎阶级和文化,也关乎肤色,而科比就是这场冲突的核心;他威胁着要窃取切斯特高中"与生俱来的权利",他要抢走属于那个小镇的身份认同。

"那些家长想在观众席跟我们打架。"科比的朋友戴娜·塔尔博特表示，"主线地区以外的很多人就是在嫉妒一个出身主线地区的黑人孩子打出了一片天地。他们认为故事本不该这样，他们认为应该进入 NBA 的是一个出身城里的黑人孩子。他们都认为，'科比配不上这些，因为他本来就是 NBA 球员的孩子'。那就是我们那么保护他的原因。很多人、很多家长都在嫉妒他，只是在我们社区中没有表现出来。可只要离开我们的社区——哇，情况就变得糟糕了，非常糟糕。"

那样的冲突，那样的样子，并没有影响到科比。没人需要担心他。但人们担心的是，即便科比打出最佳状态，即便下梅里昂全队打出最佳状态，他们可能也无法与切斯特高中匹敌。格雷格·道纳亲眼见证过，他在哈里斯堡的基斯通大赛上执教过切斯特高中的球员。一天凌晨 3 点半，道纳和另一个教练在中宾夕法尼亚丹尼餐厅准备吃早餐时，几个切斯特高中球员走进了餐馆。"嗨，教练。"他们打完招呼，然后和道纳一样，开始狼吞虎咽地吃煎蛋和薄饼。道纳能说什么？他不会伪善地对他们说："喂，宵禁时间是 11 点。"他绝不会那样做，因为他知道第二天下午会发生什么，实际上也确实发生了：那些切斯特高中的孩子们只睡了三个小时，他们把奇多玉米条和葡萄汽水作为早午餐，可他们却能不知疲倦地一直奔跑，为他卖力打球，就像他们刚刚享受完人生中最安稳的八小时睡眠一样。而且那只是夏季联赛，和分区决赛相比，根本就是无关紧要的比赛。切斯特高中在那个赛季取得了 25 胜 1 负，高四的约翰·莱汉即将在那年秋天进入普罗维登斯大学。即便下梅里昂高中球员面对他的防守能运球过半场，但切斯特高中还有两个身高 6 英尺 8 英寸（2.03 米）的球员——中锋泰兰·沃特金斯（Tyran Watkins）和前锋加雷特·麦考梅克（Garrett McCormick）在篮下等着他们。

比赛开始时，科比担任控卫。由科比控球，无疑是打破切斯特高中全场紧逼策略最简单、最有效的办法。可事实证明，一旦科比传球，队友就很难将球再传回到他的手上。而且面对有着身高优势的切斯特高中，下梅里昂高中也没有得到足够多的分数。沃特金斯在一次快攻中双手扣篮；麦考梅克在第二节即将结束时展现了自己柔和的手感，他投进了一个 10 英尺（3.05 米）跳投。半

第十六章 隧道

场结束，切斯特高中以 29 比 22 领先。在 1995 年和切斯特高中的那场对决里，下梅里昂高中同样在半场休息时落后 7 分。一年过去了。面对赛区的王者，他们真的没有取得任何进步吗？

"尽管有科比，但我一直认为我们是弱势球队。"戴夫·罗森博格回忆，"我不知道有这种感觉对不对，但在面对切斯特高中时，我一直是这么认为的。下梅里昂很多年来都不是强队。我们从没赢过切斯特，他们的名气太大了。"

道纳必须想办法消除切斯特高中在自己球员心中的光环，他必须向自己的球员证明，切斯特高中不是一台无法停止的机器。他必须想办法把这场属于大多数孩子人生中最重要的一场比赛，变成一场普通的比赛。而下梅里昂高中的每一场比赛里都有一个共同点：不管是否出于自身意愿，科比总能以各种方式轻松得分。因此，道纳做出了战术调整：他不再让科比控球，而是将控球的任务交给球队的控卫达布尼和替补戴夫·拉斯曼，由这两人对抗切斯特高中的全场紧逼。丹·潘格拉齐奥继续留在侧翼，但科比和杰梅因·格里芬这两个队中个头最高、移动能力最强的球员，将在攻防两端游弋于底线，这样一来，道纳就可以用球风更强悍、更顽强的罗森博格替换陷入犯规危机的布伦丹·佩蒂特。调整阵容后，下梅里昂高中至少可以匹配切斯特高中的速度和节奏，科比和格里芬也可以将沃特金斯及麦考梅克引出篮下。

道纳的调整改变了比赛走势。科比扑倒在地板上完成抢断，引领球队打出了 14 比 1 的攻击波，他和格里芬联手得到了其中的 12 分。在第三节还剩 3 分 21 秒时，潘格拉齐奥给科比传了一个空接，科比完成了一个雷霆万钧的暴扣。第三节结束前，科比又投进了一个超远三分，让球队取得了 8 分领先。在比赛的最后 2 分 40 秒里，科比投进了 10 个罚球。裁判吹罚霍尔曼犯规后，科比对他挥手，然后说："再见。"如果说哪名球员有资格炫耀，那一定是科比。全场比赛，他拿下了 34 分、11 个篮板、9 个盖帽和 6 次助攻。潘格拉齐奥在终场哨声响起时将篮球扔向球馆上空，下梅里昂高中以 60 比 53 战胜对手，球员们先在球场中央欢呼雀跃，随后才排成一队，接受工作人员为他们戴上的金牌。

和球队中的成年人相比，切斯特高中的球员们并没有对这场比赛的结果做出太多评价。莱汉表示:"我们会继续昂头向前。"主教练皮克特注意到下梅里昂高中球员的欢庆,但他认为输掉一场势均力敌的比赛后不能质疑自己的球队。因为预计到双方将在州锦标赛再次交手,皮克特决定提升球队的气势。"我们看到他们了。"皮克特说,"他们在庆祝,这没问题。今晚他们在庆祝他们的州冠军。"切斯特高中运动部门主管兰迪·勒盖特(Randy Legette)对《特拉华县每日时报》(Dela-ware County Daily Times)的体育专栏作家杰克·麦卡弗里(Jack McCaffery)说:"嘿,我们宁愿赢州冠军,而不是分区冠军。把这话写在报纸上。"

麦卡弗里照做了。第二天,科比看到了这句话。

. . .

唐尼·卡尔在选择自己的大学时,一直以为科比会去上大学。他以为科比会选杜克大学,因为他喜欢"老K"教练。大西洋海岸联盟(ACC)的其他学校,包括马里兰大学、佛罗里达州大和克莱门森大学都对卡尔有兴趣,印第安纳大学的鲍比·奈特(Bobby Knight)还向他发出了一份奖学金。但是卡尔将自己的选择缩小到了本地的两所学校:拉萨尔大学和圣约瑟夫大学。有一天晚上,他打电话跟科比聊天。

"我真的在考虑拉萨尔。"卡尔告诉科比。

"那肯定是适合你的好地方。"科比说,"因为你去了可以展示自己的全部实力。"

卡尔后来意识到,科比的回答带有一丝微妙的距离感。乔·布莱恩特曾经邀请卡尔和他哥哥达伦一起去拉萨尔大学参观。

"听我说,我儿子不会上大学。"乔告诉卡尔,"科比有机会成为第一个直接进入 NBA 的后卫。他们说他会成为乐透秀。听我说,唐,在我心里,我依旧认为这里是最适合你的学校。你一场比赛可以打 40 分钟,他们会把球交给你。你有机会在这里取得不可思议的成就。"

1996 年 3 月 8 日,卡尔在佩尔斯特拉球馆里得到了 19 分,带领罗马天主教高中在费城天主教高中联盟的决赛中以 57 比 47 战胜卡罗尔主教高中。3

第十六章 隧　道

月 11 日，卡尔又给科比打了一个电话。他告诉科比，他要去拉萨尔大学，第二天他要公布这个决定。之后，两个人都没怎么说话，卡尔好像在等待科比填补完后面的话……但科比并没有回应。"我们聊了其他事情。"科比后来说。

唐尼确实在拉萨尔大学打出了一些不可思议的表现。大一赛季，他的得分排名全国第六，场均接近 24 分。随后，他做出了一个日后被自己认为是错误的决定：他没有参加 NBA 选秀，而是重返大学参加大二赛季。他是一个在本地长大的孩子，上的是一所本地大学，为斯毕迪·莫里斯这个本地传奇打球，所以他选择了一条传统的成功之路，而科比根本没考虑过这样的道路。"作为球员，你就是价格低廉的高风险股票。"卡尔表示，"选秀时他们看的是潜力。一旦到达某个平台期后，就只会一路向下了。"卡尔在拉萨尔大学打满了四年，大学生涯总得分超过 2000 分，可大四那年患上的脑膜炎阻碍了他的发展，他也再未打出大一赛季时的高效率。在 2000 年的选秀大会上，没有 NBA 球队选他。他去法国和土耳其打过职业比赛，可他的运气越来越差。他做过骨刺手术，右膝半月板撕裂，左膝半月板撕裂，髌骨肌腱撕裂。等到 25 岁生日时，一度认为自己与科比不相上下、甚至比科比还强的唐尼·卡尔，已经彻底失去再打职业篮球的希望。

他换过很多工作，当过环保服务部门的主管，体重也一度飙升到 300 磅（136 公斤），还陷入抑郁。直到一位朋友为他提供了一个高中义务教练的职位，他的生活才开始好转。他一步一步往上爬，终于在 2017 年被拉萨尔大学聘用。如今，他还在学校，是科比另一个儿时伙伴阿什利·霍华德的助手。时间流逝帮助他治愈了伤痛，仿佛为他的精神创伤敷上了膏药。过去那些未竟的可能，那些与科比的不断比较，如今已不再那么刺痛他了。

"我用了很多年才释怀。"他说，"好笑的是，人们过去找到我说，'天啊，唐，你和科比过去可是针锋相对'。他们以为这样的话能帮助我，能让我振作起来，其实那话会击垮我。那话让我回到了过去。我的水平和他不相上下，他成了世界上最好的球员，我却和自己的梦想失之交臂。"

科比后来说，那是"本世纪最难看的空接"。丹·潘格拉齐奥在罚球线将球抛向篮筐，科比从右侧底角起跑，冲向内线后跳起，他在空中不断上升。看到球后，他起初以为自己会用左手抓球上篮。然而，他的左手位置太高了，并且正在不断接近篮筐。他闭上了眼睛……

"随后，所有人都疯狂了。"

如今，科比几乎在每场比赛里至少都会上演一次这样的好戏，哪怕整场比赛他的表现都很平淡，但只要有这么一个精彩瞬间，就足以证明他的名声，以及州锦标赛前三轮里人们私下对他的称赞都是实至名归的。这次扣篮恰巧发生在考茨维尔，发生在下梅里昂高中与雪松悬崖高中的首轮比赛的第二节。凭借这次扣篮，下梅里昂高中将分差缩小到2分，此前他们还落后9分。也许你会觉得，科比这个球是在随机应变，但事实并非如此。那不是他的风格。他把即兴发挥的能力用在那些短暂的瞬间，将本来精彩的进攻提升到令人惊叹的地步，同时还加入一些足够花哨的因素，这足以让球馆里的每个人都知道，他们刚刚见证了一个高中生几乎不可能完成的精彩动作。完成那个扣篮后，他运球到前场，打量着眼前的防守球员。"我想再扣一次，但我也想稍微戏弄一下这个人。"他向右一晃，接着迅速向左旋转，完成了一个360度的转身，再次面向篮筐，用左手轻巧挑篮，将比分扳平。在这场下梅里昂高中以74比62战胜对手的比赛里，科比的轻佻也到此为止。对他来说，篮球是一件极其严肃的事情。球队将在第二轮比赛中在伯利恒自由高中的球馆对阵斯克兰顿高中，在乘坐大巴、长途跋涉60英里的路上，科比思考着斯克兰顿球员可能会有怎样的心态。他研究过这支"骑士队"。斯克兰顿高中常规赛的成绩为15胜10负，这支年轻的球队在首轮下克上，击败了州卫冕冠军威廉姆斯波特高中。这个结果太让人意外，斯克兰顿的主教练甚至没考察过下梅里昂高中，因为他们根本不相信自己的球队能击败威廉姆斯波特高中。科比推测，斯克兰顿的球员肯定因为赢了那么重大的一场比赛而兴奋，他们也许会过于自满。后来他说："面对像我们这样的一支球队，那可能很可怕。"大巴抵达目的地后，其他下梅里昂高中的球员率先进入球馆。科比跟在他们后面，身边围着两个保安。前一年的州季后赛，下梅里昂高中就是在这里输给了哈泽尔顿高中。这里的每个感官体验——学校的建筑，体育馆里的霉味，都在唤醒科比的记忆，让他回想起那

第十六章 隧　道

个夜晚。他对着斯克兰顿高中的球员得意一笑。

"当我走进球馆时,他们那边的一个人给我看了一篇很不错的小文章。"科比说,"文章里写着,他们的明星球员梦想着有一天能防守我,能跟我交手。他说那是梦想成真。'我真的很仰慕他,我知道自己无法阻挡他。'文章写的就是这些。我说,'哦,天啊,我吃定你了'。我说,'就像鲨鱼一样,闻到血腥味它就会追踪,就会攻击'。我知道他害怕了,他对我是那种印象。我会一直攻击他。"

面对斯克兰顿高中的前四次进攻,科比盖掉了一球,干扰了两球,还抢断了一球。全场比赛,他五次扣篮,拿到 25 分和 12 个篮板。下梅里昂高中开场时打出了 22 比 0,最终以 79 比 39 赢下比赛。斯克兰顿高中的队员并没有被吓到,但他们更多的是恭敬,能和科比同场竞技让他们感到荣幸。斯克兰顿高中的主教练约翰·莱昂斯(John Lyons)表示:"显然,这是我见过最好的高中球队和最好的高中球员。"赛后,每一个斯克兰顿球员都找科比索要签名,而且都得到了满足。这些请求既让科比感到荣幸,也让他有些困惑。他心想,天啊,我们不是刚刚才打爆你们吗?你们应该生气才对。"可他们在笑,我在签名。"他后来回忆,"那挺好的,我很享受。"

接下来的第三轮比赛给人一种例行公事的感觉,下梅里昂高中以 71 比 54 战胜了斯特劳斯堡高中,科比得到 36 分。这场比赛真正让人兴奋的,是赛后的更衣室。道纳和其他教练得到消息,切斯特高中也赢下了四分之一决赛。两支球队真的要在周三晚上、在佩尔斯特拉球馆再次相遇,争夺州锦标赛决赛资格。听到这个消息后,科比的队友们欢呼雀跃,但他却一直保持沉默,先是躲在更衣室角落,其后又在回程的大巴上也是如此。对阵切斯特高中的第一场比赛后,报纸上的文章和对方球员的言论消磨了科比赢得分区冠军的兴奋,他们把分区冠军说成了一个毫无意义的成就。如果这次输了,那么之前的胜利还有什么意义呢?"打败切斯特,打败切斯特。必须做到。一定要做到。"大巴在夜间行驶,这就是他脑海里的唯一想法。

3 月 18 日,周一,这是下梅里昂高中迎战切斯特高中前的第一次训练。

尽管科比当天晚上有一个重要的会面——对他这个年纪的其他人来说，这肯定会分散注意力，但他却觉得自己是唯一一个全神贯注投入训练的球员。他相信，只要他和队友都尽职尽责，没人偏离正轨，每个人都专注于当下，那么州冠军就是可以计划、准备并赢得的。在赛季的大部分时间里，他们都做到了这一点，但这次训练却没有达到他的标准。"我们只是敷衍了事。"他说，"没有集中注意力，没有全力绕过掩护。"他和道纳对这种缺乏努力的状况感到恼火，所以在一次练习中，"我试图激发球队的士气。"科比说。科比运球来到中场附近，小个子里奥·斯泰西已经做好防守准备，而科比在思考如何才能最快切入篮筐完成暴扣。

科比故意慢速运球，后退，想用变向突破斯泰西的防守。斯泰西伸手，想从科比手里抢断，但他的头顶却撞到科比的鼻子，直接把科比撞翻在地。

道纳心头立刻一紧。他一直害怕科比会在训练中受伤。可几个月来，他的球员一直为自己的拼搏精神而自豪，他们互相炫耀摔在地板上后留下的伤痕，就像炫耀战争伤疤一样。如果现在让他们放松，他该如何开口呢？科比头晕目眩，眼睛里噙着泪水。他心想，好吧，我撞到了鼻子，我要站起来，继续打球。他试着站起来，但血却从脸上涌出。

肖蒂用毛巾包住一个冰袋，跑着来到场上。科比用右手将毛巾摁在鼻子上，显然，他的鼻骨断了。全队都惊恐地看着他，不知道48小时后他能否健康地出现在赛场上。他朝着训练师的房间迈了一步，但又停下了。

"球。"他说。

有人给他轻轻传了一个击地球。他用左手接住球，站在三分线后5英尺（1.52米）的地方。他转身看着站在自己身边的特里特曼。

"杰雷米，我跟你赌5美元，我能用左手投进这个三分。"科比说，"我跟你打赌，我能投进这个球。"

特里特曼接受了挑战。科比用一只手，用他的非惯用手，把球投向篮筐。

"唰"的一声，球进了。

随后，他继续向训练师的房间走去。

"我们其他人就站在那里。"罗比·施瓦茨说，"我们心想，'到底发生了

第十六章 隧道

什么？'"

科比告诉肖蒂，他想回去继续训练。被斯泰西撞到前，他的跳投手感一直不好。他生气的是不能继续磨炼技术，他生气的是里奥·斯泰西——是里奥·斯泰西这个科比口中"身高5英尺（1.52米）、体重100磅（45公斤）"的小家伙撞断了他的鼻子。但肖蒂和教练组的态度很坚定，他们不允许他继续训练。此外，他还有其他地方要去。

那天晚上，科比要和几个老朋友见面。在76人对阵公牛的比赛前几个小时，科比要去主队的更衣室，和他在夏季野球赛场上认识的朋友，比如杰里·斯塔克豪斯和弗农·麦克斯韦尔叙旧。邀请科比前来看比赛的是约翰·卢卡斯，他想在还有三个月就要到来的选秀之前，保持并加强他们的关系。卢卡斯打断了科比和斯塔克豪斯、麦克斯韦尔的谈话，提出了一个科比无法拒绝的提议。

"我们去见见迈克尔吧。"

卢卡斯带着科比来到客队更衣室。一大群记者围着乔丹。科比溜到尽可能靠近乔丹的地方，并靠在一面墙上。

"科比。"乔丹说，"你好吗？"

科比环顾四周。"这里还有其他科比吗？我知道他不是在跟我说话。"

乔丹伸出手，他说："嗨，很高兴见到你，年轻人。"

科比没想到乔丹居然知道他。他还记得科比八年级时两人的简短交流吗？是卢卡斯跟他说了什么吗？还是乔丹听说，或者读过有关他的文章？科比伸出手，和乔丹握了握手。"他的手……太有力量了……"科比并不紧张。站在他面前的这个人，这个被全世界崇拜的人，和所有人一样，只是一个人罢了。他只是个篮球运动员，就像科比一样。

和前一次会面不同，乔丹这一次与科比进行了比较长时间的交流。"享受比赛。"他告诉科比，"在这种压力和炒作下，你很容易分心，比赛也会变得没有乐趣。不要让别人影响你，保持自我，在球场上享受比赛，一切都会好的。"乔丹送给科比的最后一个建议："如果由我决定，你该去北卡。去北卡罗来纳大学。"这话乔丹说了三四遍，当然，他完全不知道科比已经决定加入NBA。乔丹不知道，科比对珍妮·马斯特里亚诺说："窗口正在关闭，如果现在不去，我就没机会和乔丹交手了。"

在一个组织或文化中，权力和声望可能在无人察觉的情况下，悄无声息地变化。公牛在那个赛季取得了72胜，乔丹赢得了个人六枚戒指中的第四枚，他们在那天晚上的比赛里以98比94击败了76人。几天后，在《费城问询报》的一篇文章中，科比与乔丹的会面只被轻描淡写地提了一句："周一，乔丹多了一个观众……"在那个时候，想在那两人之间，想在世界上最有名、最受仰慕的运动员和一个17岁的篮球新星之间建立更牢固的联系，无疑是荒谬的。然而，不要忘了：乔丹的最后一个NBA总冠军和科比的第一个NBA总冠军之间，只相隔两年。从乔丹到科比的时代更替，比任何人在1996年想象的都要直接。2020年，为了重申自己在篮球界的地位，为了让所有人重新认识到他的伟大，乔丹与ESPN合作了十集纪录片《最后一舞》（*The Last Dance*）。"你从我身上学到的，都来自于他。"科比在纪录片中表示，"没有他，我不会拿到五个冠军。"科比的采访中有一个微妙但意味深长的细节：就在科比说出这话的瞬间，他伸出右手，仿佛想要推开采访者或回避这个问题，他好像在说，慢点，别忘了，迈克尔才是先驱。这是一个必要的提醒，并不是因为科比作为一个球员超越了乔丹，而是因为他作为一个故事超越了乔丹。科比写完了一个救赎的故事：因为在科罗拉多州鹰郡的酒店里给陌生人留下伤痕，他败坏了自己的名声，婚姻险些破裂；他不知道与多少教练、球员和同行闹翻关系，然后又重归于好；他不知道用什么方法洗刷掉大部分污点，最终成为人们眼中成熟的人，在平和与野心之间找到了微妙的平衡；他让人们相信，过去的他傲慢、糟糕的选择和行为不再重要；他塑造了一个新的身份，并将其作为情感和心理上的试金石，他拥有着一种所有人都应该钦佩、效仿和采用的精神。这比迈克尔·乔丹做过的任何事情，都要神奇。

我还记得我跟学校里的一个老师吵架,他是个临时来代课的老师。那是我高三的时候。他一直在嘲笑。我们刚刚输给切斯特高中,他说:"你们绝对赢不了州冠军。你真心认为你们能赢得州冠军吗?"我说:"是的。"他说:"你愿意怎么想就怎么想,你们绝对赢不了州冠军。外面有太多优秀的球员和球队了。你们绝对、永远不会赢。"我看着他说:"你错了。瞧着吧。"

——科比·布莱恩特

第十七章
最后一战

在州锦标赛半决赛之前的三天里,科比原本可以沉浸在他迄今为止获得的最高个人荣誉带来的喜悦之中:作为全美最佳高中球员,他获得了奈史密斯奖。但他的大脑里却充斥着焦虑和兴奋,未来可能发生的结果既让他喜悦,但那种煎熬又让他难以忍受。于是,他用熟悉的方式滋养自己的头脑。他好像又回到了意大利,好像又跟在父亲身边学习篮球一样,他一遍一遍地观看"魔术师"约翰逊的比赛录像。所有录像都有一个共同点。每盘录像都是约翰逊职业生涯打过的四场抢七大战中的一场(乔丹职业生涯只打过两次抢七大战)。这一次,科比关注的不再是"魔术师"约翰逊快攻时的那些不看人传球和斜肩运球,也不是他如何预判队友会出现在球场上的哪个位置以及何时出现。这一次,科比关注的是别的东西:他是如何处理压力的?他是顺其自然地找到比赛感觉的吗?还是一开场就主动出击找感觉?他是怎么带领球队取胜的?接着,科比把焦点放回到自己身上:如果我投不进球怎么办?如果我的队友投不进球怎么办?我们该怎么承受佩尔斯特拉球馆里观众发出的噪声?如果切斯特高中取得领先,我们该怎么回应?我们该如何面对逆境?"我非常紧张。"后来科比表示,"与此同时,我又非常兴奋,因为我知道那是人生难得的机会。我知道我们能击败他们,我毫不怀疑这一点。只不过,我们必须打出自己的风格。"

格雷格·道纳就没那么笃定了。科比与里奥·斯泰西相撞的一天后,也就是在与切斯特高中比赛的一天前,在周二的训练上,科比戴上了保护性面罩。道纳让琳恩·弗里兰德守在球馆门外,确保没有媒体、学生或行人看到《歌剧魅影》(*The Phantom Of the Opera*)般的科比。科比也计划在比赛中戴上

第十七章 最后一战

这个面具。他应该戴吗？这会让他成为被攻击的对象吗？切斯特高中的教练和球员对他受伤的情况一无所知。除了下梅里昂高中的球员和教练，没人知道科比受伤，如果泄露科比鼻子骨折的消息，他就很容易遭受"不算那么意外"的肘击。科比本身也不喜欢面具，这东西挡住了他的视野。可如果不戴面具，他就有可能遭受更严重的伤病。

比赛开始前几分钟，科比对上述问题做出了回应。"伙计们，我们开战吧。"他说，"我不会戴这东西。"他扯下面具，扔在墙上。

科比不仅没有戴面具，他的腿也不太对劲了。在赛前的热身上篮时他就感觉到了。腿好像不听他使唤了一样，有点儿一瘸一拐的。他想靠拉伸运动缓解一下。他想放松，希望用这种方式找回自己的弹跳和运动力。他失算了。尽管把面具摔在更衣室墙上的举动在当时看起来很有戏剧性，但这带给科比和球队情绪上的激励和体能上的刺激，就像糖果带来的快感一样很快便消退了。科比在上半场14投仅4中，在切斯特高中的防守下，他仅仅为了获得出手机会就已经精疲力竭。他的跳投全部偏短。赛后，科比对《费城问询报》说了一句特别生动、充满怀旧之情的话，他说这句话时肯定想到了自己的父亲："我做了太多动作，就像果酱里放了太多果冻一样。"他太累了，尽管潘格拉齐奥投进了两个三分球，得到9分，但约翰·莱汉总是能阻止下梅里昂高中执行自己的进攻战术。莱汉仅在第一节就成功抢断5次。半场结束时，切斯特高中领先2分。但双方的差距，给人的感觉却不止2分这么少。

科比需要做出选择，他必须解决一个难题。如果继续留在外线，他能减少骨折的鼻子被飞在空中的手臂打中的风险，如果被打中，他有可能被迫离场。可如果继续像之前那样投篮，每次出手球都砸在篮筐前沿，那么下梅里昂高中根本没有机会追上比分。"中场休息时，我决定振作起来。"后来他这样说，"我在休赛期那么努力，就是为了保持身体状态。我不会因为疲劳而输掉这场比赛。我要推动自己向前。我心想，'也许我真的累了，但我必须攻击篮筐'。"

直到第三节末段，科比才开始真正主导比赛。他利用突破扣篮得分，让球队取得了41比39的比分领先。虽然科比在第三节10投只有4中，但从他的数据中，我们能看出一个宝贵的信息：裁判对比赛的吹罚很紧，至少对切斯特高中的吹罚很紧。所以科比越是向篮下突破，他就越有可能获得罚球这种轻松得分的机会。跳投不再是他的选项，而且他执着地冲击内线也吸引了切斯特高中的全部防守精力，为他的队友创造了空位机会。科比在第四节得到 12 分，当埃默里·达布尼在比赛还剩 1 分 19 秒投进一个三分球后，下梅里昂高中取得了 61 比 56 的领先。

然而，局面很快急转直下。莱汉先是命中一个罚球。接下来发界外球时，科比传了一个软绵绵的球给潘格拉齐奥，后者在和莱汉争抢球权时犯规，莱汉两罚全中。分差只剩 2 分。达布尼接到发球后，好像迫不及待地想要放弃球权一样，他把球扔给了潘格拉齐奥，而后者正好落入切斯特高中的紧逼防守陷阱。球再次被抢断。当切斯特高中跳投未进后，潘格拉齐奥在球场另一侧后退了两步，他以为自己的球队能抢到篮板，然而球从科比的手上反弹出界。就在潘格拉齐奥后退的第二步，他的左脚踩到了一名切斯特高中球员的球鞋上。他的脚踝扭了一下，摔倒在地。一个观众大喊："骨折了吗？"潘格拉齐奥的脚踝没有骨折，但却严重扭伤。

在篮下的争抢中，有人肘击到了科比的鼻子，他又开始流血。当科比捏住鼻子止血时，他转身却发现潘格拉齐奥躺在地板上，痛苦地抓着自己的腿。"天啊。"科比心想，"我们没投手了。"四名教练冲上场查看潘格拉齐奥的情况，只剩特里特曼一人留在板凳席，看着科比和其他三名在比赛中如行尸走肉一样的下梅里昂球员走回来。训练师用担架抬走了潘格拉齐奥。

特里特曼说不出来什么鼓励的话，即便说得出来也起不了多少作用。重新上场后，切斯特高中的后卫在比赛还剩 27.5 秒时命中跳投，将比分扳平。恐慌情绪开始在下梅里昂高中的球员间弥漫，其中一人尤甚。达布尼在左侧边线接到球后不知所措，他再次盲目地把球扔向了场地中央。切斯特高中的加雷特·麦考梅克抢断了这球，虽然打板投篮未进，但球再次弹在科比手上后出界。切斯特高中有绝杀机会，他们叫了一个暂停。

达布尼的情绪开始崩溃，他控制不住自己的眼泪，佩尔斯特拉球馆里 9000 名观众的欢呼与吼叫不断压在他的身上。科比可以想象达布尼心里在想什么:"天啊,赛季成败在此一举,我却失误了。"可没等科比或其他人安慰达布尼,德鲁·道纳就冲了过来,在喧嚣中对这个高二后卫大喊。

"不是现在!我们不能这样输球!你这家伙不许就这样放弃!不要现在放弃!再打一球!不要放弃!"

假如是科比或其他教练以这种方式"鼓励"达布尼,也许他会彻底一蹶不振。但是德鲁能够触及达布尼的心灵,能够以团队其他人无法做到的方式激励他,让他摆正心态。赛季初期,当达布尼错过三场比赛时,正是德鲁把他从学业的低谷中拉了出来。"他把我拉到一边说,'埃默里,你搞什么?有些孩子是确实遇到了问题和困难,但你没有。你就是在胡闹'。"达布尼回忆,"我不得不对自己说,'你知道吗?他说得对'。"

暂停结束后,切斯特高中在罚球线弧顶附近经过两次传球,然后把球交给了场地右侧距离篮筐 45 英尺(13.72 米)远的莱汉。在切斯特的暂停中,弗雷德·皮克特的战术要求是莱汉需要传球。但科比已经退回罚球线保护篮下,同时准备拼抢篮板。看到防守他的是达布尼后,莱汉决定不执行战术。他觉得面前的对手很脆弱,他想靠自己赢下比赛。

莱汉先是右手运球,然后换到左手。达布尼就像警察腰上的对讲机一样,紧紧贴着莱汉的右胯。移动到罚球线后,莱汉跳起出手。比他矮了两英寸(5.08 厘米)的达布尼同时起跳,用左手盖掉了他的出手。球弹过中场线时,第四节结束的哨声响起。

科比高举右拳跑回板凳席。"我们绝对不会输掉这场比赛,绝对不会。"加时赛还剩 2 分钟时,科比突破双人包夹后冲入内线,用一个抛投让下梅里昂高中取得 67 比 65 的领先。随后,他又投进两个罚球,将分差扩大到 4 分。比赛还剩 20 秒,下梅里昂领先 7 分,莱汉的三分出手没进,达布尼抢下篮板后传给科比。科比将球夹在右臂下,站在距离底线几英尺的地方,看着面前的几乎整个球场。他可以等待切斯特高中的球员犯规停表。如果对方准备投降,他可以高抛传球给队友,或者自己在后场运球。但他并没有这样做。

过去那么多比赛,科比一次次地胯下运球、背后运球、变向运球,防守球员被他当成锥形路标一样戏耍。格雷格·道纳曾经告诫他,不要只是因为自己有这个能力而让对手难堪。然而过去所有的炫耀和卖弄，都将在这场比赛展现它们的意义和效用。只运球三次，科比就过了半场。莱汉伸手，绝望地最后一次试图抢断。科比甩开他。两名切斯特高中的内线球员冲上来，在三分线外迎接科比，试图阻止他突破到篮下。还没等他们站好防守位置，科比就运球从他们中间猛冲过去，将球拍到身前。在格雷格·道纳看来，那是一个终极的科比式表演，所有的一切，他的横移能力，他的灵活性和他的欲望，都展现得淋漓尽致。"篮筐就在那里，我要过去，你别想拦住我。"

科比在罚球线内重新抓住球，他再没运球。跳在空中时，他穿在队服下面的白色 T 恤就像跳伞时的飞行服一样鼓了起来。科比用右手将球扣进篮筐时，一名切斯特高中球员从后面撞上他，裁判响哨，吹罚了防守犯规。科比高举双臂，队友们冲向他，随后又散开，只剩下他一个人。科比握紧拳头，将右手罩在耳朵上，竭力鼓舞观众，放声大喊。他抬头看着记分牌。比赛结束了。他稳稳命中了罚球。

科比在下梅里昂高中以 77 比 69 战胜切斯特高中的这场比赛里得到了 39 分，其中有 20 分是在第四节和加时赛得到的。他 29 次出手只命中 12 球，但最后 5 次出手只投丢 1 球，而且 17 次罚球只罚丢 2 次。比赛结束时，当他意识到自己和队友打进了州决赛时，"我开心地笑了。"他说，"这种感觉太好了。那些记者写过那么多关于切斯特的文章，现在我可以当着他们的面笑了。"三天后的周六晚上八点，通过宾夕法尼亚有线电视网的转播，科比·布莱恩特将打完他的最后一场高中比赛，他将为最后一个高中比赛的冠军而战。

吉米·基泽曼一直在车里放着一个篮球，以便有机会找科比签名时有球可用。有一天训练后，科比想坐他的车回家，身为教练的基泽曼同意了。

"你介意给我侄子签个名吗？"基泽曼问他。

科比说，当然没问题。"你想要我写高中号码还是 NBA 号码？"

他在球上签的是"科比·布莱恩特，27 号"。他说，27 是他最喜欢的号码。

第十七章 最后一战

1996年3月,乔·布莱恩特和桑尼·瓦卡罗通过中间人、瓦卡罗的朋友加里·查尔斯,一直保持着联系。阿迪达斯入局了。阿迪达斯想签下科比,如果瓦卡罗和查尔斯能做到的话,他们也会让乔加入协议,让阿迪达斯付钱给科比的父亲。但乔不介意探索其他选择,不介意让一切保持开放状态。成为拉萨尔大学的主教练已经不可能了。斯毕迪·莫里斯的地位因为续约而得到稳固,拉萨尔大学的赛季结束时,乔在教练组也基本干到头了。就连领薪水的事,都是沙里亚和沙雅替他做的。

所以,乔开始和其他经纪人以及其他潜在的赞助商交流,他明确地告诉科比:如果科比想选择另一个方向,如果他想和耐克或者斐乐签约,他们就会去了解情况。秉持科比和他的家人应该尽可能掌控自己未来的想法,乔和帕姆组建了他们口中的"布莱恩特之队":他们自己、萨姆·莱恩斯父子,以及罗恩·鲁博——他们信任这些朋友会将科比的利益放在第一位。但科比有自己的想法。斐乐已经签下了格兰特·希尔和杰里·斯塔克豪斯,而科比认为瓦卡罗是"最了不起的人……迈克尔·乔丹最初和耐克签约时他就在,他一直陪着乔丹。他接受了乔丹的错误,看他取得成就。他知道我需要做什么才能走上正确的方向。耐克是最强的,我不想跟最强的在一起。现在,该由我带着阿迪达斯走上巅峰了。"乔负责跑腿,负责联系所有人。乔可以给儿子提供建议,甚至还能引导他做出选择。但乔的作用也仅限于此。归根结底,掌握最终权力的一直是科比。剩下的就是谈判,并且敲定价格了。

. . .

1996年,宾夕法尼亚州的八场州级冠军篮球赛(根据招生人数分为四个级别,男女各两场)都在同一个小镇的同一个建筑中举行,而这个地方正是篮球史上最具进攻观赏性比赛的发生之地。赫尔希镇不仅以米尔顿·赫尔希(Milton Hershey)本人名字创办的巧克力工厂而闻名,工厂的两座沙棕色尖塔更是不断散发出令人愉悦的香味,笼罩着整个小镇,让游客都忍不住想吃巧克力。就在34年前的1962年3月2日,威尔特·张伯伦(Wilt Chamberlain)效力费城勇士队期间,他就是在好时体育馆对阵纽约尼克斯的比赛中砍下了惊人的 100 分。在科比 2006 年 1 月面对多伦多猛龙拿下 81 分前，没有任何一个 NBA 球员能够接近这个得分纪录。当科比准备第一次、也是唯一一次在好时球馆比赛前，他自信满满地认为自己可以有能力，而且必要时能够得到 101 分。在全校动员会上，他在学生面前说："我们绝对不会输掉这场比赛。我们会拿回冠军，我保证。"在那一周，他进行了堪称职业生涯中最好的一次训练。"我就像点燃了球场一样。"他说，"我一个球都没投丢。我的手感热得发烫。没人紧张，没有一个人紧张。好吧，道纳教练大概有点紧张。"

科比说得没错。道纳确实紧张，教练组的其他成员也紧张。潘格拉齐奥的左脚踝还包裹在保护靴里。奥马尔·哈特切尔将取代他进入首发，尽管哈特切尔的速度更快，他有着不错的防守能力，而且因为左手投篮的原因还能为球队带来一定的变化，但缺少了潘格拉齐奥和他的投篮能力，无疑会严重影响球队的实力。伊利大教堂预备校在那个赛季的战绩是 24 胜 6 负，在高中橄榄球盛行的宾夕法尼亚西部，这所学校几乎建立起了篮球王朝。伊利大教堂漫步者队在 1993 年赢得了 AAAA 级冠军。1994 年他们打进州锦标赛决赛，又在 1995 年打进州四分之一决赛。他们的主教练马塞尔·阿里比（Marcel Arribi）为球队设计了一套耐心且有套路的进攻战术，他们的耐心会让对手提不起兴趣，他们会一直找到一个大空位的跳投机会，或者完成漂亮的空切上篮。他们会控制好球权，并且在人盯人的防守体系中，他们会针对科比制订计划，无论是阻止他接球，还是在他接球后紧逼干扰。按照阿里比的设计，科比只能得到有限的球权和得分机会。下梅里昂高中的全场紧逼策略不太可能打乱伊利大教堂预备校的节奏，他们会努力避免被拉入快速攻防转换的节奏。要想赢球，科比和他的队友需要保持敏锐，需要精准执行战术。

吃午饭时，科比察觉到道纳的焦虑，他试图安抚自己的教练。"教练，别担心。"他说，"有我呢。我会为你赢下这场比赛。你带领我们经历了这么多，我们走了这么远，都打到决赛了，我们没理由输球。"然而，虽然下梅里昂高中可以在比赛中精准执行计划好的战术，但在旅途中想一切如愿就没有那么简单了。球队原本应该在宾夕法尼亚收费公路上停车，全队一起吃顿晚饭放松一

第十七章 最后一战

下，以缓解球员在比赛前的精神和情感压力。在这次大巴之旅期间，道纳使出了他的激励策略之一：他让球队观看了电影《篮坛怪杰》（Hoosiers），这是一部虚构的弱者逆袭故事，讲的是印第安纳州的希科里高中球队1951年赢得州篮球冠军的故事。电影里的球队有一个严厉的主教练、一个明星球员和一批有实力的配角。科比从没看过《篮坛怪杰》。"这确实有点像我们的故事。"他后来评价。但当大巴驶离高速公路准备开往距离好时球馆只有几分钟路程的餐厅时，一系列奇怪的事件打破了道纳原本希望营造的轻松自信的氛围。

德鲁·道纳那天早上睡醒时，出现了类似流感的症状。所以他没有和球队一起坐大巴，而是和特里特曼开车跟在球队大巴后面。因为脱水和头晕，德鲁躺在副驾驶位置开始呻吟。"你想让我怎么做？"特里特曼问他，"想让我开车去医院吗？"特里特曼没有得到回答，德鲁晕过去了。赶到餐馆后，特里特曼冲进去告诉格雷格，他哥哥晕过去了。格雷格起身，几乎大喊着问其他在餐馆里吃饭的人："有医生吗？"现场没有医生，但赫尔希医疗中心距离餐馆和球馆都不远。特里特曼说，他会带德鲁去急诊室，赛前或者比赛期间再和球队汇合。科比正坐在桌子旁和杰梅因·格里芬玩闹，对这些事情一无所知。直到回到大巴上，过了一会儿他才纳闷，为什么车还在停车场。"德鲁病了？你说德鲁病了是什么意思？他怎么生病的？"

在医院里，护士给德鲁打上点滴，为他补充液体。等道纳家的人来到医院照顾德鲁后，特里特曼开车赶到了球馆。科比和其他球员为了向患上流感的教练致敬，在运动鞋上写了"DD"字样，可他们或许应该加上"GD"⊖。特里特曼注意到，当球员在道纳结束赛前讲话、进入球场热身时，格雷格本人并没有出现在球场上。他回到更衣室，发现道纳仍然坐在一个厕所隔间里，脸色苍白。

"杰雷米。"他说，"我没法出去。我们赢不了这场比赛。"

"我就告诉你一件事。"特里特曼对他说，"如果你留在这里，那我们肯定

⊖ 译者注："GD"，为"God Damn"的缩写，意为"坏了"。

赢不了。"

比赛第一节，不管道纳是否在场边执教，看起来下梅里昂高中都把整个赛季最糟糕的状态留给了整个赛季最重要的一场比赛，科比也不例外。伊利大主教预备校采用双人或三人包夹科比，放下梅里昂高中的其他球员出手，他们开场就取得7比0的领先。比赛进行了3分半钟，下梅里昂高中才凭借哈特切尔的两个罚球首次得分。通过哈特切尔的抢断，科比在弧顶获得了一个空位三分机会。但他的出手砸在篮筐前沿后弹出。跑回后场时，科比指着下梅里昂高中的替补席，大声示意球很滑，这个无法预料的问题直接威胁了下梅里昂高中的进攻流畅性。"我们控球，胯下运球，背后运球，变向，急停跳投。"科比后来说道，"那些家伙，他们就是运球，运球，传球。"首节结束，科比在弧顶的五次三分出手全部偏出。伊利大主教预备校在第一节取得13比5的领先，科比一分未得。在球票销售一空的7000人体育馆里，伊利大主教预备校的球迷们高喊着"被高估！"，一名观众对着科比大喊"果酱里放了太多果冻"。显然，有人读过《费城问询报》的那篇文章。

沮丧的科比继续向裁判抱怨球太滑，他要求裁判换一个黏着性更好的球。裁判表示可以用毛巾擦球，但拒绝科比换球的要求。"真该死，要作弊吗？"科比心想，"行，就这么干。"节间休息时，他拿起随队训练师玛塞拉·肖蒂随身携带的一小罐气溶胶喷雾剂。肖蒂会在运动员的脚踝喷上这种喷雾剂后缠胶带；这种黏性物质能让胶带更牢固地粘在皮肤上。科比用这个东西喷了他的两只手。

第二节开始后的第一个回合，科比在右侧低位要球。哈特切尔把球吊给他后，科比不需要费力抓球，球就粘在了他的手上。他毫不犹豫地出手，在右侧底线命中了一个15英尺（4.57米）的跳投。随后，科比在距离篮筐35英尺（10.67米）的地方运球，他扫视球场，发现三名伊利预备校的球员就像阿米巴虫一样跟着自己。他传球给格里芬，后者上篮得手，那是下梅里昂高中整个第二节里唯一不是科比得到的分数。半场结束时，下梅里昂高中以15比21落后。对他们来说，这种局面并不陌生，但仍然让人不安。落后切斯特高中、考茨维尔高中或其他得分能力强的球队6分是一回事，这些对手的比赛风格和节奏会让他们拥有大量的追分机会。但落后伊利预备校这样节奏缓慢、沉稳的对手，就完全是另一回事了。如果下梅里昂自己不够谨慎，如果他们在第三节没有缩小分差，比赛可能很快就会失去悬念。

在气氛凝重的更衣室里，科比不觉得伊利预备校能一直承受住球队高强度的全场紧逼人盯人防守。"他们一定会崩溃，他们不可能全场比赛都能顶住我们的压力。"球队经理汤姆·佩蒂特延续了科比的创意，他给每个球员的手上都喷了肖蒂的喷雾剂。道纳认为，只要球队在下半场开始后打出强势表现，就仍有掌控比赛的机会，但他还是因为比赛局势而感到焦虑。他派特里特曼去观众席找到潘格拉齐奥的母亲多萝西，询问她是否愿意让儿子上场。"他还穿着保护靴。"她对特里特曼说，"他不能上场。"特里特曼恳求潘格拉齐奥的母亲时，道纳回到了更衣室。对球队讲话之前，他从自己的运动包里拿出了一个东西：一双白色、有三条蓝色条纹的阿迪达斯运动鞋。他脱下皮鞋，换上了这双运动鞋。球员们很困惑，直到他开始讲话。

"我想在赛后庆祝时穿一双抓地力更好的鞋。等我们赢下比赛，我会像个疯子一样又跑又跳，所以我需要阿迪达斯的球鞋。"

"那给我们发出了一个信号。"科比后来说，"我们是在打决赛。我们怎么能像这样打球？如果想赢，现在就要拼了。"

就在下半场开始前，下梅里昂高中收到了另一个好消息。德鲁·道纳看起来就像打了一架，他头发乱糟糟、衬衣下摆也没塞进裤子里，但他在说服护士自己已经注射了足够多的液体后，离开医院，步履蹒跚地来到好时球馆，加入球队，坐在板凳席上。格雷格拉着他，让他接受球员的欢呼。"我不记得我说了什么话，然后我差点再次晕倒。"德鲁回忆道。

如果真晕倒了，那他一定会失望。他会错过格里芬将伊利预备校的两个失误转换为得分；会错过达布尼命中一个三分后引领快攻，传球给科比扣篮；他还会错过布伦丹·佩蒂特争抢球权后再内线得分。一波11比0的攻击波让下梅里昂高中领先5分。在那么长时间里，在那么多比赛里依靠科比带领他们取胜后，他的队友正在为他分担更多的负担。第三节结束时，下梅里昂高中以37比31领先。他们和州冠军之间的距离，只剩8分钟。

人性就是如此奇妙；我们对事物的回忆，我们头脑中想象和塑造事物的方式，通常都与我们的梦想相一致。这就像是一种事后的预见。"我触碰她手的那个瞬间，我就知道未来要娶她为妻……""看到那些数字的那一刻，我就觉得那些彩票号码非常幸运……"

事后回忆州锦标赛决赛时，科比说："我就是知道，我们领先 4 分后就再也不会回头了。那就是天意。"

只不过，现实并非如此。下梅里昂高中在第四节的前 4 分半钟一分未得，而伊利预备校按照他们一贯的缓慢沉稳的打法，重新夺回领先，凭借一个精妙的战术获得上篮机会后，以 41 比 39 反超。对手取得领先后，达布尼负责组织球队的进攻。科比从一个底角跑向另一个底角，一名伊利预备校的球员紧紧跟着他。当科比切入罚球线时，第二名防守球员、控卫朱利安·布兰克斯（Julian Blanks）移动过来包夹。科比接到了达布尼的传球，布兰克斯伸出手犯规。科比获得两次罚球机会，比赛还剩 3 分 11 秒。罚进这两个球，比分将被扳平。罚进一个，球队还要承受压力。如果罚丢第一个……夺冠的梦想就很有可能破灭。

科比深吸一口气，出手了。假如电影导演为了戏剧效果，设计篮球按照以下的轨迹运动，观众肯定会觉得太夸张了。但事实是，科比的出手击中篮筐前沿，轻轻向后弹去，又在篮筐后面小幅度地颠了四下……最后终于掉进篮筐。

科比再次深吸一口气，第二次出手。球空心入网：41 平。

哈特切尔在默特尔海滩的比赛中从科比那里学到了一个道理：一个优秀的球员，他的球技必须能"旅行"，即使在最具挑战的形势和环境下也必须保持出色。比赛还剩 2 分 43 秒时，他抢到了一个防守篮板并且被对手犯规，他稳稳命中了两个罚球。下梅里昂高中领先 2 分。双方随后分别进球，下梅里昂高中在比赛还剩 1 分 22 秒时以 45 比 43 领先。基斯·内斯（Keith Neis）是伊利预备校那场比赛得分最高的球员，拿到 12 分的他底线跳投偏出，球弹在篮筐后沿。科比干扰了内斯的这次出手，他接着又在人堆中抢下了篮板。两名伊利预备校的球员围在他身边，干扰仍在篮下的他。科比无法移动，他跳了起来，传球给位于右侧边线的达布尼……

第十七章 最后一战

然而，布兰克斯冲向达布尼，阻断传球后自己撞向媒体席，但却把球拨给了队友。伊利预备校有机会扳平比分。这个机会来自一个失误，一个科比·布莱恩特的失误。几分钟前那种认为比赛已经赢了的想法荡然无存。所谓天意，好像也不是天意了。

伊利预备校的球员在外线倒球，他们等待着，试探着下梅里昂的防守，以寻找合适的、正确的机会。当布兰克斯突入三分线，在 12 英尺（3.66 米）的位置单手跑投时，比赛还剩 30 秒。球结结实实地砸在篮筐上，然后向右侧弹去。科比是禁区中唯一的下梅里昂球员，被布兰克斯和其他三个伊利预备校球员包围的他将球拨向底角后，下梅里昂控制住了球权。在伊利预备校形成包夹前，他沿着边线用左手运球，快速启动，甩开布兰克斯后向右突破，摆脱另一名防守球员后，他一直推进到球场中央。

现在呢？对阵切斯特高中的比赛，科比在胜局已定时没有放弃球权，也没有沉浸于那份荣耀。现在，距离比赛结束还剩 22 秒，他的球队领先 2 分。距离他在拉斯维加斯不愿遵从小萨姆·莱恩斯的意愿传球给队友已经过去了近八个月，距离格雷格·道纳在旅馆对他说"你必须尊重队友，你不能一个人单挑一支球队"的告诫也过去接近三个月。现在，科比会做什么呢？

他始终没有抬头。没人知道他是否知道哈特切尔在自己的前方，但他向前、向罚球线左侧传了一个球。哈特切尔运球一次，随后利用打板上篮得分——作为左手将，从左边上篮对他来说轻而易举。"科比原本可以自己运球破包夹。"哈特切尔回忆，"他相信自己的朋友能够为赢下冠军上篮得分。赛季初期我们的劣势，最后成了我们的优势。"下梅里昂高中领先 4 分。时间还在流逝。着急出手的内斯被吹罚走步，他松开球，球弹了一下后到了科比手上。科比单手将球抱在腋下，然后双脚同时落地，就像他狠狠地踩了什么东西一样。

暂停回来，科比接到界外发球后被犯规。他的第一次罚球没进，但命中了第二个罚球。伊利预备校投了一个三不沾……比赛结束的哨声响起。记分牌上显示：下梅里昂 48，伊利大主教预备校 43。记分牌上显示，科比得到 17 分，这是他整个赛季第二低的单场得分。这一次，他一点儿也不在意。十多个高中球员在场地中心互相拥抱。格雷格·道纳兑现承诺，像个疯子一样满场奔跑。科比和他拥抱在一起。特里特曼、伊根、德鲁·道纳和吉米·基泽曼在一起庆祝。帕姆和布莱恩特家的其他人站在看台上。科比转身，想翻过围在场边的警戒线，到妈妈、姐姐和祖父母身边。

"然后我发现，我爸爸来了。"他说。

25 年后，迈克·伊根一直记着两人的长时间拥抱。也正是因为这个原因，科比与他父母的决裂，才让伊根、道纳、特里特曼和其他认识他们的人感到如此痛心。"天啊。"乔对科比说，"我为你感觉骄傲。"这对父子在一起拥抱了 10 秒钟……20 秒钟……伊根发誓，两人拥抱了整整一分钟，好像永远不想放手一样。

作为 20 世纪 60 年代末的篮球明星，后来做过法官、商业高管、公务员，也是父亲和祖父的温德尔·霍兰德，堪称下梅里昂高中最像是科比先行者的人。他在布林·马尔的家中观看了这场比赛。直到 2010 年，当霍兰德在学校体育馆以科比命名的揭幕仪式上介绍科比时，他才有机会告诉科比，科比取得的成就让他感到无比骄傲。

"因为科比，我们得到了我一直向往的结果：一个州冠军。"霍兰德回忆，"你根本不知道，根本理解不了那对我有多么重大的意义。我是不折不扣的下梅里昂人。对于其他文化、其他城市取得的成就，我也非常骄傲，但我特别、特别为我的学校感到骄傲。想想那些故事，那些和弗农·杨以及切斯特有关的故事，虽然把那些故事放在一起听起来有些傻。我真的感到自豪，在校友会和名人堂活动上，我们的篮球成员们来自如此多元的文化背景。道纳率领着这支由各种肤色球员组成的球队赢得了冠军。故事不就该这么写吗？"

"你根本想不到有多少人找到我，跟我聊下梅里昂的篮球。你不知道，当科比去世时，我因为他和道纳一起取得的成就，既感到自豪，又觉得心痛。我特别难过，因为他实现了梦想。他为我们所有人实现了梦想。"

球队在那天晚上回到了韦恩伍德，学校已经为他们做出了各种安排。琳

第十七章 最后一战

恩·弗里兰德联系了当地消防部门。周日，他们将在阿德莫尔举行夺冠庆祝游行，沿途会有学生、学校工作人员和当地居民。科比和杰梅因·格里芬将会站在一辆消防车的车顶，两人都会抓着把手保持平衡，旁边还拴着一只斑点狗。科比会低头看向人群，看到那个曾经说他永远赢不了州冠军的代课老师。他会看到那个老师站在角落里欢呼雀跃。

"这就是我一直以来的目标。"科比后来表示，"刚开始上高中时，我就知道我会是一个很不错的球员，我会努力实现所有个人目标。可是打出 4 胜 20 负的赛季后，我说，'我痛恨输球，我绝对不要再经历这样的事'。第二年，我们进步了。之后的一年，我们又进步了。在这段时间里，我记得自己在想，'我想成为最好的——不只是最好的球员，而是最好的球队里的最好球员'。那对我来说有着特别重大的意义。我只想向所有人证明，我能带领大家夺得州冠军。"

不过，那都是周日下午的事了。首先，他和队友要去一个拉拉队员家参加派对。其中几名球员，包括罗比·施瓦茨和布伦丹·佩蒂特玩了通宵，早上 7 点才回家。过去四年，科比得到了 2883 分，这个分数创下了东南宾夕法尼亚高中历史总得分纪录。他已经实现了在下梅里昂高中所要实现的所有目标，他还有机会享受青春期最后一个难得的正常夜晚。科比在派对上逗留了一个小时，随后自己开车回家。

我不想冒犯任何人。我不喜欢这样做,未来也绝不会这样做。我会尽我所能保持真诚。

——科比·布莱恩特

第十八章
事情的变化速度

1996 年 3 月 30 日，周六

汤姆·康查尔斯基（Tom Konchalski）是个虔诚的罗马天主教徒，作为美国最受尊重的草根篮球球探，他虔诚得就差没去当神父了。他身高 6 英尺 6 英寸（1.98 米），体型高大瘦长，举止稳重温和。他信奉弥撒的神圣性，也信奉体育运动能塑造男孩女孩品格的神圣性。他忠诚地信奉着这两者。他曾经这样说过，上帝向孩子们提供运动的机会，是为了让他们为未来的生活做准备；竞争会搅动他们灵魂中的不同部分，有时这种搅动会很痛苦，但总是会带来教益。康查尔斯基认为，他在这一使命中的任务，就是发现和评估那些值得收获这种祝福的年轻运动员。在接近二十年的时间里，他一直为《高中篮球画报》（*High School Basketball Illustrated*）撰稿，后来还接手了这个刊物的出版工作，将他的报告通过邮件寄给订户们。全美各地成百上千的大学教练都将这些印刷品视为招募球员的重要参考，这就是康查尔斯基每年都会参加全美最负盛名的高中全明星赛——麦当劳全美高中明星赛的原因。这也是他在 1996 年前往匹兹堡市政体育馆，参加当年的这项赛事以及前一天晚上举行的赛前宴会的原因。也正是因为这个原因，他在宴会上与科比·布莱恩特及其家人同坐一桌。

自布莱恩特一家从意大利返回美国时起，康查尔斯基就一直在考察科比。他还记得自己第一次去波士顿市场餐馆吃饭，是在 1994 年 12 月 1 日，当时他就是要去费城郊区看科比的比赛——因为一直在路上奔波，他已经五年没在家吃过饭了。"他拥有钢铁一样的意志。"康查尔斯基表示。2021 年 2 月，74

岁的他因为癌症去世。"科比付出的努力不同寻常。像乔丹和科比这样的人，真正造就他们的就是意志。"康查尔斯基并不喜欢麦当劳全明星赛，他认为有太多球员太想表现自己，甚至有些卖弄了。（科比也不例外，他在19分钟里得到13分，但表现并不算好。）但晚宴却值得一去。UCLA的传奇主教练约翰·伍登（John Wooden）每年都是演讲嘉宾，他总是脱稿演讲，并经常引用艾默生、梭罗、莎士比亚的名言，所有球员都会穿正装出席。"他们都在抱怨。"康查尔斯基说，"可美国还有谁比这24个最出色的运动员更适合穿正装呢？科比看起来真是气宇轩昂。他真是个英俊的年轻人。"

随着宴会接近尾声，切蛋糕的餐叉叮叮当当地敲击着盘子，被服务员倒在杯子里的咖啡咕嘟作响。宴会厅的灯光调暗了，投影屏幕上出现了迈克尔·乔丹的面孔，他通过预先录制的视频信息向球员们致辞。"能参加麦当劳全美明星赛是项巨大的荣誉。"乔丹对他们说，"这给了我继续前进的信心。一定要接受好教育。"最后，他说："我希望你们都能进入NBA。如果真来了，我会等着你们。"随后，他眨眼一笑。

晚宴结束后，康查尔斯基留下来与科比、乔、帕姆、沙里亚及沙雅合影。科比的父母与姐姐准备离开时，科比转身看着康查尔斯基，后者那时根本不知道科比已经准备跳过大学。

"我等不及要和世界上最伟大的球员交手了。"科比对他说，"我会做好准备的。"

然后，他也眨眼一笑。

1996年4月6日，周六

又是一座城市，又是一个奖项，又是一场晚宴。这一次，他要在亚特兰大的佐治亚世界会议中心接受奈史密斯奖。参加晚宴的有马萨诸塞大学的年度大学最佳球员马库斯·坎比（Marcus Camby）；有同样来自马萨诸塞大学的年度大学最佳教练约翰·卡利帕里（John Calipari），那时距离他和新泽西篮网签下五年1500万美元合同，成为球队主教练兼篮球事务执行副总裁还有两个月时间。

第十八章　事情的变化速度

当被一个记者问到是否会模仿凯文·加内特、高中毕业后直接进入 NBA 时，科比耸了耸肩。"我还没想好。"他说。作为赢得奈史密斯奖的福利之一，科比可以由赞助该奖项的亚特兰大跳球俱乐部（Atlanta Tipoff Club）资助，带家人或朋友外出吃饭。回到家后，他为自己和下梅里昂高中的教练及队友在马拉杨克的一家牛排馆预订了位置。

1996 年 4 月 8 日（周一）至 4 月 24 日（周三）

距离科比正式宣布决定的日期越来越近，他的决定也变得越来越清晰。迈克·沙舍夫斯基给格雷格·道纳打去电话，询问对方是否还有时间说服科比，让他转变心意，认识到杜克大学才是他的最佳选择。

"假如你有一个 70 码（64 米）的超远投篮机会，你现在就得出手了。"道纳说。

沙舍夫斯基列出了科比应该选择杜克大学的各种理由。我会让他成为下一个格兰特·希尔……我是个经验丰富的伯乐，培养了很多优秀球员……沙舍夫斯基花了 5~10 分钟，对道纳发表了一番振奋人心的讲话。假如当年在潘克雷斯特高中打球的道纳有足够的能力加入杜克大学——假如他是鲍比·赫尔利或者约翰尼·道金斯（Johnny Dawkins），他肯定毫不犹豫地收拾行李开车去达勒姆。然而，道纳不是这次谈话真正的受众，而真正的受众早已下定了决心。

后来，科比打电话给沙舍夫斯基，将自己的决定亲口告知对方。沙舍夫斯基祝他好运，还告诉他，如果需要建议，可以随时打电话给他。"我知道你会没问题的。"他对科比说，"你对篮球有非常端正的心态，你也热爱篮球。"在 2008 年的北京奥运会和 2012 年的伦敦奥运会上，沙舍夫斯基终于得到执教科比的机会。他称赞科比为球队树立了职业精神和无私的标杆，帮助美国队赢得了两枚金牌。用"无私"描述科比似乎让人觉得不太对劲。可 2008 年奥运会开始前，在科罗拉多泉市的美国篮球总部，科比敲响沙舍夫斯基办公室的门，说自己在每场训练赛、每场正式比赛都想防守对方最好的球员。科比如此专注于这个自我附加的责任，满心想的都是为美国队赢得金牌，以至于沙舍夫斯基曾经开玩笑，说他是唯一一个不得不提醒科比出手的教练。

当年 26 岁的基斯·莫里斯（Keith Morris）是信诚证券公司的新手理财顾问，他也是父亲最大的粉丝和最亲密的知己。因此，当他的助理有一天接起办公室电话，告诉他乔·布莱恩特正在线上的时候，他并没有感到特别惊讶。当然，无论是基斯还是斯毕迪·莫里斯都已经好几周没有在拉萨尔大学的校园里见到乔了。实际上，没有人见过他。

"你好。"

"基斯，我遇到了一个问题。"乔说，"科比想去 NBA。"

"那有什么问题？"基斯问他。

"我不知道该怎么告诉你父亲。"乔说。

"做个男人。"基斯说，"直接告诉他。"但基斯并没有等着乔告诉他结果。他挂断电话，接着给父亲打去电话。

"我很高兴他去了 NBA，没有去杜克大学。"很多年后，斯毕迪·莫里斯这样说，"我祈祷了很长时间：'上帝啊，我希望我们能得到他'。上帝回应了我们的祈祷。有时候他会拒绝我们。"

1996 年 4 月 26 日，周五

"我的天啊，我是怎么来到这里的？"周五晚上走进麦迪逊广场花园参加"精华奖"颁奖典礼时，科比肯定满脑子都是这样的疑问。哈莉·贝瑞（Halle Berry）、泰拉·班克斯（Tyra Banks）、娜奥米·坎贝尔（Naomi Campbell）和托尼·布拉克斯顿（Toni Braxton）这样的娱乐明星理所应当地出现在这样的场合。可问题是，科比和沙里亚怎么也来参加颁奖典礼了。此外，这样的夜晚将如何揭开下梅里昂高中最受人关注、最神秘的八卦谜题：科比会带谁去参加毕业舞会？

这一切开始于拉萨尔大学的一场冬季时装秀，沙雅参加了这场在学生会大楼舞厅里举办的活动。在那里，她听几个人聊到科比。当她告诉他们科比是自己的弟弟时，其中一个名叫迈克·哈里斯（Mike Harris）的人对她说："告诉他，Boyz Ⅱ Men 乐队想见他。"身为营销经理和演出筹办人的哈里斯有能力促成这样的见面活动；他的客户中就包括这个所有成员都出生于费城的乐队。几周后，科比在一场维拉诺瓦大学的篮球赛上见到了哈里斯。两个人交换了电话号码，成了朋友。科比告诉哈里斯，他喜欢布兰迪·诺伍德（Brandy Norwood），后者参演的情景喜剧《莫伊莎》（Moesha）刚刚在 UPN 电视台首映。没过多久，哈里斯打电话给科比，邀请他参加"精华奖"颁奖典礼。对于当时在篮球圈外还没什么名气的科比来说，他可能单纯地认为这是一个慷慨的邀请，但哈里斯还有额外的目的。这是一个让他进军篮球界、将科比纳入旗下的机会。如果科比能在全美社交圈引起轰动……

和科比一样喜欢那些模特、舞者、歌手和名人的沙里亚也陪着弟弟一起参加了颁奖典礼。典礼结束后，科比、哈里斯以及 Boyz Ⅱ Men 乐队的两名成员迈克·麦卡里（Mike McCary）与瓦尼亚·莫里斯（Wanya Morris）一起坐上豪华轿车前往四季酒店。哈里斯和莫里斯让科比去莫里斯的套房。当他和科比走进房间时，哈里斯开始窃笑。科比心想："怎么回事？"他向左边转去，见到布兰迪就坐在酒店房间的床上。

科比惊讶地张开了嘴。他也笑了，但是紧张地笑。我的天啊，你们怎么这样整我？布兰迪问他："你好吗？"科比连话都说不出来，他小声的"嗨"完全被哈里斯和乐队成员的哄堂大笑淹没了。离开房间时，他都不记得自己说过什么话，只知道自己肯定丢人了。

回到他的房间后，哈里斯问科比："你想带布兰迪参加毕业舞会吗？想不想？"科比当然愿意。征得科比的同意反倒是最简单的环节。早些时候，哈里斯已经为他的宣传攻势扫清了一个潜在的障碍。当时，瓦尼亚·莫里斯 22 岁，布兰迪 17 岁，他们已经交往了一年，但属于友情以上、尚未到公开恋情的程度。布兰迪和她的团队也担心公开这段恋情会损害她清纯的形象。按照罗兰·拉赞比（Roland Lazenby）为科比撰写的两本传记之一的《真实科比》（Showboat）的记载，哈里斯说服莫里斯配合他的计划，让科比和布兰迪通过一个晚上的约会，引发公众"天哪，他俩在一起好可爱"的反响。所以哈里斯在那天晚上给布兰迪打电话说："布兰迪，布兰迪，布兰迪，我哥们科比想邀请你去参加他的毕业舞会。如果你能和他一起去，那对他来说将意义重大。"

布兰迪同意了。但她首先需要征得母亲、同时还是自己经纪人的桑加·诺伍德（Sonja Norwood）的同意。就这样，科比就有了一个名人做自己的舞伴，他甚至不需要亲口邀请她。

那个周末的晚些时候，在 Boyz Ⅱ Men 乐队的邀请下，科比在费城社区大学参加了一场慈善/名人篮球赛。布兰迪陪莫里斯去了现场，科比在上场第一次接球就用劈扣点燃全场观众的热情，他在中场休息时和布兰迪聊了一会儿。科比觉得布兰迪很可爱，是那种如果她是自己的同学、他一定愿意和她在一起的那种女孩。帕姆·布莱恩特与桑加·诺伍德后来进行了交流，两人敲定了细节，确保各方在毕业舞会的问题上达成一致。随后，科比和布兰迪开始定期打电话聊天。

"我欣赏她。"科比后来说，"那时候我知道自己想去 NBA，我会成为摄像机、聚光灯下的年轻人。她也很年轻。她 14 岁就出道了，她也生活在摄像机和聚光灯下。她把一切都处理得非常好，因为这一点我欣赏她、尊重她，另外我也很喜欢她的歌。"

他不再和乔斯琳·埃布隆在一起。他告诉特里特曼，自己和克里斯汀·克莱门特还是朋友，但两个人已经很长时间没有说过话了。得知他约会对象的身份后，他的朋友们都出自善意的难以置信。特里特曼听说科比要带布兰迪去舞会的第一反应是，这个布兰迪应该是克莱门特在奥哈拉红衣主教高中的队友布兰迪·巴奇（Brandi Batch）。有一天，在学校的自习课上，苏珊·弗里兰德问科比，他准备带谁去毕业舞会。

"布兰迪。"科比说。

"哪个布兰迪？"

"苏珊，就是那个布兰迪。"

"你在哪儿认识的她？"

"Boyz Ⅱ Men 的一个人介绍我们认识的。"

"真的假的！"

弗里兰德一直不敢相信。"苏珊，就是那个布兰迪。BoyzⅡMen乐队。"他的平淡口气，仿佛自己说的是最平常不过的事情。

1996年4月29日，周一

召开新闻发布会、宣布参加NBA选秀的决定，这并非科比本人的想法。乔问他想不想召开发布会。

"拜托。"科比说，"对我来说无所谓。"

但科比能感觉到，这件事对乔和帕姆很重要。虽说正式宣布能让科比的决定显得更庄重、更有可信度，但他的父母更在意的，却似乎是他会说什么，以及他会选择怎样的措辞。毕竟，这样的活动不就是一个能让人们评价他们如何培养出这样一个天才儿子的展示机会吗？乔第一次提出这个建议后的一周时间里，他和帕姆一直缠着科比，确保他能够以恰当的成熟、镇定和幽默感来应对这件事。"我有点戏弄他们的意思。我说：'喂，你们比我还紧张'。"科比后来表示，"那对我来说真的不是什么大事。"他不介意在什么地方、在什么时间召开发布会，他把这事交给乔决定，而乔选择了周一下午。特里特曼负责大部分具体工作，他与汤姆·麦克格文合作，让学校的体育馆做好迎接大量记者和学生的准备，同时负责通知媒体。即使有人询问，特里特曼也没有透露科比的决定。他还有必要透露吗？如果要去杜克大学或拉萨尔大学，科比还会在此刻召开新闻发布会吗？

整个早上，科比的同学都围着他，不停地打探消息。"科比，我下午有长曲棍球比赛。"有人说，"你为什么不现在就告诉我们？"面对同学的询问，科比就像对自己毕业舞会的选择一样，对自己进入NBA的决定讳莫如深。他告诉他们自己还没做出决定，到时再看情况。在金属首饰课上，其他学生都围到他身边，暂时把他们应该制作的手链忘在一边，甚至连他的老师也想偷听科比的对话和含糊的回答。科比的朋友迪德莉·鲍勃问他："你打算做什么？"

"我不知道。"科比说，"你觉得呢？"

"说实话，科比。"鲍勃说，"站在朋友的角度，你应该上大学。天赋永远不会离开你。你拥有的是上帝的馈赠，不管去哪所学校，你都会成为球队里最好的球员。NBA是不会消失的。"

琳恩·弗里兰德在另一间教室里找到科比，把他叫了出去。格雷格·道纳将会去现场参加新闻发布会，就算科比不说，他也已经知道科比的决定是什么。但弗里兰德问科比，他准备给德鲁·道纳打电话，亲口告诉他自己的决定吗？"带我去吧。"科比说。弗里兰德带着科比进入教师办公室，交给他德鲁的电话号码，然后对办公室里的辅导老师和秘书说，科比需要一些隐私。关上身后的门时，她听到科比说：我要去和大人们打球了。

德鲁后来说："我想让他知道的，而且很多年后、当他成年后，每次见到他我都会跟他说的是：'我们关心你，我们关心你这个人'。特别是当他成为NBA的'反派人物'后。我不再去费城南部的现场看76人的比赛，因为我害怕自己会跟别人打架。我不想夸大自己的行为，我想做他的保护者，我想以成年人的身份保护他。如果有奇怪的人走来过说，'给我在这些杂志上签名。'我会说，'你是什么人？'我和他建立起了这样的信任，我从来不会找他要任何东西。我从来不期望从他那里得到任何东西。"

学校只剩下一节课，科比翘掉了英语课，开车回家做准备。帕姆帮他挑选衣服。科比选了一件白色衬衫、一条棕色真丝领带和一套米色的真丝西装。西装是罗恩·鲁博和他家人送给科比的礼物，鲁博说，"为了祝他在下一段生涯中一切顺利"（鲁博购买这套价格超过500美元的西装时，销售人员对他说："你知道他的臂展有7英尺2英寸（2.18米）吗？"）。为了搭配这身行头，科比在额头架了一副椭圆形的黑色太阳镜。"那是我自己的主意。"他后来说，"我一直很喜欢眼镜。我想，'为什么不尝试点新鲜事物呢？'"

下午2点25分，当天最后一堂课的下课铃响起后不久，布莱恩特一家开车返回学校，将车停好。一走进体育馆，电视摄像机的灯光就刺痛了科比的眼睛。那是一个闷热潮湿的春日，室外气温75华氏度（24℃），虽然气温并没有那么高，但拥挤的人群让室内的空气更加闷热。乔的一只手抓着一个笨重的手机，另一只手擦着汗水。科比询问马特·马特科夫，自己错过了英语课的什么内容。他的祖母看到周围的喧闹后说："好吧，我现在得给我的宝贝做个苹果派。"听到这话，科比的耳朵竖了起来。"没错，奶奶。"他说，"你得给我做上几个。"走进体育馆前，科比不知道自己将会面对什么。现在体育馆里挤满了人，每个人都想听他说话，想知道科比·布莱恩特认为对科比·布莱恩特最有利的选择是什么。每个人都为他而来……这……太有趣了。这真的太有趣了。

科比揭示答案的那一刻，即便放到如今再去回看，也不得不让人惊叹。在任何一个摄像机镜头里，体育馆里深棕色的看台为他提供了一个没什么感情色彩的背景。科比自信满满，他站在演讲台前，身前摆放着很多麦克风。他的家人、教练、队友、同学都坐在或站在媒体人中，一大群人等着他开口说话。

"我，科比·布莱恩特……"

他停下了。他晃着脑袋，好像在摆脱防守球员。

"决定将我的天赋带到……呃……"

他又停下了。这一次，他假装犹豫不决，假装忘记自己的决定。他把左手放在下巴上，假装在思考什么，迎合着摄像机，享受着这一刻。

随后，他露出一个大大的笑容。

"不，我决定跳过大学，将我的天赋带去 NBA。"

这一切只用了 19 秒。体育馆爆发出大喊。

在 1996 年，有相当多的美国人不觉得这是运动员应该做的事，不认为这是一件值得报道的新闻事件，他们对发布会的内容可能也没有兴趣。他们只是觉得，高中运动员举行新闻发布会公布未来去向的做法非常傲慢，让人难以接受。迪德莉·鲍勃上完当天最后一门课后来到体育馆，听到科比说他不会上大学后，她有点伤心。"好吧，科比。"她心想，"你有点飘了。可如果那就是你想做的事，我会鼓励你，为你祈祷。"尼尔·库珀（Neil Cooper）是镇上一个犹太教堂的拉比㊀，他在布道时批评科比，说他的决定会给年轻人带来错误的讯息，会损害高等教育的价值和重要性。《费城问询报》的比尔·莱昂写道：

㊀ 译者注：拉比是犹太人对师长的尊称。

"这些事情很温馨美好。可他只是个 17 岁的孩子,作为父亲的我只有一个保留意见:我希望他没有牺牲自己的青春。"科比立刻成为体育电台节目的辩论话题,就像微波炉加热的速食一样,在上下班高峰时段火热出炉,引爆听众的激烈争论。

"很多人大概觉得新闻发布会太夸张了。"格雷格·道纳表示,"有些不了解体育的人,他们不能完全理解。体育馆里也有人并不清楚自己究竟见证了什么。而我知道正在发生什么。他不是一个普通的高个篮球运动员。他是不一样的。"

1996 年 5 月 21 日,周二

早上 10 点,在曼哈顿苏活区的一个展示厅里,科比无处不在。墙上贴着四张巨幅照片,每张高达 6 英尺 6 英寸(1.98 米)的照片展现的都是科比在不同位置扣篮的英姿,仿佛四个巨大的感叹号。一段循环播放的集锦展示了科比一次又一次的扣篮,偶尔穿插着几个跳投镜头,让画面显得没那么单调。阿迪达斯发布了新的 Logo:三条从左向右逐渐加长的条纹,象征着进步、提升和未来。一个在现场的记者数了数,总共有 56 个 Logo。墙上有 Logo,篮球上有 Logo,椅子和麦克风上还有 Logo,这些还只是他看到的。记者证、工作人员衬衫甚至最小的平面上都印着 Logo。这家公司没理由低调,这是一场为他们最新签约客户举办的加冕仪式。这是科比·布莱恩特称王的仪式。

"他是新生代中能在未来 10 年、20 年改变体育的运动员之一。"阿迪达斯美国区总裁史蒂夫·韦恩(Steve Wynne)表示。

"我要去 NBA"那场新闻发布会的第二天,科比和队友前往哈里斯堡,与宾夕法尼亚州州长埃德·伦德尔(Ed Rendell)见面。和大多数高中州篮球冠军的旅行方式一样,他们乘坐一辆漏水的校车,在雨天出行。这样的经历对科比来说司空见惯,这样的经历也许让他更接地气,但对他来说,这样的经历都是过去了。在下梅里昂高中,他是一名球员。现在,他还是一名球员,但也是一家球鞋公司的代言人,是一支直冲青天的火箭。可是想到与桑尼·瓦卡罗的长期谈判差点破裂,这笔签约差点泡汤,总会让人觉得难以置信。

第十八章 事情的变化速度

按照乔和帕姆的要求,罗恩·鲁博咨询了纽约一家有品牌运营业务的律师事务所,这家事务所理论上可以处理科比的球鞋合同。鲁博回忆,布莱恩特一家需要做出选择:他们可以继续与瓦卡罗及阿迪达斯合作,也可以自寻出路。不过,这个选择几乎是自动做出的。在大西洋城的一次会议上,布莱恩特之队提议,由他们来选择科比的经纪人。作为回应,瓦卡罗提出了他的一系列最后通牒:球鞋代言必须是阿迪达斯,阿恩·塔勒姆将成为科比的 NBA 经纪人,威廉·莫里斯经纪公司将代表科比处理所有与篮球无关的代言和权益——不管是演戏、音乐,还是其他科比感兴趣的事情。瓦卡罗起身离开了房间。"他干嘛要留下来?"小萨姆·莱恩斯说,"其他人无话可说,因为主动权掌握在他的手上。"瓦卡罗意识到自己握有筹码,而布莱恩特一家也不想让这份可能是最丰厚、持续时间最长的代言协议白白溜走,双方因此安排了第二次会谈,地点选在了曼哈顿上东区的"流浪者"(Il Vagabondo)意大利餐厅。这次会谈最终以乔和帕姆同意聘请塔勒姆为经纪人告终,科比在威廉·莫里斯经纪公司的代理人里克·布拉德利(Rick Bradley)表示,这是"阿迪达斯提供的一份重大合同"。科比和阿迪达斯达成了一份为期多年的协议,总价值为 1000 万美元,其中确保科比在第一年可以得到 100 万美元。科比一度问瓦卡罗:"如果我去杜克大学,我还可以签球鞋合同吗?"瓦卡罗说不行,因为 NCAA 禁止这样做。科比回答:"好吧,我显然做出了正确决定,不是吗?"阿迪达斯将在八月开启科比新球鞋的全国电视宣传,他们选择了"穿上你的装备"(Feet Your Wear)作为宣传语,并且准备在秋季末期的宣传中单独突出科比。在如此重大的合作中,乔仅仅因为促成科比签约就得到了额外的签约奖金。在如此重大的合作中,再给乔 15 万美元对阿迪达斯来说根本算不了什么。他们也确实掏了这笔钱。

在曼哈顿的那间展示厅里,乔、帕姆、沙里亚和沙雅坐在前面,一如既往地支持着他们的儿子、弟弟。乔对现场的记者说,不管科比最后去哪里,他们一家都会跟他一起搬家,好像科比是一个漂亮的热气球,他们全家会坐进热气球下的吊篮一样。当被问到作为青少年打职业篮球的危险时,科比表示:"这就是终极挑战。你有机会向最优秀的人学习。就算他们把你打爆,但他们同时也在教导你。我从中只会收获正面影响。"剩下的唯一问题，就是一个月后哪支 NBA 球队会选中他了。

"我们希望是湖人、尼克斯、76 人、公牛这样的大市场球队。"布拉德利说，"但显然，我们控制不了。"

谁说不是呢？

1996 年 5 月 25 日，周六

毕业舞会可以先等等，电视上在播篮球比赛。那可不是一般的比赛，而是芝加哥公牛的比赛。那也不是一般的芝加哥公牛，而是迈克尔·乔丹的比赛。科比和杰梅因·格里芬整个下午都无所事事，两人看着乔丹打出了一场手感糟糕的比赛（14 投 5 中，只得到 17 分），但也看到公牛轻松以 86 比 67 战胜奥兰多魔术，季后赛首轮大比分 3 比 0 横扫对手。这场比赛在东部时间的下午两点半开始，直到比赛结束，科比和格里芬才开始为毕业舞会做准备。难道他们要在没有科比和布兰迪的情况下举办毕业舞会吗？

在科比忙碌的一周里，观看那场比赛是他少有的轻松时光。布莱恩特之队、特别是老萨姆·莱恩斯，已经安排好了一切，他为科比和布兰迪弄到了巴里·怀特（Barry White）演唱会的门票，安排两人在周五晚上去大西洋城看烟火表演，然后又计划在周六晚上再去大西洋城（这次由布兰迪的妈妈陪同）。毕业舞会的地点竟然安排在科比最喜欢、最熟悉的篮球场地之一：中心城的贝尔维尤酒店。在布罗德街上，在酒店的入口处，一群费城警察和 15 台电视新闻摄像机正等待着这对名人"情侣"的到来，不过他们还得多等一会儿。科比先把格里芬送到了他的约会对象——约翰·卢卡斯的女儿塔维亚·卢卡斯（Tarvia Lucas）那里，再开车进城去接住在万豪酒店的布兰迪。科比身着黑色燕尾服和翻领衬衫，布兰迪则身着一袭香槟色的莫斯奇诺（Moschino）礼服，她的长发编成辫子披在肩上。"天啊，她太漂亮了。"科比后来说。他们又开车回去接格里芬、卢卡斯和马特·马特科夫。问题是，马特科夫的约会对象在最后一刻放了他鸽子。所以他又和过去一样，成了科比的跟班。一辆白色豪华轿车将五人送到贝尔维尤酒店，布兰迪的保安和形象设计师跟在后面。

等在贝尔维尤酒店门口的电视记者焦急地注视着街道，寻找着科比和布兰迪的车。他们拦住其他毕业生，想听听他们对毕业舞会引起这么大关注的反应。"这不是科比的毕业舞会，这是下梅里昂高中的毕业舞会。"一名女学生说。另一个人附和道："我们不是科比这一届，我们是 1996 届。"苏珊·弗里兰德认为这些学生搞错了怨恨对象。毕业舞会当然不只是关于科比，但是她说，"我们这一届之所以能拥有那种神奇的魔力和势头，都是因为他。"所有保安、警察和记者也都不是因为其他人而来的。

"他为了自己的形象，才带着布兰迪参加毕业舞会。"作为科比最忠实的辩护者，马特科夫曾经这样表示，"因为他需要一个地位和自己差不多的人。最后他终于遇到一个不只是因为他的科比·布莱恩特才喜欢他的女孩。那不是她的动机，因为她和科比一样大牌。对她来说也是如此，科比不是只因为她是布兰迪才喜欢她。所以他们两人有共同点。这并不是说他们天生一对……而是他知道自己不能随便找一个傻乎乎的高中女生一起去毕业舞会。"

毕业舞会开始三个小时后，白色豪华轿车终于出现在贝尔维尤酒店。摄像师们一拥而上。警察和保安为科比和布兰迪清出一片场地。有人问布兰迪，她会不会在毕业舞会上唱歌。

"我只是来玩的。"她说。

两个 17 岁的孩子走上大理石楼梯，进入酒店的二楼，其他参加毕业舞会的人的反应激怒了科比。

"所有同学都在说坏话。"他后来说，"我们进去后，他们说：'哦，我们能跟你们合影吗？能跟你们说话吗？'我说：'哥们，让开。'他们一直在说坏话，我猜是因为嫉妒。我不在意他们，反正他们也不是我朋友。我的朋友都是和我关系亲密的人，是那些在我身边的人，是篮球队。虚假的朋友，那些人就是虚假的朋友。"桑加·诺伍德认同科比的不屑。"所有人都在找她要签名，要合影。"诺伍德说，"好像她在工作一样。"他们显然没有意识到那个晚上的讽刺之处：他们抱怨两个年轻的明星在学校毕业舞会上被人关注，可这个虚假的恋爱，不就是为了让公众关注这两个年轻明星而策划的吗？

此外，诺伍德也说错了。并不是所有人都崇拜他们。科比的朋友奥德莉·普莱斯（Audrey Price）只和两人合了影，没有要签名。"那不是因为他是个大明星。"普莱斯回忆，"只是因为我和所有朋友都合影了，那就是我的一段记忆。合影是为了封存那段记忆。我跟布兰迪说她的裙子很漂亮，她告诉我，她很紧张。我觉得他俩的事没有让那个晚上变味，大家还是各玩各的。那还是一个很普通的毕业舞会。"

在大西洋城和科比度过第二个晚上后，布兰迪坐飞机回到洛杉矶的家里。费城一家电视台的记者报道称，毕业舞会是布兰迪人生中的第一次约会。这是一个童话般的细节，但瓦尼亚·莫里斯听到后肯定感到意外。

1996年6月

作为下梅里昂高中学生的最后几天，以及成为下梅里昂高中校友的第一个晚上，科比都是在学校度过的。毕业典礼结束后，毕业生们聚集在学校里，他们将被锁在里面参加一个彻夜派对——他们跳舞、游泳、进行障碍跑步赛等一系列的社交活动。这是为了鼓励他们聚在一起，避免未成年饮酒、酒驾或者做出其他鲁莽行为。一名毕业生拿着一台摄像机四处走动，假装采访其他毕业生。当摄像机对准科比时，他即兴创作了一段四句说唱。

我的寻呼机在响
让我快速暂停
我拿起麦克风
为你们表演

体育馆的一半被隔成舞厅，里面有DJ在打碟。科比蹲到地板上，像乌龟一样蜷缩成一团，然后仰面躺着转动身体，随着Kool & the Gang的《丛林舞曲》（Jungle Boogie）跳起霹雳舞。他脱掉T恤，身上的肌肉就像老式可乐瓶一样叠在一起。他的手里还拿着麦克风，随着LL Cool J的《做到这一点》（Doin'It）扭动身体，跟着哼唱。

第十八章　事情的变化速度

> 毫无疑问，我就是你们说的那个玩家……
> 没错，我状态正佳
> 该行动时，我独一无二

在体育馆的另一个区域，科比做了他最擅长的事：他打了半场的三对三。他的T恤还是不见踪影，20多个学生站在场边观战，有些人惊讶得张大了嘴巴。

"那是我第一次见到没穿上衣的科比·布莱恩特，对我们高中的大部分女生来说，那是我们第一次看到他肌肉线条那么分明的身体。"普莱斯回忆，"那天晚上，科比表现出来的另一面是最好笑的。但这不是平时的他。平常的他是个一本正经、彬彬有礼的人。即使拥有完美腹肌，他也不是那种会脱掉上衣到处闲逛的人。看到他突然这么放飞自我，真的让人又意外又好笑。他让那天晚上多了一分趣味。"

"他走出了自己的保护壳，那也是我最后一次见到他。"

在下梅里昂高中1996年的高中毕业纪念册中，科比在自己的毕业照旁写道："感谢妈妈爸爸给我机会在美国上学。无论顺境逆境，你们都一直陪伴着我。沙里亚、沙雅，我非常爱你们（意大利语）。马特，你永远是我的好朋友……感谢这精彩的四年，爱你们所有人。"

他被票选为1996届"最有可能成功"的男生。在纪念册的一张抓拍照片里，科比身穿黑色皮夹克，右手搭在被选为"最有可能成功"的女生安特杰·赫尔恩（Antje Herlyn）的肩膀上，她后来成为一名麻醉医生。由于科比的呼声太高，他的同学们并没有把他选为"最佳男运动员"。这个荣誉归属于肖恩·福波尔（Sean Furber），他是一个在足球、摔跤和长曲棍球上都有杰出表现的运动员。毕竟，科比只参加了一项运动。

最主要的是保持身体状态。据我所知，NBA 赛季很长，要打很多比赛，冲撞和对抗也很激烈。我必须做好身体上的准备，保持身体状态，让自己不会感到疲劳。现在的很多新秀经常在赛季进行到一半时"撞墙"。过去很多伟大的球员，比如"魔术师"和迈克尔，我不觉得他们撞过新秀墙。我不想"撞墙"。

如果今年夏天我竭尽全力后仍然"撞墙"，那我就会更加努力。

——科比·布莱恩特

写于 1996 年夏天

第十九章
现在，我是湖人了

　　携手将科比·布莱恩特从韦恩伍德送往美国西海岸的两个人，他们的友谊源自一个始料未及的地方：一个"妈妈和宝宝"的课程。阿恩·塔勒姆和杰里·韦斯特是NBA的同行，韦斯特是湖人队的总经理，塔勒姆则是一位颇具影响力的球员经纪人。可直到两人的妻子在20世纪80年代末分别生下儿子后——凯伦·韦斯特生下乔尼·韦斯特，南希·塔勒姆生下马蒂·塔勒姆，而且两个蹒跚学步的孩子一起玩手指画和积木时，韦斯特和塔勒姆的关系才不再只是谈判桌对立面的竞争对手。两家人一起在西弗吉尼亚州离韦斯特童年老家不远的豪华度假胜地格林布里尔度假。乔尼和马蒂成了最好的朋友。塔勒姆和韦斯特彼此间的信任，也最终成为两人将科比带到洛杉矶，复兴湖人王朝这一冒险行动的关键因素。

　　参加1996年选秀时，科比就像一个谜团。他聘请乔·卡伯恩担任自己的全职训练师，并且在三月时就告诉对方自己将要参加NBA选秀。乔·布莱恩特请自己的朋友托尼·迪里奥（Tony DiLeo）指导科比进行选秀前的训练。迪里奥也出身拉萨尔大学，在欧洲打过职业联赛，还在76人担任选秀部门主管。每天，在圣约瑟夫大学的球馆，迪里奥和科比会进行一小时左右的训练，迪里奥要求他进行300次投篮：有运球投篮，有移动中的接球投篮，还有三分球。如果科比在某个点连续投丢三个球，他就得重新开始整套训练。"就是在那个时候，我看到了他内心中的动力，那股成为伟大球员的动力。"迪里奥回忆，"投篮不进时他自己会很生气，他自己就想从头再来一遍。他的性格非常坚毅。"

可 NBA 球队究竟对科比和他的潜力有着怎样的看法？塔勒姆并不确定。明尼苏达森林狼队的球员事务主管罗伯·巴勃考克（Rob Babcock）不认为科比能和凯文·加内特相提并论。"作为一个身高 6 英尺 10 英寸（2.08 米）的球员，凯文的能力是毋庸置疑的，立刻就能在 NBA 用上。他是个非常特别的球员。但看科比·布莱恩特时，你没有这种感觉。他的比赛不会给你带来'我有非常特别的天赋'的感觉。"丹佛掘金队负责大学球探部门的约翰·奥特洛（John Outlaw）冷漠地说："我不觉得他准备好了。"费城 76 人在 1995—96 赛季只有 18 胜 64 负，他们赢得了乐透抽签，获得了第一顺位的选秀权。可首轮靠前的选秀权大多集中在小市场球队，如果科比最终被温哥华灰熊、印第安纳步行者或者克利夫兰骑士这样的球队选中，不管是他本人还是阿迪达斯，都无法让他们的投资获得最大收益。科比说："我想去的球队是湖人。"可湖人只有 24 号签。如果他们真想像科比想去湖人一样渴望得到他，他们就得想办法得到更高顺位的选秀权。

塔勒姆想了一个办法，将科比身上的不确定性转变为自身优势。"我们必须意识到，我们可能拥有一个独特的机会。"塔勒姆回忆。乔·布莱恩特对塔勒姆坚称，科比是那届新秀中最好的球员之一。为了更好地了解科比在新秀中的排名，塔勒姆安排他去几支拥有高位选秀权的球队进行试训，但他没有让科比参加所有球队的试训。通过让科比拒绝一些球队，拒绝赋予这些球队亲自评估科比的机会，塔勒姆可以影响选秀流程，降低那些球队选择科比的意愿。放在如今的 NBA，这个策略大概不会奏效：不管经纪人在背后做什么小动作，现在的 NBA 总经理都会选择最好的球员。可那不是现在的 NBA，那是 1996年。对于塔勒姆受年轻客户的委托操纵选秀的做法，人们感到不满。这小子以为自己是谁？

科比只为几支球队进行了试训。塔勒姆随后给自己的朋友韦斯特打去电话，利用两人的朋友关系，为科比和韦斯特安排了一次私下的试训。

"我想听听杰里的意见。"塔勒姆说，"我问他：'这事我想保密，我需要了解你的想法。'"

随后进行的两次试训说服了韦斯特，让他认为科比将会成为 NBA 中下一位最伟大的球员。科比回忆，进行试训的英格尔伍德 YMCA 中心在一条小路上。在第一次试训中，科比打爆了刚退役不久的湖人后卫迈克尔·库珀（Michael Cooper），韦斯特只用了 15 分钟就叫停了试训。要知道，当年 40 岁的库珀身体状态依旧良好，而且他在现役时期还是整个联盟最好的外线防守球员。"我觉得科比可能比我们当时队里的某些球员还要好。"韦斯特在自传《韦斯特记录的韦斯特》（West by West）中写道，"我这辈子从没看过那样的试训。当我说看够了的时候，我是真心的。"科比强壮的身体给库珀留下了深刻印象，尤其是在低位，这表明卡伯恩的训练起到了很大作用。第二次试训时，当着韦斯特和湖人主教练德尔·哈里斯（就是乔效力休斯敦火箭时的主教练）的面，科比轻而易举地压制了丹特·琼斯（Dontae' Jones）。司职小前锋的琼斯身高 6 英尺 8 英寸（2.03 米），大四的他带领密西西比州立大学在那年三月打进了 NCAA 锦标赛的最终四强。"我赢了 NCAA 锦标赛的分区 MVP。"科比心想，"假如我去上大学，那我肯定能大放异彩。我肯定是无敌的。"

回到酒店后，科比给塔勒姆打了电话。

"怎么样？"塔勒姆问道，科比从他的声音里能听出明显的焦虑，"你试训得怎么样？"

"我打得很好，很顺利。"

"好的。真的吗？真的吗？我爱你啊，我爱你。"

"嘿，阿恩，淡定。"

自从 1991 年打进总决赛、以 1 比 4 输给迈克尔·乔丹的公牛后，湖人在过去五年只赢得了一个季后赛系列赛。韦斯特对塔勒姆说："今年夏天我要调整球队阵容。我希望得到科比，围绕他和另一个我看中的球员重建。"韦斯特口中的"另一个球员"是沙奎尔·奥尼尔，在为奥兰多魔术队效力四年后，奥尼尔在那年夏天成为自由球员。韦斯特最终与拥有 13 号签的夏洛特黄蜂队达成协议：如果前 12 支球队没有人选科比，黄蜂就会选择科比，再将他交易到湖人，换回弗拉德·迪瓦茨。塔勒姆、桑尼·瓦卡罗和布莱恩特一家，则需要确保在轮到"幸运"的 13 号签选择时，科比仍没有被其他球队选中。

对于 76 人用状元签选择自己的那么一丁点可能性，科比的态度有些矛盾。成为"本届新秀中的最佳球员"的光环确实诱人，可一直支持他的约翰·卢卡斯已经不在那里了。76 人在五月份解雇了卢卡斯，聘请了新的总经理布拉德·格林伯格（Brad Greenburg）和新任主教练约翰尼·戴维斯（Johnny Davis）。如果科比成为状元，他就无法对任何球队产生怨恨。状元秀不存在被球队跳过不选的问题，联盟其他球队不会低估状元秀，因为他们根本没机会选他。状元秀无法证明其他人错了。"我希望人们说：'唉，没有选他，你们搞砸了。'"选秀结束不久后，科比说，"这就是我想要的。"

76 人确实考虑过选择科比——不过和联盟其他球队一样，他们也认为乔治城大学的阿伦·艾弗森（Allen Iverson）是那届新秀中最顶尖的球员。迪里奥和已经成为 76 人球探的吉恩·舒都在游说格林伯格，让他考虑这个选择，他们甚至建议球队交易杰里·斯塔克豪斯，换来一个首轮签，这样就能同时选下艾弗森和科比。"我知道他们有多相信他。"格林伯格回忆，"所以我确实在想，如果吉恩或者托尼有机会对那个选秀权做出决定，他们真的很有可能选下科比。"1996—97 赛季只取得 22 胜 60 负后，76 人解雇了格林伯格和戴维斯，身为篮球事务执行主管的迪里奥有一天打电话给湖人的助理总经理米奇·库普切克，询问他和韦斯特是否愿意交易科比。他和库普切克的交流时间不长。"他们知道自己想要什么。"迪里奥说，"他们没笑话我，但他们实际上笑了。"迈克·伊根甚至在选秀前一天给 76 人打过电话，他对接电话的人说自己是科比的教练，需要跟格林伯格通话。那天下午，当格林伯格回电话时，伊根惊呆了。格林伯格后来表示，他不记得自己和伊根说过话，但伊根却详细描述了两人的对话。

伊根："我知道好球员是什么样的，他是这届新秀里最好的。如果不告诉你这一点，作为 76 人球迷，我永远不会原谅自己。"

格林伯格："你喜欢他的哪一点？"

伊根："他是个全面发展的球员。他极有天赋，侵略性非常强，又非常成熟，技术那么好，但又特别努力。"

格林伯格："他头上顶着那幅太阳镜，他看着可一点儿也不成熟。"

第十九章　现在，我是湖人了

伊根："那大概就是他能做出的最糟糕的事了。"

可在格林伯格和其他很多人眼里，艾弗森才是"那届新秀里速度最快、最敏捷、也许还是最强硬的球员"。决定权在格林伯格手上，他轻松做出了决定：76人的选择将是艾弗森。塔勒姆做了必要的调查，他笃定只有两支球队可能在黄蜂的13号签之前选择科比。他最害怕的是拥有4号签的密尔沃基雄鹿，乔的前队友迈克·邓利维是雄鹿的主教练，塔勒姆担心，科比被他们选中就相当于被流放到威斯康星州的东北部。不过雄鹿选下的是在佐治亚理工大学打了一年的斯蒂芬·马布里，在NBA球探眼中，马布里是个比科比更保险的选择。随后雄鹿将马布里交易至森林狼，换来了森林狼用5号签选下的球员：康涅狄格大学的后卫雷·阿伦（Ray Allen）。

"布拉德·格林伯格和迈克·邓利维都说，如果有勇气，他们就会选他。"塔勒姆回忆。

还有可能选择科比的，就剩手握8号签的篮网。轮盘转到了约翰·卡利帕里和球队的新任总经理约翰·纳什这边。

在纳什担任总经理的六年时间里，华盛顿子弹队从未有一个赛季的胜率超过50%。1996年春天，他被迫辞职离开球队。这种被迫离职的现象在职业体育界很常见，通常都会采用委婉的说辞掩盖过去，比如"子弹队与纳什分道扬镳"。很快，篮网聘请纳什，让他与从未执教过NBA的卡利帕里合作并提供指导。纳什对科比的熟悉，以及他与乔·布莱恩特的友谊，让篮网在争夺科比的竞赛中占据了优势。科比为他们试训了三次，每次都比前一次更让人印象深刻。威利斯·里德（Willis Reed）当时在篮网担任篮球事务副总裁，他也是20世纪70年代初期那支强大的尼克斯队的中锋。里德身高6英尺10英寸（2.08米），手掌张开就像高尔夫球伞一样大。他用一只大手握住科比的肱二头肌，晃了晃说："你也没那么瘦小嘛。"这个称赞让卡伯恩很是骄傲。科比与篮网在1995年选下的首轮秀、UCLA的前锋艾德·奥巴农（Ed O'Bannon）进行了一对一单挑，卡利帕里叫停了两人的单挑，他想了解科比的投篮能力。在科比连续命中三分后，卡利帕里请他挑战在半场位置出手投篮。

"让我们看看你能不能在那么远的位置进球。"他说。

科比出手了五次,全部命中。

"老天。"卡利帕里说,"怎么回事?我们以为你不会投篮。"

科比摇摇头。"没事,就让人们觉得我不会投篮吧。对我来说更好。"

对篮网来说,这也是好事。杰里·韦斯特已经联系过纳什,提出用迪瓦茨交换他们的八号签。纳什拒绝了。他告诉韦斯特,篮网不着急出成绩,他们想通过选秀重建。"我们对准了科比。"纳什回忆道,"我们知道他会成为我们的人。"

1996年的NBA选秀大会将在新泽西州东鲁斯福德市的大陆航空球馆进行,那里也是篮网队的主场。由于刚被球队聘用,卡利帕里和纳什都住在当地酒店。6月25日,周二,NBA选秀大会前一晚,两个人邀请乔和帕姆·布莱恩特吃晚饭。他们对布莱恩特夫妇说,篮网将会选择科比。

"我觉得他新秀赛季就能首发,第二个赛季就能进全明星。"乔说。

"他们俩走后,我俩都在想:'真是典型的父亲,期望那么高。'"纳什说,"如果他能做到当然很好了,但我们不觉得他可以。"

第二天刚过正午,距离选秀大会还有七个多小时,科比躺在所有参加选秀大会的新秀下榻酒店的床上。塔勒姆和乔正在和他最后一次确认所有细节。

"我们当然可以选篮网。"塔勒姆对他说,"你还想去湖人吗?虽说我觉得我已经控制了局面,但确实有一定风险,其他球队可能截和。篮网可能不会选你,你有可能去一个不如新泽西那样让你满意的地方。"

科比起身,抓住塔勒姆的衣服,把他拉到自己身边。

"这就是我聘请你的原因。"他说,"你来搞定。"

与此同时,卡利帕里和纳什正在和篮网七人股权团队的负责人乔·陶布(Joe Taub)吃午饭,将球队的选秀计划告知对方。陶布对选择科比或者任何高中球员的想法感到失望,他希望球队选择锡拉丘兹大学的前锋约翰·华莱士

(John Wallace)。陶布还对纳什说,篮网在科比身上将会浪费时间和金钱。在过去11年里,篮网只有两个赛季的胜率超过五成,他们一直生活在纽约地区另一支传统豪强尼克斯队的阴影下。陶布因此认为,科比只要有机会就会离开篮网。"篮网因为尼克斯而养成了可怕的二等球队心态。"纳什回忆道,"他们认为自己永远不能超越尼克斯。"

下午2点,就在卡利帕里和纳什刚刚返回办公室时,卡利帕里接到了科比打来的电话;同时,纳什也接到了来自塔勒姆的来电。两个人传达了同一个信息:科比感谢篮网对他感兴趣,但他不想为篮网打球。事实上,如果篮网真的选了他,他宁愿返回欧洲和那边的球队签约,也不愿把自己困在新泽西的沼泽地里。

塔勒姆认为,只要有机会,纳什一定会选择科比。但卡利帕里却是一个好对付的人,作为一个年轻教练,他急于取悦老板,已经设想好了新球队的文化氛围,他自然会避免面对一个已经明确表示不想为篮网打球的球员。纳什四处打电话打探消息,他得知湖人和黄蜂已经达成了协议。而塔勒姆得到了一个意想不到的帮助:他的主要竞争对手之一、经纪人大卫·法尔克(David Falk)伸出了援手。法尔克是克里·基特尔斯的经纪人,他一直在推动篮网用八号签选择自己的客户。"我们很喜欢基特尔斯。"纳什说,"但他是我们的第二选择。所以法尔克打电话给卡利帕里,向他保证,如果不选基特尔斯,我们就永远不能和他手下的自由球员签约。"

纳什认为法尔克的那番话只是一个经纪人做出的无用威胁,可对卡利帕里而言,现在再去选择科比,他将面临双重压力。篮网的高管们晚上六点将在篮网更衣室聚餐,当纳什和卡利帕里通过球馆的地下通道走向那里时,他们看到了站在一起的塔勒姆、法尔克和瓦卡罗。三人中有一个人问:"你们准备怎么做?"

"等我们做出选择时,你们就知道了。"纳什回应道。

只不过,纳什并不知道他们会怎么做。在继续走向更衣室的路上,纳什试图说服卡利帕里,告诉他对方只是虚张声势,他们应该坚持原计划选择科比。"约翰,别担心。"纳什对他说,"你签的是五年合同。就算这次选错了也没事,你不会因为这次选秀就被炒鱿鱼。"但纳什不知道卡利帕里的最终决定是什么，直到吃晚饭前，卡利帕里站起来，对在场的所有人说：如果轮到八号签时，克里·基特尔斯还没被选走，篮网就会选基特尔斯；如果基特尔斯被选走了，他们就会选科比·布莱恩特。

"我一下子就泄气了。"纳什回忆。

科比真的会拒绝篮网，去欧洲打球吗？"我不会回答这个问题。"塔勒姆在 2020 年时表示，"这个问题将永远没有答案。"这样的举动并非前所未有。就在七年前，1989 年的榜眼、杜克大学的丹尼·费里（Danny Ferry）宁愿和意大利球队签约，也不愿去成绩糟糕的洛杉矶快船。但与科比相比，费里当年并没有牵扯到那么多的市场和代言利益。

"科比不会拒绝成为八号秀而选择去欧洲打球。"瓦卡罗说，"动动脑子，想想常识就够了。如果你认为他是最佳选择，那你害怕什么？你拿工资是干什么的？他宁愿去意大利，也不愿意做 NBA 的八号秀？你疯了吗？我不需要他去意大利。这就是谎言带来的历史，谎言会越滚越大。不管作为公司、个人还是作为一个被神话的天才，名气越大，谎言就越大。搞什么啊？克里·基特尔斯是个好球员，是个优秀的职业球员。但别拿科比做借口，别说什么你觉得'他要去别的地方'。你要做出一个专业的判断。"

高高的杆子上挂着的厚重的深色幕布一直垂到球馆地板，隔出了一个俗称"小绿屋"的绿色区域。身穿宽松肥大西装的球员们和家人、经纪人一起坐在左边，桌子靠近自助餐区。没有人吃东西，每个人都很紧张。和科比坐在一起的是乔、帕姆、沙里亚、沙雅、查比·考克斯、约翰·考克斯、桑尼·瓦卡罗和帕姆·瓦卡罗，还有塔勒姆。格雷格·道纳与迈克·伊根坐在观众席，俯瞰 NBA 总裁大卫·斯特恩揭晓每一支球队的选择。科比可以透过幕布听到斯特恩的声音，但他只能通过旁边的一台电视看到斯特恩。乔和帕姆坐卧不安，两人一人抓着科比的一只手。

艾弗森去了费城 76 人……

第十九章　现在，我是湖人了

马库斯·坎比去了多伦多猛龙……

沙里夫·阿卜杜尔 – 拉希姆（Shareef Abdur-Rahim）去了温哥华灰熊……

"如果我是四号秀，或者去了新泽西、萨克拉门托这样的地方，没关系。我才是真理。"

安托万·沃克（Antoine Walker）在第六顺位去了波士顿凯尔特人……

洛伦岑·赖特（Lorenzen Wright）在第七顺位去了洛杉矶快船……

"如果卡利帕里教练选了我，我会成为伟大的球员。"

克里·基特尔斯去了新泽西篮网……

"洛杉矶，我来了……"

托德·福勒（Todd Fuller）在第十一顺位去了金州勇士……

维塔利·波塔彭科（Vitaly Potapenko）在第十二顺位去了克利夫兰骑士……

"科比，别摔倒。千万别摔倒。"

听到斯特恩宣布黄蜂选中科比后，道纳和伊根很高兴。从费城坐飞机去夏洛特不远，开车也能应付；他们可以一起通过公路旅行的方式去看科比的比赛。乔用了 20 分钟才结束选秀后的采访与其他活动，他找到道纳和伊根。

他对两人说："科比要成为湖人了。"

可在当时，他似乎又做不成湖人了。迪瓦茨表示，他宁愿退役也不愿去黄蜂。黄蜂总经理鲍勃·巴斯（Bob Bass）给韦斯特打电话，说他要退出交易。"鲍勃，该死的，我们之间有协议。"韦斯特对他说，"弗拉德不会退役，相信我。"塔勒姆打电话给巴斯，愤怒地一通发泄，以至于他的助理埃莉莎·费舍尔·格拉博（Elissa Fisher Grabow）多年后仍然记忆犹新：塔勒姆对着电话大喊，他的脚狠狠跺着地板，脖子上青筋暴起，口水四溅。为了迫使巴斯完成交易，格拉博说："一切都很混乱。"等到迪瓦茨的妻子劝说他不要退役后，球队终于在 7 月 1 日完成了交易。

外界对科比和塔勒姆的负面评价来得又快又猛。一个是对整个 NBA 颐指气使的 17 岁新星，另一个是整个夏天都在策划将客户送到有利目的地的幕后推手。萨克拉门托国王队的球员事务主管杰里·雷诺兹（Jerry Reynolds）表示："任何球员及其经纪人，既然可以选择参加或不参加选秀，却转而不遵守规则，这让人沮丧。"《费城问询报》的蒂莫西·德威尔（Timothy Dwyer）在文章里写道，"科比损害了自己的形象，他这种幼稚的权力游戏引起许多购买他代言球鞋的粉丝的反感"。七月中旬，获得科比与奥尼尔的巨大压力让韦斯特筋疲力尽，甚至陷入焦虑，导致他不得不住了好几天院。而得偿所愿的科比，既没有因为自己的手段产生负罪感，也没有因为这个过程而疲惫。

"现在，我是湖人了。"他在那年夏天的晚些时候表示，"最开始我有些意外，有些震惊。现在我只是觉得，我想赢得总冠军。我不想站出来说：'我希望打出一个优秀的新秀赛季，如果我们能赢总冠军，很好。如果我们能打进西部决赛，很好。'我不是这样想的。我想赢得总冠军。我现在就想赢。每一年，每一年我都会这样想。如果明年我赢下了总冠军，那么在接下来的一年我还会：'听着，我想再赢一个总冠军。沙克，来啊哥们，我们一起再赢一个。迈克尔有四个总冠军，我们赢五个。让我们一起赢五个。'从现在开始，我就是这个想法。"

美国独立日那天，费城艺术博物馆外的富兰克林大道将举行一场夜间音乐会，帕蒂·拉贝尔（Patti LaBelle）和费城交响乐团将联袂出演，现场还有烟花表演。当天的最高气温不到 75 华氏度（24℃），一场清风拂过，雨后的空气清新凉爽。距离 NBA 选秀已经过去八天，距离交易正式生效也过去了三天。科比正和表哥谢里夫·巴特勒一起闲逛，他把棒球帽压得很低，希望不被人认出来。

还是有人认出了他。

他痛恨这种感觉。人们现在对他说的话，他们在他身边的举止，他们是那么的有恃无恐，这一切在他看来都太愚蠢了。那个周末他去费城西部参加了一个派对，入场费为 10 美元。在门口时，一个他不认识的女孩凑上来，让他借 10 美元给自己，好让她参加派对。借钱？"别担心。"她说，"我会还你的。

第十九章　现在，我是湖人了

我会把钱寄给湖人，我知道你有钱。"你敢相信这种事吗？他是国家银行还是什么？"抱歉。"他告诉她，"我只有卡。如果他们接受Visa卡或者万事达卡，我帮你付钱。如果不接受，你想怎么办？把卡掰成两半吗？"他真正恼火的是她的态度，好像他应该给她钱一样，好像她理所当然地可以向他要钱，即使他根本不知道她是谁。

科比后来说："我不信任任何人。"

信任？算了吧。信任已经彻底烟消云散。看看独立日那天公园大道的情况就知道了。一个人至少应该懂得谨慎，应该悄悄走近他，小声说："科比·布莱恩特？你是科比·布莱恩特吗？"这样才算聪明，这样才算体贴。可现在，明明他的周围有几百个人，偏偏有个人转过头来看着他，半喊着说："科比·布莱恩特？！"他的伪装被识破了，那么多的人，他们都在索要、乞求他的签名："给我签个名吧……来吧，科比……哥们，我看到你赢切斯特了……"你根本不知道谁会在什么时候跳出来做什么。现场没有保安，没有安检，什么都没有。人们可能会嫉妒，说话可能带有攻击性。有人可能持枪……

"天啊。"他对巴特勒说，"我觉得不舒服。这是我最后一次出门不带保镖了。"

两个人又停留了10分钟，总共停留了半个小时，看完烟火表演就离开了。过去人们也曾经认出过他，都知道他长什么样。可这一次，在这么短的时间里，他就被人注意到了：人们对他的态度变了，他们想从他那里得到什么，他们对他提出要求，都是些陌生人伸手要东西。过去他没对这些人做出过回应，但现在不一样了，好像他们都是潜在的危险，好像他们手里面可能藏着可怕的东西。这就是他现在的生活。

1996年7月27日，科比与朋友凯文·桑切斯、安东尼·班尼斯特一起，在韦恩伍德的犹太社区中心见到了演员/说唱歌手威尔·史密斯（Will Smith）的保镖兼策划人查理·马克（Charlie Mack）。因为热爱说唱音乐，科比和桑切斯及班尼斯特的关系依旧紧密，三人组成了名为CHEIZAW的说唱团体，这个名字冗长难记，是另一个更冗长名字的缩写：Canon Homo sapiens

Eclectic Iconic Zaibatsu Abstract Words（标准智人折中标志财阀抽象词汇）。通过布莱恩特一家在音乐圈的关系，马克认识了科比和乔·布莱恩特，他同意听听这个组合的歌。在三四个小时的时间里，除了桑切斯和班尼斯特中途去麦当劳买了一些吃的休息了 15 分钟，CHEIZAW 不停地向马克展示着他们的说唱作品。科比大约在晚上 6 点时离开。因为这次试唱，CHEIZAW 在几个月后得到了一份唱片合约，但科比的说唱生涯持续了不到四年。2000 年，索尼音乐宣布与科比解约。

那天下午，一个头戴施特劳曼面包袋的男人抢劫了城市大道上的一家 711 便利店。一名目击者从八张嫌疑人照片中认出了桑切斯，而桑切斯少年时期有过犯罪记录。桑切斯身高 6 英尺（1.83 米），体重 185 磅（84 公斤），而目击者描述的嫌疑人身高只有 5 英尺 8 英寸（1.73 米），体重仅有 120 磅（54 公斤）。尽管如此，在 1998 年 9 月，经过两天的审判，桑切斯仍被判持械抢劫罪名成立，他最终服刑五年多，并在 2007 年获释。"我进监狱不是科比的错。"他曾经说过。他认为自己绝不会输掉官司，因此他没有要求科比出庭为他做不在场证明。因此科比从未出庭作证，而他的朋友也为他的缺席开脱了责任。而这，也是科比现在的生活。

1996 年的那个夏天已经过去了好几周。科比来到洛杉矶，在 UCLA 的体育馆里拉伸，为接下来的比赛热身。这时，门口走进了一个在此之前他还没见过面的人。

"天啊，是'魔术师'。"

"魔术师"约翰逊那年 37 岁，1995—96 赛季，他只打了 32 场比赛，那也是他湖人生涯的最后 32 场比赛。但他不是"前球员"，他也不像迈克尔·库珀那样已经从 NBA 退役六年。

"嘿，年轻人，你怎么样？"

"我很好。"科比说。

科比立刻注意"魔术师"的穿着：短裤，背心，还有球鞋。

"我要跟'魔术师'交手了。太棒了。"

开始时，两人在一个队，他们自由发挥，互相配合。随后，两人变成对手。科比的球队赢了三场比赛。不高兴的"魔术师"第二天回来后也赢了三场，两人就像爆米花机里的玉米一样噼里啪啦地不停斗嘴。

"我还能想起其中一球。"科比后来回忆，"我们在打挡拆，我们逼迫他换防到外线，这样我就能在侧翼进攻。我和"魔术师"进入一对一状态。我抬头一看，完全没在意比赛局势。我心想：'等等，是他在防我啊，我要突破他。'所以我啪的一下突破到篮下，我要在一侧上篮，他想对我犯规。另一个人跟上来，从底线上来防守。所以我在空中换手，从另一侧抛球打板，打成了2+1。他说：'行啊，哥们。可以，真可以，这动作漂亮。'"

没有观众。没有欢呼。也没有能否夺得州冠军的命悬一线。那里只有"魔术师"，那个拥有全世界最著名微笑的男人，带着一个未说出口却暗示性十足的问题，这是一个在每一块篮球场都极其重要的问题：你有什么本事？这里没人嫉妒，也没有不满，没人抱怨科比出手太多或者压制了其他球员。这里只有"魔术师"，"魔术师"认定他属于这片天地。"行啊，哥们。这动作漂亮。"这，也是他现在的生活。

打职业篮球一直是我的梦想和目标。我一直热爱这项运动。我喜欢皮革的味道,喜欢硬木地板和水泥场地,喜欢球空心入网的声音。我真的爱这项运动。我不知道这种爱从何而来,它一直在那里。

——科比·布莱恩特

第二十章
开放体育馆

在玛丽安德尔湾"杰里著名小吃店"对面的大房子里,埃莉莎·费舍尔·格拉博思考着该对科比·布莱恩特说些什么。当科比在盐湖城的三角中心球馆投出了一个、两个、三个乃至第四个三不沾后,她就知道,科比一定会打电话给自己。

作为阿恩·塔勒姆的助理,格拉博在科比的湖人新秀赛季中起着至关重要的作用:她是他人生中那个与篮球无关的普通人,她会帮助他完成从高中到 NBA 的转变。她不怎么关注篮球,除非是塔勒姆的客户,否则她不看比赛,但这场西部半决赛第五场的比赛正在她家的电视机上直播。犹他爵士队在系列赛中大比分 3 比 1 领先,科比在常规时间的最后时刻出手了一个可能绝杀比赛的球……但这球连篮网都没碰到。在加时赛里,他又出手了三次……都是三不沾。经过 80 场 NBA 常规赛,他的体能早已耗尽。湖人最终以 93 比 98 结束了那个赛季。

人们可能称格拉博为"中间人",但这并不能完全概括她为科比做的一切。科比称她为"E",永远是"E"。格拉博过去做过幼儿园教师,只比科比大 11 岁,她觉得自己和科比是同一代人,至少年龄足够接近,这让她可以比塔勒姆更有效地与科比沟通。她不需要他的任何东西。她只是帮助他,她认为他现在肯定需要她的帮助。毫无疑问,他肯定会心烦意乱。"天哪,我该怎么振奋他的精神呢?"

终于,电话响了。科比甚至没有等到湖人队的专机在洛杉矶降落就打来了电话。打电话时,他还在飞机上。

"让帕利萨德打开体育馆。"他对她说,"我要去练投篮。"

帕利萨德高中离科比家不到三英里。对格拉博来说,科比这条简短的命令再清晰不过了。她会叫醒需要叫醒的人,联系需要联系的人,她要尽一切所能确保科比在那天晚上能够进入这所学校的体育馆。他不生气。他的声音没有颤抖,不会让人觉得他为自己的表现感到耻辱。那通电话发生在美国西海岸时间晚上10点,发生在五月一个普通的周一晚上。第二天早上,学校还要正常上课。

"确保体育馆开了。"科比说。

也许那个糟糕的夜晚是命中注定。也许那些尴尬的三不沾是他前一年夏天与塔勒姆的一次对话所带来的业力惩罚。在新秀赛季的11个月里,他一直在努力平衡自己身上那些互相矛盾的特质。就是这些特质让他成了一名不可思议的篮球运动员,但也让人忍不住怀疑,他是否像伊卡洛斯这个因为骄傲自满而招致灾祸的神话人物一样,正在步向陨落。科比与塔勒姆会讨论各式各样的话题,体育、政治、音乐、历史,无所不包。有一天,塔勒姆问他怎么看自己要和犹他爵士的控卫约翰·斯托克顿(John Stockton)交手。

"怎么说呢,我从小就跟这些天主教联盟的球员交手,我跟很多那样的人交过手。"科比说。

塔勒姆被吓住了。他立刻就明白了科比口中的"那样的人"是什么意思:那些球员总是奋力拼抢,他们防守凶悍,动作甚至有些脏,那些个头矮小但争强好胜的白人球员。"这可是约翰·斯托克顿。"他提醒科比。你知道的,约翰·斯托克斯,1992年巴塞罗那奥运会美国"梦之队"成员。约翰·斯托克斯,过去九个赛季NBA的助攻王,职业生涯10次入选全明星,生涯助攻和抢断总数均创造NBA纪录,后来还入选了奈史密斯篮球名人堂。这样的约翰·斯托克顿,现在被科比缩小成了一个文化刻板印象。

"没问题的。"科比说,"我知道约翰·斯托克顿是谁。"

一名ESPN记者问科比:"你会特别重视哪场比赛吗?"他回答"当然没有……"科比的这个回答显然不属实。"你知道我非常期待夏洛特之旅。"他后来表示，"还有 11 月 26 日对 76 人的比赛，我等着呢，我要狠狠教训斯塔克豪斯。"科比还沉浸在他父亲当年的恩怨纠葛中，就像他在意大利养成的习惯一样，正如安东尼·吉尔伯特在球场上见过、听过的那样。"我从乔那里听过这些话：他生不逢时，从未得到过公平的对待。"塔勒姆说，"儿子从童年时期就会吸收并理解这些事情，而他们一家又是关系非常紧密的家庭。科比把这些话都记在了心里，塑造了他日后的性格。"格拉博一直觉得，科比的傲慢只是表面现象，是野心勃勃的青少年用来实现目标的一种心理机制。在她看来，这还能是什么呢？与阿迪达斯签下代言合同，又与湖人签下三年 365 万美元的合同后，科比买下了位于太平洋帕利萨德山顶的豪宅，科比带着搬来与他同住的乔、帕姆和沙雅以及住在附近几栋房子外的桑尼和帕姆·瓦卡罗，一起欢迎了格拉博。科比的家令人惊叹：纯白色的外墙，宽阔的海景，室内铺着白色大理石地板，有螺旋楼梯，沙发上放着巨大而舒适的靠垫，空气中弥漫着香草糖以及烤箱里的饼干的香气，还有帕姆为她心爱的儿子做的炸鸡和通心粉沙拉的香味；一位母亲和一个家庭为他提供庇护、照顾他、滋养他的心灵。

"对我来说非常简单。"科比在自己的第一个湖人赛季开始前说，"我在意大利长大。除了姐姐、妈妈和爸爸，我没有其他人可以依靠。从那时起，我们之间就建立起了如此牢固的关系和如此深厚的友谊。回到这里后，这样的关系被我们用在实际生活中。当我看到同学和他们的兄弟姐妹相处得不好，吵闹着说'我恨她'或者'我不喜欢他'之类的话时，我只会迫不及待地想回到家里，见我的妈妈爸爸，享受我拥有的家庭氛围，因为我知道这种氛围不会永远存在。"

"所以，我妈妈爸爸能搬来和我一起住非常重要，这就是原因，这样我就能享受他们的陪伴。当雏鸟需要离巢时，自然会离巢。但我现在拥有他们的陪伴，我就会享受他们的陪伴，因为你永远不知道未来会发生什么。"

格雷格·道纳和杰雷米·特里特曼飞往洛杉矶时，恰逢湖人常规赛开始。他们抵达时，正好赶上布莱恩特家的周五家庭电影之夜，沙里亚和沙雅坐在科比的床上吃着爆米花，科比的衣帽间就像飞机机库一样大，里面堆满了湖人球衣、阿迪达斯装备和设计师服装……都是那些公司寄给他的。科比告诉特里特曼，这太奇怪了。他以为自己有钱，可以买任何想要的衣服和运动鞋，但事实证明，富人根本不需要买东西，因为每个人都希望他代言他们的服装和产品。所以这些公司提高了穷人购买商品时的价格，却免费送东西给他。"这让我想不通。"

"他还透露着一种纯真。"道纳说，"他有些天真，但也让人感觉很温柔。"

科比带他们参观了房子，他的床边只有两个物品：一盘回顾下梅里昂高中赛季的录像带，这是特里特曼制作的集锦，里面配上了CBS电视台转播NCAA男子锦标赛时专用的"闪耀时刻"配乐；另一个是他的州冠军奖牌，被他挂在床柱上。

"其他东西呢？"特里特曼问他。

"我不需要其他东西！"科比说，"在我在NBA取得成绩前，这就是我需要的全部。"

这幅景象很完美，也许太完美了，就像科比特意为道纳和特里特曼留下了那些纪念品一样。他们说，不是的，科比不会那样做。科比只是爱下梅里昂高中而已。

格拉博当时认为的傲慢，并不是表面现象。天真和傲慢可以同时出现在科比身上，在不同的场合、以不同的方式显现出来。距离训练营开始还有三周的时候，他在威尼斯海滩的一场野球赛中弄伤了手腕。"这不会阻止我做我要做的事。"科比说。伤病确实不会，但德尔·哈里斯会。科比的手腕及时痊愈，让他得以在几场季前赛中上场。但在其中一场比赛里，当科比做了一个花哨的动作但是急停跳投打铁后，走到边线的科比听到的却是哈里斯的责备：那种球在高中也许可以，但在NBA行不通。科比心想，"这个赛季肯定很漫长。"从科比的角度来看，当然如此。尽管哈里斯很多年前在休斯敦执教过乔，但这并不能让科比在他那里享受到任何特殊待遇，同样，科比也不会因此对他手下留情。

哈里斯在做什么？11月底的两场比赛，他没让科比上场；12月在联合中心，科比人生第一次面对乔丹和公牛队，哈里斯只让他上场不到 10 分钟；二月再次与公牛交手时，科比也只打了 13 分钟。当然，湖人在那个赛季取得了 56 胜。沙奎尔·奥尼尔确实很照顾科比，科比甚至邀请他去自家吃饭，他还说："沙克就像我的大哥，从第一天开始，我们的关系就很紧密。"科比也确实在全明星周末的新秀挑战赛上得到了 31 分。可他想的都是自己没做的事，都是哈里斯不允许他做的事。科比在新秀赛季的 71 场比赛里得到出场机会，场均 15.5 分钟，还有 7.6 分的场均得分。对于一个 18 岁的新秀来说，这样的工作量已经不小了。哈里斯没有对科比的进攻倾向加以限制，以至于他每 36 分钟的出手次数高达 13.8 次，在队中仅次于奥尼尔，甚至高过首发后卫埃迪·琼斯（Eddie Jones）和尼克·范·埃克塞尔（Nick Van Exel）。科比在回到费城的第一场比赛中就打了 21 分钟，在下梅里昂高中的教练与朋友的欢呼声中，他在战胜 76 人的这场比赛里得到了 12 分。与爵士的西部半决赛第五场比赛里，哈里斯给予他足够信任，让他的上场时间超过 28 分钟，甚至在第四节比赛快要结束、双方打平的情况下，他还在暂停时为科比布置了一个战术。让这孩子控球，让他一对一单挑爵士最好的防守球员拜伦·拉塞尔（Bryon Russell），让这个 NBA 最年轻的球员决定湖人这支老牌球队的季后赛命运。但这一切都不重要。科比看到的只有桎梏。科比只看到了阿伦·艾弗森在 76 人得到 40 分钟上场时间，场均能得到 23、24 分；只看到克里·基特尔斯在约翰·卡利帕里手下，在篮网场均可以上场 36 分钟，得到 16、17 分。他只看到洛杉矶的教练在拖自己后腿，因为怨恨而将自己压制在板凳上。

"你是在反对我做的所有事，首先就是我进入联盟的决定。"科比在赛季结束后解释自己对哈里斯执教风格的反应时表示，"整个赛季他都在鸡蛋里挑骨头，想方设法把我摁在板凳席上。这有点搞笑，因为人们要么不愿意看清事实，要么根本不知道发生了什么。但我觉得一个人是不可能看不出来现实发生了什么。沙克几次对我说：'上场后做你自己，打出你的比赛。让比赛感觉自动找到你，但是要上场做你自己。如果他把你换下，那就换下吧。反正他早晚也会把你换下的。'他总是在找机会让我坐板凳，试图让我沮丧。但我根本不在乎，去他的吧。"

科比形单影只——他怎么可能不这样呢？他渴望独立，但又不适应独立。他的队友都是成年人，他还不能算成年。随着赛季不断深入，他不会在赛后立刻开车回太平洋帕利萨德的家，而是打电话给格拉博。"我想去你家。"他不想回家，可他又没有其他地方可去。格拉博29岁，她就像科比的另一个姐姐。她会给科比烤布朗尼蛋糕，两人有时还会一起在HBO上看上几个小时的英国情景喜剧《憨豆先生》(*Mr.Bean*)。格拉博说："他痴迷于憨豆先生。"有时候，她会在家里举办晚餐聚会，她的室友有可能带朋友来玩，科比这时也会出现。他会在一个远离其他人的房间里，坐在格拉博沙发上，开着电视，甚至没有足够的安全感介绍自己，整个场面都非常尴尬。那些来参加聚会的人的反应，从"他是湖人队的一员！"慢慢变成"这家伙怎么又来了？"

"他没有进入我朋友的世界。"格拉博后来表示，"科比的社交能力不那么强，他跟陌生人说话时没那么自在。但他信任我，能赢得他信任的人非常少。所以我觉得，'好吧，继续做保姆吧'。"

"他喜欢被人照顾。但我看到了他在转变，这很正常。'我不想再和父母在一起了，我不想再过那样的生活了，我想成为一个大人。'他迫切地想证明所有人都是错的，因为每个人都说'他是水货'。感觉他就像陷入了隧道视野，他好像在说：'我要做到这一点。'"

只不过，科比的隧道视野导致的，却是在与爵士的比赛中那让人痛苦的糟糕表现。五分钟里，一个14英尺（4.27米）跳投和三个三分球，全部都是大空位，可球连篮筐的边都没碰到……该怎么对比呢？也许是歌手在唱国歌时忘记歌词，或者是兴登堡号飞艇空难。如此赤裸裸、公开的崩溃或灾难，让你在目睹的同时，会情不自禁地想去帮助那个可怜的小伙子……而这孩子却说："不，我不需要你。滚开。我自己能行。记得让体育馆开门。"

格拉博挂断电话。科比遇到了一个问题，她能解决。她给帕利萨德高中的管理人员及教练打去电话。他们会在半夜前往学校，打开体育馆的门，让科比想用多久就用多久。等到他抵达体育馆，他会彻夜练习，太阳升起后，他会让乔·卡伯恩带自己进行三天高强度训练，直到体能和手感恢复为止，直到他允许自己开启休赛期为止。首先,他需要湖人的专机安全降落。凌晨 2 点,飞机降落了。

科比没有回家,而是从机场直接开车去了帕利萨德高中。他当然还没看过报纸,也暂时没法去看。他还没读到《纽约时报》即将刊登的那篇报道,里面将他的四个三不沾描述为"就像奇闻异志杂志《雷普利》(Ripley)里的片段一样"。他无法看到圣贝纳迪诺专栏作者的困惑:"常规时间最后时刻打成平手时,最后一投为什么交到他手上?在赛季的最后一场比赛里,湖人好像把他当成迈克尔·乔丹一样对待。"在更衣室里,他也许听到了范·埃克赛尔接受《洛杉矶时报》(Los Angeles Times)采访时说的话:"他会在联盟成为一名伟大的球员,但在那一串三分球上,也许这个赛季对他消耗有点大。他稍微差了一些火候。"几天后,火箭队前锋马特·布拉德(Matt Bullard)说:"在我 18 岁时,我一辈子都没投过四个三不沾。这强化了一种观点……那就是年轻球员进入联盟时不会投篮。他们没有好好练投篮,他们只练快攻和运球过人暴扣。"他会把这些话全都记在心里,他会对所有人说,那些批评根本没影响到他。但事实上,每一个轻视、每一个质疑、每一个对他未来能力的保留态度,都像细菌一样渗透到他的身体里,在他的大脑里留下热得发烫的烙印。切斯特高中,犹他爵士,选秀,德尔·哈里斯。他会一一读到。他一直如此。

他把车停进停车场。他的床柱上挂着州冠军奖牌。衣柜里挂着紫金球衣。什么都没变,但一切都在变。他 18 岁了,一个人站在一所高中的体育馆里,脚上穿着球鞋,手里抓着篮球。全世界都认为他失败了。没关系,这样才好。大多数人都不像他那样看待自己。他们看不到他做过什么、准备做什么,这一切都是为了将自己的梦想和冲动转变为一种永恒,让世界永远记住他难忘的人生。他们不知道他的故事,至少还不完全了解。一个以餐厅名被命名的婴儿,一个团结了整个社区的孩子,一个青春开始慢慢退入记忆深处与黑暗中的少年。这就是他。他们会知道的。他会确保他们知道。他有时间。他有的是时间。

他投出了一个球,篮球离开了他的指尖。

编后记
他的故事，他的声音

杰雷米·特里特曼坐在费城南部瓦乔维亚银行中心（如今改名为富国银行中心）121区的看台上，看着球场上因为一场普通的NBA比赛球员入场仪式而腾起的焰火。那是2007年3月一个周五的晚上，特里特曼在晚冬的这一天来到球馆，观看科比与湖人对阵76人的比赛。比赛日的上午，特里特曼在科比一年一度拜访下梅里昂高中时见到了他，还跟他说了话。两个人聊到了科比与费城篮球迷的关系，聊到费城球迷不愿意接纳他——当时28岁的科比表现出来的态度就是高人一等，他不认为自己属于费城。湖人在2001年总决赛中4比1战胜76人让科比获得了极大满足，系列赛期间他曾说，他想"挖出76人和他们球迷的心脏"。这样的言论让很多费城人对他怀恨在心。科比的个性有时是他有意制造出来的，他给人一种缺乏真情实感的感觉。对于费城这种有着强烈地方色彩的城市来说，这就是不可饶恕的罪过。尽管如此，特里特曼仍然忠诚地支持着科比，他乐观地认为人们终归会更友好地评价他。

"我真心认为他爱费城。"特里特曼说，"他感谢费城，感谢自己有这样的成长背景。"

那场比赛的现场观众人数超过24000人，76人主场难得一见地座无虚席。76人早已沦为弱旅，湖人在那个赛季也只取得42胜40负的战绩，季后赛首轮就输给了菲尼克斯太阳队。距离湖人上一次打进总决赛已经过去三年，距离他们以沙奎尔·奥尼尔和科比为核心赢得第三冠也过去了五年，人们对球队落入平庸所表达出的责难，大部分落在了科比头上。2004年9月撤案的性侵指控加剧了人们对他的轻蔑：如果人们原本只觉得他自负、令人反感，现在，他变成了恶棍。科比曾与奥尼尔进行过激烈的权力斗争,以争夺湖人的核心位置。赢得这场战斗的是冷酷无情的科比,而不是天性开朗的奥尼尔。2003—04赛季结束后,奥尼尔被交易至迈阿密热火,湖人自那之后就陷入低迷,菲尔·杰克逊将矛头对准科比,说他是王朝解体的元凶。但特里特曼还是坚定地认为,自己的老朋友终究能够获得救赎。

"当他在这里结束职业生涯时,他们会为他欢呼的。"特里特曼说,"我打赌他会在这里签下最后一份合同。我有这种感觉。"

当时并没有明确的迹象表明科比会在费城结束职业生涯,但考虑到特里特曼和他的关系与渊源,他的说法有一定分量。在湖人92比108输掉这场比赛后,我在客队更衣室询问科比未来是否有可能加入76人。他在回答前清了清嗓子,思考了一下自己的答案。

"能在这里打球很好。"他说,"高中时我想的全是这个。"

这是纯粹的科比式回答。不论他的话是真是假,他这是想对正确的观众说出正确的回答吗?科比显然非常在意自己的形象以及如何修复自己的形象,他的评论似乎是他为自己的历史声誉洗白的努力之一。他在整场比赛里27次出手,得到30分,但整座球馆对他的每一个动作都做出了负面回应。他们在入场仪式时嘘他,投丢的15个球中的每一个都得到了欢呼,吃到的4次犯规次次受人讥讽,只有当他命中跳投,或者身体在空中扭作一团、躲过多个防守人完成杂耍般上篮时,人们才会发出既不情愿又带着尊重的哼哼声。当天早些时候,在下梅里昂高中时,气氛却截然不同,那里的学生只看到了一个愿意花时间陪伴他们的超级巨星。

"很多人不知道我会回来,会回到我曾经奋斗的地方。"他说,"很多人认为我已经忘记这些了。不是这样的,越多的人明白这一点,他们就越能了解我。"

就这样,又一个晦涩难懂的回答引出了又一个问题:真正的科比·布莱恩特究竟是谁?科比接受媒体采访时,杰雷米·特里特曼已经离开瓦乔维亚银行中心。2009年和2010年,科比在湖人又赢得两个总冠军,他会离开湖人加入其他球队,尤其是加入76人的说法,看起来无比荒谬。可那天晚上离开球馆时，特里特曼却坚信科比需要回到费城地区，需要回到他最初进入公众视野的地方，为自己的职业生涯画上一个完美的句号。洛杉矶终究成了人们心目中"科比的家"，但那里不是他的出生地。只有那些在他人生早期引导和帮助过他的人，才能真正理解那些年对他人生的深远影响。特里特曼认为，关于科比的一切，都起源于他在下梅里昂高中的那段时光。就是在那里，他的个性得以塑造，并第一次得以展现。

特里特曼和我相识于 1996 年。我们是在科比高中毕业、决定进入 NBA 后不久认识的，那时科比的一段旅程刚刚结束，下一段旅程还未开始。特里特曼在 20 世纪 90 年代末曾经有意和科比一起写一本传记，那时他专门采访了科比。2009 年，特里特曼找到我，想跟我合作一本书。那本书关注的就是科比在高中的最后一个赛季。他找不到当年的采访录音带，但他保留着其中几次采访的文本记录，而且他与格雷格·道纳、罗比·施瓦茨以及赢得 1995—96 赛季州冠军的那支下梅里昂高中的很多球员保持着密切联系。科比会帮助我们写那本书吗？估计不会出太多力，但也许我们能在他的高中或者 NBA 赛后更衣室跟他聊几分钟。这足够了。我们可以写那本书。

但我们做不到，至少当年做不到。纽约给我开出了一份让我无法拒绝的工作邀请，我不得不搬到其他城市。我们放弃了那本书。

科比的去世，以及去世后几乎全球性地对他的哀悼与尊崇，让他的人生焕发了全新且更加强烈的共鸣。作为一名专栏作家，我只能尽可能深入地去写他，但我知道还有很多东西没有被挖掘出来。然而，随着时间的推移，关于他的故事似乎被不断重复，仿佛这些唾手可得的记忆就能完全解释他这个人。更重要的是，由于他后来成了那样一个饱受争议的大人物，他带领下梅里昂高中夺得州冠军的故事，在他的传记中沦为了一句无关紧要的描述。尽管他高中夺冠本身就充满了戏剧性：一支原本平凡的高中篮球队，因为这个独一无二的人物，攀上了冠军巅峰。这本身就是一个值得认真地、准确地讲述的故事，我们需要去考察科比崛起的背景，回顾这个过程对他周围人的影响，而这些影响经常被人遗忘。我发现很多人，包括道纳、约翰·考克斯、科比的朋友、教练、队友、对手，他们都渴望帮助我讲述这个故事。我非常感谢他们所有人，尤其是特里特曼。我们进行了长时间的交流，他允许我去查阅他的采访记录，这为我深入了解科比的思维提供了宝贵资料。

2020 年 12 月 22 日，圣诞节前三天的晚上，他打来电话。当时他准备从马拉杨克住了很多年的房子搬到佛罗里达州的博卡拉顿。他正在清理车库，正在向车上装行李。

"我找到录音带了。"他说。

到现在我还很惊讶，自己居然没把电话掉地上。

第二天早上，我开车 45 分钟去了他家。因为疫情，我们两人都戴着口罩。他伸手从架子上拿下一个纸箱，从里面拿出一塑料袋的微型录音带，总共有 20 盘，又拿出一个录音机 / 播放器。有些录音带上写着"科比"字样，其中一盘写着"乔"。并不是所有录音带都是科比的采访，但数量已经足够了。在这些采访中，我们可以看到后来那个他的一些影子。尤其是其中一段采访，他谈到了自己将如何对待职业篮球生涯。

"你得明白，每天晚上都会有人站出来想打爆你。"他说，"你必须做好准备，我知道我会让自己做好准备。如果一个人要打爆我，我不会放任他。我会拼尽全力阻止他，如果他真的打爆我了，我会看录像，看他究竟做了什么才赢的我。下一次面对他时，我就能知道他的每一个动作——他什么时候摸鼻子，什么时候摸耳朵。我会什么都知道。"

聆听那些录音带，听着十八九岁的科比说话，我会产生一种激动到战栗的感觉，仿佛有一个灵魂悄悄溜进了房间，带着温暖的、淡淡的忧伤。尽管我联系过瓦妮莎、乔以及帕姆·布莱恩特（我也通过他们的父母试着联系过沙里亚和沙雅），希望他们能为这本书接受我的采访，但他们都拒绝了。对于他们的沉默，我除了理解和接受别无选择。但我希望，未来有一天他们能够听到这些录音，希望科比的声音带给他们的不再只是痛苦与悲伤，而是接近喜悦的体验。

致　谢

在一个出于各种原因、对很多人来说都是艰难的一年里，我却很幸运，我有太多值得感恩的人和事。尽管疫情给研究和写作有关科比·布莱恩特的文章到来了一些明显的障碍，但陌生人、熟人和朋友的慷慨让我克服了大部分困难。至少我是这么认为的，也希望是这样。

2020年的春天和夏天，格雷格·道纳每周都会在他家里，在保持社交距离的前提下接受一次我的长时间采访。疫情期间，他女儿现场见证的这些对话，很快就成为我们关系的催化剂。我欠格雷格、科琳和布莱恩·道纳一家良多。对杰雷米·特里特曼，亦是如此。

迈克·伊根不只跟我分享了他知道的科比的故事。当他把执教科比两年时间里积攒的一整箱笔记、文件和剪报交给我，并且说"你需要用多久就用多久"时，我根本控制不住自己的喜悦——只要是记者，都能理解这种感觉。他对体育报道和啤酒也有着无可挑剔的品位。

戴娜·塔尔博特和道格·杨致力于帮助我了解科比在下梅里昂高中之前、期间以及之后的历史和现实。他们排在我需要感谢的人员名单的最前面，这些人竭尽所能地回答了我的各种问题，这些问题涵盖了布莱恩特家族、费城篮球以及主线地区的生活。这份名单包括但不限于艾米·巴克曼、乔·卡伯恩、唐尼·卡尔、约翰·考克斯、德鲁·道纳、琳恩·弗里兰德、苏珊·弗里兰德、安东尼·吉尔伯特、埃莉莎·费舍尔、格拉博、弗兰克·哈特维尔、温德尔·霍兰德、阿什利和莫·霍华德、菲尔·马尔特利、埃文·蒙斯基、基斯和斯毕迪·莫里斯、约翰·纳什、萨姆·莱恩斯父子、罗比·施瓦茨、苏尔坦·沙巴兹、盖伊·斯图尔特和朱利叶斯·汤普森。

我非常愿意上珍妮·马斯特里亚诺的高中英语课。

肖恩·休斯与莎拉·斯托特为我打开了下梅里昂高中和巴拉·辛维德中学的大门，让我走在科比走过的地方，看到他看过的风景。

下梅里昂历史协会的泰德·格德斯博罗和杰里·弗朗西斯帮助我回到过去，走进了这个社区和科比的历史。

埃尔·蒂尔曼斯非常慷慨地为我提供了他拍摄的几张科比照片。

蕾吉娜·温特莱斯卡·克莱登与梅根·穆勒·克莱登慷慨地抽出时间翻译并誊写了一本意大利语书，让我对布莱恩特一家的欧洲时期的研究变得更丰富、更准确。

撰写这本书的过程中，我在《费城问询报》的编辑们——迈克尔·黄、帕特·麦克卢恩、加里·波图斯基、谢马尔·伍兹给予我的支持，和他们一直以来对我工作的支持一样坚定不移。

在我寻找合适的语言讲述科比的故事时，我的一些同事提供了他们的想法和帮助，他们是：凯文·阿姆斯特朗、丹·巴巴里希、扎克·博尔曼、杰里·布鲁尔、斯科特·卡西奥拉、多姆·科森蒂诺、雷·迪丁格、鲍勃·福特、丹·杰尔斯顿、迈克·詹森、阿博特·卡勒、泰勒·凯普纳、罗伯·诺克斯、伊安·奥康纳、基斯·庞贝、迈克·萨格尔、本·施佩格尔、迈克·瓦卡罗、塞斯·威克沙姆、亚德里安·沃纳罗斯基。他们对本书做出了至关重要的贡献，与他们的友谊对我同样非常重要。

从我询问苏珊·卡纳万是否有兴趣做我的经纪人开始，我再也找不到比她更好的文学经纪人。从一开始，她就在为这本书呐喊鼓劲。我对她感激不尽。

第一次因为工作交流时，皮特·沃尔弗顿承诺，他会认真审核我的原稿，这本书也会因为他的审核而变得更好。他说得一点儿没错。他就是这本书的完美编辑。

迈克和劳伦·特里亚纳为我提供了一个极其宝贵的建议，没有他们的建议，就不会有这本书。

朋友、家人给予我的鼓励，让写作本书变得更加轻松，也让完成这本书变得触手可及。感谢你们对我的祝福。

  我很幸运,拥有一个充满爱、忠诚与欢声笑语的大家庭:杰西卡、马丁、里根和帕特里克·康宁汉姆;鲍勃和帕姆·泽拉西;查克和安·西尔斯基。我的妻子凯特,我的儿子埃文与加布,你们让我每一天都感到无比骄傲。你们是我的挚爱,永远都是。

迈克·西尔斯基

2021 年 3 月